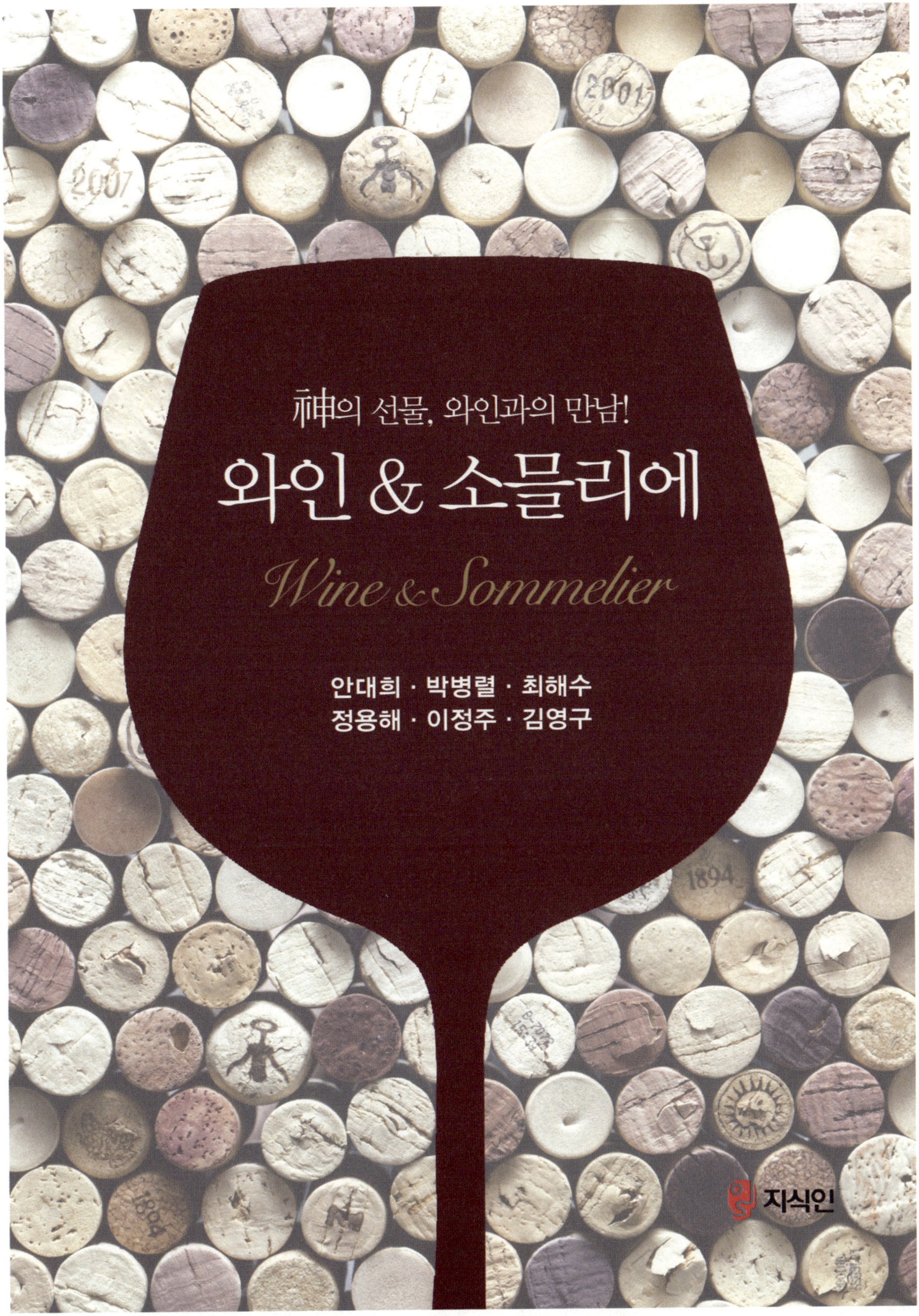

神의 선물, 와인과의 만남!

와인 & 소믈리에

Wine & Sommelier

안대희 · 박병렬 · 최해수
정용해 · 이정주 · 김영구

지식인

Profile

안대희
대원대학교 호텔경영과 교수

박병렬
한림성심대학교 관광외식경영과 교수

최해수
부산과학기술대학교 호텔관광경영학과 교수

정용해
인덕대학교 관광레저경영학과 교수

이정주
서정대학교 호텔조리과 교수

김영구
강원랜드호텔 MGR

神의 선물, 와인과의 만남!
와인 & 소믈리에

2015년 1월 25일 초　판 발행
2020년 2월 20일 수정판 발행

지은이 | 안대희 · 박병렬 · 최해수 · 정용해 · 이정주 · 김영구
펴낸이 | 김종욱 · 명사동
펴낸곳 | 지식인
등　록 | 제301-2013-134호
주　소 | 서울시 도봉구 도봉로 180길 20 투웨니퍼스트 102동 602호
전　화 | 02)2266-8606
팩　스 | 02)2266-8607
E-mail | jisikin2013@naver.com

ISBN 978-89-98591-29-8 (93570)

값 25,000원

Wine & Sommelier
와인 & 소믈리에

PREFACE

현대사회가 급속도로 서구화되면서 우리 문화에도 이제 와인은 생활의 중심에 자리한 하나의 빼놓을 수 없는 문화가 되었다. 신이 인간에게 내려준 가장 아름다운 선물인 와인은 사교적인 모임에서는 즐거운 만남을 위해 빠져서는 안 되는 즐거운 마실 거리가 되고, 비즈니스 모임에서는 목적을 달성하기 위한 중요한 도구가 되었다. 이에 호텔 · 외식업을 경영하는 사람들은 업장 및 사업다각화의 일환으로 와인 부문의 확대를 통해 급속히 증가하는 수요에 부응하고자 노력하고 있다.

이러한 사회적 요구에 따라, 현장에서는 와인 부문을 담당하는 전문 소믈리에의 수가 급속히 증가하고 있고, 대학에서는 수많은 학생들이 이 분야의 전문 학습을 통해 와인의 이론과 실무를 습득하고 있다. 아울러 일반 동호회를 통한 와인 애호가들의 모임이 더욱 활성화되고 있는 것이 현실이다.

또한 서점가에는 이들을 위한 와인 관련 전문서적들이 앞다투어 출간되어 이론과 실무 향상에 많은 도움을 주고 있다. 그러나 일부 훌륭한 와인전문가들이 저술한 와인관련 서적들은 내용의 범위와 깊이에 있어서 와인의 이론을 비체계적으로 방대하게 기술하고 있어, 흥미와 재미를 통한 와인 애호가들의 혼란만 가중시키는 결과를 초래하는 것도 사실이다.

따라서 본서는 이러한 지적을 과감히 타파하여 우리 현실에 맞게 이론 및 실무를 엄선하여 다루었다. 또한 와인을 즐기는 기초적인 소비자나 학생들에게 음료에 대한 사고의 틀을 알기 쉽게 심어주려 하였다. 즉 그 특징을 간략하게 설명하면, 첫째, 와인을 즐기는 분들에게 필요한 다양한 팁(Tip)을 제공하고, 둘째, 이론이 부족한 소믈리에 분들에게는 체계적인 이론을 제공하였으며, 셋째, 와인을 알고자 하는 분들에게는 와인에 대한 이론적인 부분들을 체계적으로 터득할 수 있도록 기본적인 틀을 중점적으로 제공하였다.

그러나 이러한 필자들의 노력이 얼마나 달성되었는가는 전적으로 독자 분들이 판단할 문제이므로, 독자 분들의 어떠한 질타라도 더 좋은 와인서적을 만들려는 격려로 알고 겸허히 받아들일 것이다.

마지막으로, 이 책이 나올 수 있도록 필자들의 요구를 기꺼이 수락하고 출판에 지원을 아끼지 않으신 지식인출판사 사장님께 감사드리며, 처음부터 끝까지 세심하게 원고정리 및 편집디자인 작업을 해주신 편집부 직원들의 노력에 감사드린다.

제1부
와인의 기초 입문

CHAPTER 01 와인의 개요
1. 와인의 역사 011
2. 와인의 분류 013
3. 와인의 제조과정 016
4. 오크통 및 코르크 020

CHAPTER 02 와인의 입문
1. 와인 작명법 026
2. 와인 라벨의 2대 공식 028

CHAPTER 03 포도의 재배
1. 테루아 032
2. 포도품종 034
3. 빈티지 047

제2부
나라별 와인

CHAPTER 04 프랑스 와인
1. 프랑스 와인의 특징 057
2. 프랑스 와인의 등급과 라벨 058
3. 산지별 와인의 특성 064

CHAPTER 05 이탈리아 와인
1. 이탈리아 와인의 특징 127
2. 이탈리아 와인의 포도품종 131
3. 이탈리아 와인의 등급 132
4. 산지별 와인의 특성 137

CHAPTER 06 독일 와인
1. 독일 와인의 특징 173
2. 독일 와인의 포도품종 175
3. 독일 와인의 등급 177
4. 산지별 와인의 특성 183

CHAPTER 07 스페인 와인
1. 스페인 와인의 특징 193
2. 스페인 와인의 포도품종 194
3. 스페인 와인의 등급과 라벨 195
4. 산지별 와인의 특성 199

CHAPTER 08 포르투갈 와인
1. 포트 와인 203
2. 로제 와인 204
3. 마데이라 와인 205

제3부

생활과 와인

CHAPTER 09 미국 와인

1. 미국 와인의 특징 206
2. 미국 와인의 상표 표기법 208
3. 산지별 와인의 특성 210

CHAPTER 10 호주 와인

1. 호주 와인의 특징 219
2. 호주 와인의 등급과 라벨 221
3. 산지별 와인의 특성 224

CHAPTER 11 칠레 와인

1. 칠레 와인의 특징 232
2. 칠레 와인의 등급과 라벨 234
3. 산지별 와인의 특성 235

CHAPTER 12 아르헨티나 와인

1. 아르헨티나 와인의 특징 240
2. 산지별 와인의 특성 241

CHAPTER 13 남아프리카공화국 와인

1. 남아프리카공화국 와인의 특징 243
2. 산지별 와인의 특성 247

CHAPTER 14 와인 테이스팅

1. 와인 글라스 253
2. 와인 취급법 및 서비스방법 256
3. 와인 테이스팅 270
4. 와인과 치즈 285
5. 와인과 건강 295

부 록 301

참고문헌 325

WINE & SOMMELIER

Vintage

제1부 와인의 기초 입문

CHAPTER 01 와인의 개요

1. 와인의 역사

인류가 포도주를 양조하여 즐기기 시작한 것은 기원전 6,000~4,000년경 흑해와 소아시아 지역에서부터인데, 최초의 포도주 양조법은 포도를 따서 보관하여 둔 것이 자연 발효된 것을 인간이 이용한 것으로 추측된다.

유럽에서 와인을 최초로 접한 나라는 그리스이다. 기원전 600년경 페니키아인들이 포도와 와인을 고대 그리스에 전했다고 한다. 그 후 와인을 생산하게 된 그리스는 로마에 와인을 전해 주었고, 와인의 은은한 취기에 흠뻑 매료된 로마의 지배자들은 프랑스 · 스페인 등의 식민지에 포도원을 조성하여 좋은 와인 확보에 열을 올렸다. 덕분에 프랑스의 보르도 · 부르고뉴 지방 등지에 있는 특급 포도원들은 로마시대 이후 지금까지 2,000년 동안 명주를 생산하고 있다. 그 이유는 이들 지역의 식수가 좋지 않아 배탈이 나기가 일쑤여서 로마 군인들에게 레드 와인을 많이 마시게 했기 때문이다.

지중해성 기후로 포도재배에 적당한 유럽은, 그 후 15세기까지 세계의 와인 생산 중심지였다. 로마제국이 멸망한 후 유럽은 중세 수도원의 노력으로 대형 와인공장을 등장시킬 수 있었다. 이로 인해 대중들에게 보편화되기 시작했고, 이때부터 유럽의 각 지역에서는 전혀 다른 맛의 와인이 생산되었다.

와인은 기독교 전파와 함께 그 뿌리를 더욱 깊이 내리게 되었는데, 이것은 기독교의 종교 의식에서 와인을 필수품으로 여겨 온 것과 관련이 있다. 그 때문에 와인은 성스러운 신의 선물로 간주되어 미사주로 사용하게 되었다. 그리하여 중세에는 수도원이 와인의 생산을 담당했으며, 와인의 제조방법 또한 수도원에서 발전되었다.

이 같은 포도재배와 와인양조의 기술은 기독교 복음 전도방법으로도 이용되었으며, 국가로부터 면세의 혜택 등 정책적인 배려에 의해 이들 유럽 포도원은 대부분 교회의 소유가 되었다. 그러나 1789년 프랑스혁명이 일어나고 그들을 보호하고 있던 왕권이 무너지면서 교회 소유의 포도원들은 소작인들에게 분할 · 분배되었다. 이후 자본가에 의한 포도재배가 시작되어, 유럽은 물론 북미지역과 남미지역에까지 와인이 전파되어 오늘날 우리가 즐기는 와인의 명산지로 발전하게 되었다.

16세기에서 20세기 초반까지에는 유럽 각국의 식민지 확산과 아울러 포도의 재배와 와인제조 기술이 전 세계로 전파되었다. 호두맛이 나는 셰리가 에스파냐에서 생산되었고, 포르투갈에서는 포트가, 프랑스에서는 보르도와 부르고뉴가 훌륭한 레드 와인으로 그 명성을 높여 나갔다.

17세기 후반 프랑스에서는 샴페인 제조와 코르크 마개 사용법 등이 개발되는 등 눈부신 발전을 이루었다. 코르크 마개의 사용은 산화방지와 병 숙성, 그리고 스파클링 와인을 만들 수 있는 전기를 마련하게 되었다.

17세기에서 18세기에 걸쳐 와인은 남미와 북미 · 호주 등에 전파되기 시작했는데, 19세기 중반에 포도나무 뿌리 진딧물의 일종인 필록세라Phylloxera의 전파로 세계적인 위기를 맞기도 하였다. 그리고 산업화와 교통수단의 발달로 지구촌을 형성한 오늘날에는 전 세계 약 50여 개국에서 와인을 생산하고 있고, 전 세계인이 함께 즐기는 음료로 성장하였다.

2. 와인의 분류

1) 색에 따른 분류

(1) 적포도주Red Wine

포도를 껍질째 발효시킨 것으로, 일반적인 알코올 농도는 12~13% 정도이며, 화이트 와인과는 달리 상온(18~20℃)에서 제 맛이 난다. 스테이크와 같은 육류요리와 곁들이면 고기 맛을 돋우면서 분위기를 새롭게 하여 준다. 유명한 포도품종으로는 카베르네 소비뇽Cabernet Sauvignon, 메를로Merlot, 피노 누아Pinor Noir, 시라Syrah 등이 있다.

(2) 백포도주White Wine

포도 껍질을 제거하여 발효시킨 것으로, 알코올 농도는 10~13% 정도이며, 10℃ 정도로 반드시 차게 해서 마신다. 생선요리나 조개류 · 가금류 · 앙트레 등과 같이 마시면 더욱 좋다. 유명한 포도품종으로는 샤르도네Chardonnay, 리슬링Riesling, 소비뇽 블랑Sauvignon Blanc, 세미용Semillon 등이 있다.

(3) 로제 와인Pink Wine

포도를 껍질째 발효하는 도중 껍질을 제거하는 방법으로 만들며 분홍빛을 띤다.

(4) 옐로 와인Yellow Wine

프랑스 쥐라Jura 지역에서 청포도로 제조되는 진한 노란색의 와인으로 사바냉Savagnin 품종 100%로 만들며, 사바냉이 최대로 익었을 때 수확하여 발효 후 오래된 부르고뉴의 오크배럴에 담아 6년간(법정기간 6년 3개월) 숙성을 한다.

2) 용도에 따른 분류

(1) 식전 와인Aperitif Wine

식욕 촉진을 위해 제공되는 와인으로, 일반적으로 드라이 셰리 와인Sherry Wine이나 베르무트Vermouth를 많이 마시고, 그 외에 마데이라 · 마르살라가 있다.

(2) 식사 중 와인Table Wine

일반적으로 테이블 와인을 칭하는데, 식사 중 제공되는 음식의 종류에 따라 화이트 와인과 로제 와인 및 레드 와인을 마신다. 육류요리에는 레드 와인, 생선요리에는 화이트 와인을 마시는데, 최근에는 혼용하여 마시기도 한다.

(3) 식후 와인Dessert Wine, Digestif

당분을 많이 함유한 와인을 주로 식후 와인으로 사용하는데, 식후의 입냄새 제거나 소화촉진을 위해 마신다. 일반적으로 단맛이 나는 와인Sweet Wine을 마시는데, 단맛의 셰리 와인과 샴페인 및 포터 와인, 스위트 와인 등을 마신다.

3) 당분에 따른 분류

일반적으로 와인의 맛은 베리 드라이Very Dry부터 스위트Sweet까지 다양하다. 단맛은 포도즙 내 당분이 완전 발효되지 않고 남게 되는 글라스당에 의해 느껴진다. 레드 와인은 대부분 드라이한데, 색깔이 짙을수록 드라이한 경향이 있다. 화이트 와인은 드라이한 맛부터 단맛에 이르기까지 다양하며, 보통 색깔이 엷을수록 드라이한 성향을 띤다. EU의 와인법 규정에 의하면, 당분의 양이나 산과 당의 차이에 의해 맛을 표현하는데, 와인 1L당 17g의 당분은 1도의 알코올을 만든다.

(1) 단맛 와인Sweet Wine

와인이 발효되기 전 당분이 남아 있는 것을 병 속에 넣은 와인을 뜻한다.

(2) 중간맛 와인Medium Wine

일반적으로 우리나라 사람들이 처음 와인을 접할 때 마시기 좋은 와인으로 드라이 와인과 스위트 와인의 중간맛이 나는 와인이다.

(3) 드라이 와인Dry Wine

일반적으로 단맛이 없는 와인으로서 완전히 잘 발효시켜 통 속의 당분이 알코올로 변한 와인을 의미한다.

4) 저장기간에 따른 분류

(1) 영 와인Young Wine : 1~2년 혹은 길게는 5년 미만의 와인을 칭한다.
(2) 중급 와인Aged Wine, Old Wine : 5~15년 미만의 와인을 칭한다.
(3) 고급 와인Great Wine : 15년 이상의 와인을 칭한다.

5) 바디에 따른 분류

바디Body란, 입 안에서 감지되는 와인의 무게감과 점성도로 와인의 질감을 나타내고, 와인의 스타일을 결정해 주는 요소를 의미한다. 그 요소로는 알코올 · 글리세린 · 당 함량 등이 있다.

(1) 풀 바디Full Body : 알코올 도수가 높은 와인으로, 13.5% 정도는 되어야 한다.
(2) 미디엄 바디Medium Body : 알코올 도수가 풀 바디와 라이트 바디의 중간 정도일 때를 말한다.
(3) 라이트 바디Light Body : 알코올 도수가 낮은 와인으로, 10% 미만이어야 한다.

6) 알코올 함량에 따른 분류

알코올 함량에 따라 분류하면, 표 1.1과 같다.

표 1.1 알코올 함량에 따른 분류

종 류	알코올 함량	종 류	알코올 함량
화이트 와인(White Wine)	8~13%	레드 와인(Red Wine)	9~14%
샴파뉴(Champagne)	9~13%	셰리 와인(Sherry Wine)	15~18%
로제 와인(Rose Wine)	9~11%	아페리티프(Aperitif)	16~30%

3. 와인의 제조과정

와인은 수확한 포도를 으깨어 그 껍질에 있는 천연 효모에 의해 자연 발효된 과즙을 걸러내어 술통에 넣어 약 15℃ 정도의 지하창고에 2~3년간 저장하여 만든다.

1) 레드 와인 양조과정

레드품종의 포도는 양조장에 들어서면 우선 파쇄기Destemmer/Crusher에 들어간다. 이 과정을 통해 포도송이에서 포도알맹이들이 분리되고 터뜨려진다. 그리고는 곧바로 발효 탱크에 옮겨져 1차 발효 과정을 거친다. 이 과정을 침용과정Maceration이라고 하는데, 이때 포도껍질의 적색 색소가 백색의 포도즙에 용해된다. 발효된 포도와 포도즙은 이제 압착기에서 포도즙과 껍질 등이 분리되는 과정을 거친다.

다음은 2차 발효 단계이고, 이 과정도 끝나면 여과를 통해 남은 효모 등을 걸러낸 후 다시 숙성통 속에서 여러 날 숙성된다.

포도 수확 → 줄기를 골라내고 포도를 으깸(제경파쇄) → 전 발효 → 압착 → 후 발효 → 앙금분리 → 숙성 → 여과 → 병입 → 저장

표 1.2 레드 와인 양조과정

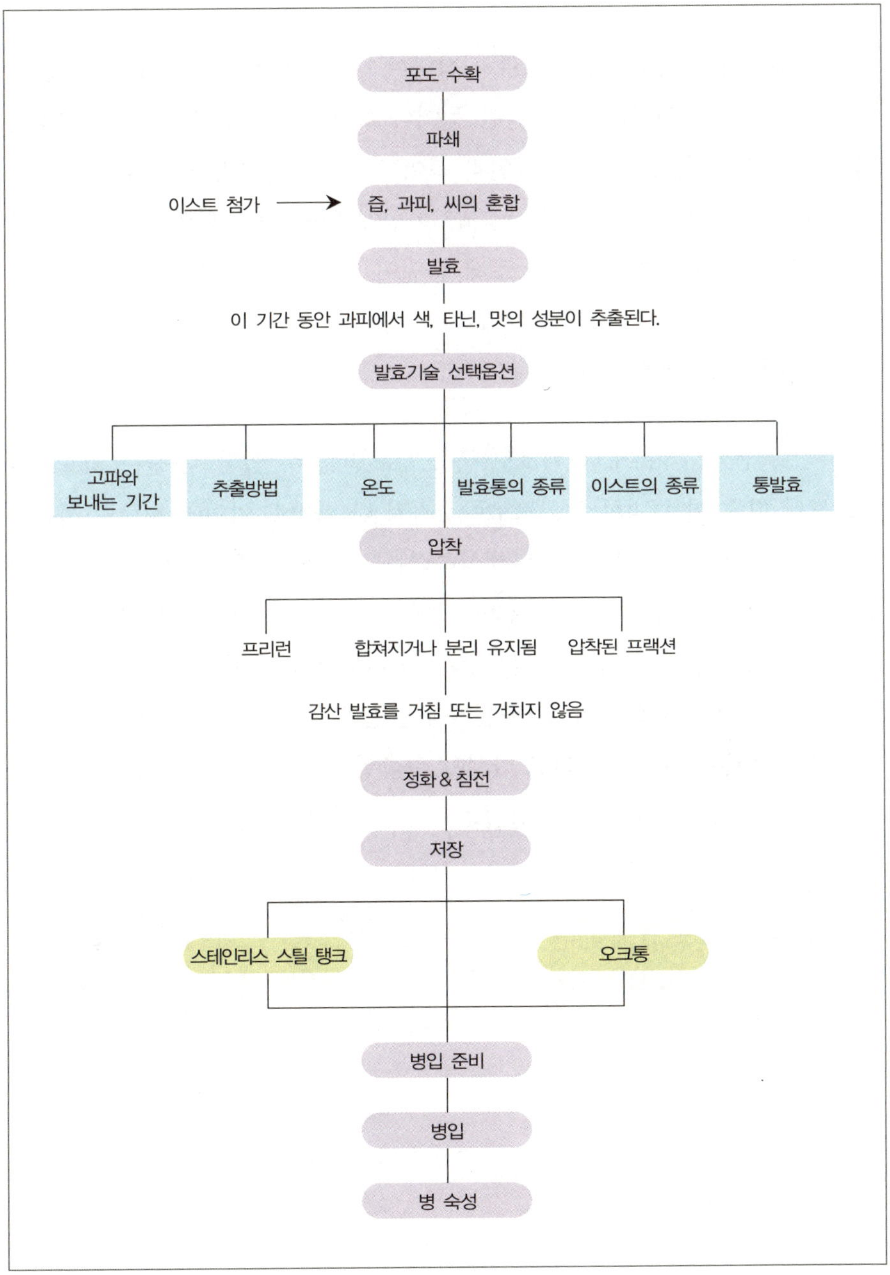

2) 로제 와인 양조과정

레드 와인과 같이 레드품종으로 시작하여 1차 발효기간, 즉 침용 기간을 짧게 가져 포도껍질의 색소가 약간만 묻어나게 해서 생산한다. 나머지 과정은 레드 와인과 같다. 물론 레드 와인과 화이트 와인을 블렌딩하여 로제 와인을 만들기도 한다. 또한 포도품종이 지닌 특성에 의해 레드 와인의 포도껍질을 처음부터 제거하고 발효시켜도 로제 와인이 되는 품종(진판델)도 있다.

3) 화이트 와인 양조과정

화이트 와인은 적포도나 백포도 품종으로 만들 수 있다. 과즙은 청포도나 적포도나 다 같이 투명한 색이므로, 두 가지 다 화이트 와인의 원료로 사용될 수 있다. 하지만 화이트 와인을 생산하려는 경우에는 레드 와인의 경우처럼 껍질이 있는 상태에서 진행되는(침용) 발효 과정을 거치지 않는다.

화이트 와인은 발효 과정에 앞서 색소나 타닌 성분이 우러날 수 있는 소지를 제공하는 껍질을 없애기 위해서 압착을 한다. 즉 포도즙과 나머지 부분들을 분리해 내는 것이다. 그리고 나서야 축출된 포도즙으로 발효 과정을 거친다. 발효 후에는 여과 · 숙성 · 병입의 절차를 거친다.

포도 수확 → 줄기를 골라내고 포도를 으깸 → 압착 → 주스 → 발효 → 앙금 분리 → 숙성 → 여과 → 병입 → 저장

표 1.3 화이트 와인 양조과정

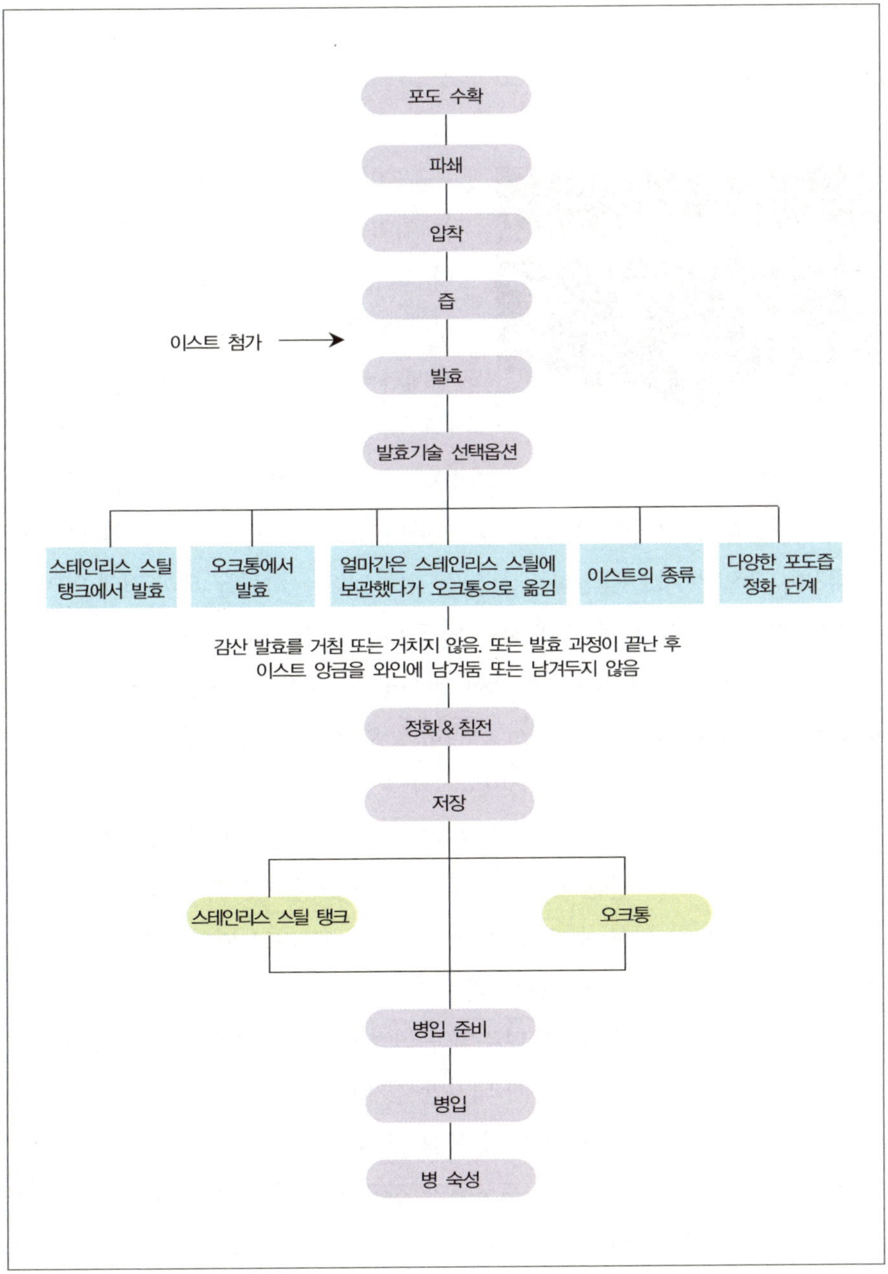

4. 오크통 및 코르크

1) 오크통

2,000년 전 로마시대의 와인 제조업자는 이미 오크통의 중요성을 알았던 것 같다. 바닐라, 토스트, 커피, 삼나무, 매운맛, 구운 땅콩, 초콜릿, 향신료, 훈제향 등(전 세계의 뛰어난 와인을 통해 느낄 수 있는 다양하고 많은 정형화된 맛과 향들) 모든 맛과 향들은 숙성기간 동안 오크(참나무)통과 와인(포도즙) 사이에서 복잡한 상호작용이 발생되며, 이 과정 중에 타닌이 첨가되고 와인의 맛과 향이 풍부해지며, 와인은 서로 융합하는 시간을 갖게 된다는 사실을 오래 전에 와인 제조업자들이 알고 있었기에 포도품종 만큼이나 신성시하지 않았을까 생각된다.

가장 유명한 오크나무는 프랑스산 리무쟁Limousin으로, 프랑스에는 현재 약 4백만ha의 참나무 숲을 국가에서 관리하고 있으며, 이것은 루이14세 때 재무장관 콜베르가 최초로 조성한 것이다.

오크통이 전달해 주는 풍부한 맛과 향은 많은 요인들의 영향을 받는다. 오크Oak통의 질, 오크의 원산지, 나뭇결의 크기, 오크통으로 쓰인 참나무의 나이, 참나무통이 그을린 정도, 통의 크기와 사용기간, 그리고 와인의 통 속 숙성기간 등과 같이 그 요인들은 다양하다.

작은 오크통일수록 포도주와 나무의 표면적이 넓어져 성분 교환이 활발하여 복잡하고 오묘한 성격을 부여하게 되지만 경제적이지 못해, 일반적으로 프랑스처럼 전통적으로 우수한 와인을 생산하는 나라에서는 고급 와인에만 오크통 숙성을 한다. 따라서 일반적인 포도주와 적포도주 및 백포도주의 경우, 일부 오크통 숙성을 하는 경우에는 4,000~7,000L의 대용량 오크 배럴을 사용하고 있다. 오크의 숙성방법은 티백Teabag 처리법에서 2중 오크 처리법까지 다양하다.

티백 처리법은 몇몇 저렴한 와인에 사용된 것으로, 참나무 조각으로 채운 주머니를 와인에 재운다. 2중 오크 처리법의 경우, 몇몇 프랑스 보르도 생산자들에 의해 사용되고 있는 것으로, 오크통에서 와인을 한 번 숙성시킨 후 다시 새로운 오크통에서 계속 숙성시키는 방법이다. 티백 처리법은 가벼운 바닐라향 정도를 느끼게 해주고, 2중 숙성을 거친 와인은 깊고 조화로운 오크향을 느낄 수 있게 해준다. 프랑스와 미국의 독특한 방식이 호주 와인업계에서는 확실한 차이를 보이고 있다.

최근의 예를 들면, 펜폴즈Penfolds에서 생산한 알더블유티RWT가 그것이다. RWT는 그레인지Grange 생산에 쓰이는 포도와 비슷한 품질의 포도로 만들지만, 미국산 오크통 대신 프랑스산 오크통에서 숙성시킨다. 두 와인을 비교해 보면 포도종 뿐만 아니라 숙성과정에서 일어나는 와인과 오크 사이의 상호작용에 의해 그 특징이 달라짐을 알 수 있다.

2) 코르크

코르크는 지중해 연안국에서 주로 생산되는데, 포르투갈에서는 9년 정도 된 나무에서 코르크 껍질을 첫 수확하고 8~10년마다 6~9월에 수확한다.

그리고 프랑스에서는 11년 이상 된 나무에서 첫 수확을 하며 5~6년에 한 번씩 코르크나무 껍질을 벗겨서 일정한 품질의 코르크를 생산한다. 채취한 코르크 껍질은 6개월~1년 정도 방치하여 성분을 균일화시키고 자연 건조시킨 다음, 뜨거운 물로 삶아 멸균과 광물성 염류를 제거하고 탄력성을 증가시킨다. 코르크 마개는 직경 24mm 정도로 만들어 기계에 압축하여 약 18mm의 병목에 삽입된다. 샴페인의 경우, 직경 31mm 정도로 만들어 병 내부의 압력에 잘 견딜 수 있도록 일반 코르크보다 더 압축하여 만든다.

코르크나무는 우리나라의 굴피나무와 같은 참나무 계통의 나무로, 고대 그리스 · 로마시대부터 항아리나 물병의 주둥이를 막기 위해 사용해 왔다. 포도주에 최초로 사용한 것은 17세기경 포르투갈에서 포트와인에 사용한다는 것과, 프랑스 샹파뉴 지방의 수도승 동 페리뇽Dom Perignon에 의해 처음 사용되었다는 두 가지 설이 있다.

병마개의 중요한 역할은 내용물의 보존인데, 당시까지는 주로 병 주둥이를 헝겊으로 막고 올리브기름을 흘려 산화를 방지하는 정도였으므로, 코르크의 발명은 획기적인 일이 아닐 수 없었다.

코르크Quercus Suber는 탄성이 좋아 병에 쉽게 삽입할 수 있고, 마개를 빼낼 때도 쉽게 빠지는 장점이 있으며, 삽입 후에는 팽창되어 완벽하게 밀봉 상태를 유지하는 인체에 무해한 최고의 소재이다.

코르크의 장점은 통기성과 신축성으로 벌집 구조의 작은 방이 1cm 당 수천만 개의 세포조직으로 이루어진 미세한 세포집이 압축 상태에서도 최소한의 산소를 공급하여 와인의 숙성을 도와준다. 와인을 눕혀서 보관할 경우, 코르크를 통하여 유입되는 공기의 양은 한 달에 약 0.02~0.03cm로 알려져 있다.

일반적으로 코르크의 길이는 포도주의 수명과 정비례한다. 보통 영 와인의 경우는 짧은 코르크를 사용하고, 싼 포도주나 샴페인의 일부는 접착제로 코르크의 잔 조각들을 붙인 압축 코르크 마개를 사용한다. 고급 샴페인의 경우 버섯 모양을 한 코르크 마개를 사용하는데, 상단은 압축 코르크를 사용하고 하단은 일반 코르크를 사용하여 마개를 만든다.

와인을 눕혀서 보관하는 것은 바로 이 코르크의 접촉면을 와인이 적셔 밀봉성을 유지하기 위해서이다. 병을 장기간 세워서 보관하면 상하기 때문이다. 포도주 오픈 시 코르크의 냄새를 맡아보는 것은 코르크의 상태를 확인해 보기 위함이다.

3) 와인의 보관

(1) 온도

온도가 변하지 않는 상태에서 지속적으로 15℃ 정도(적어도 5~18℃ 사이가 좋다)가 이상적이다. 와인의 온도가 너무 낮으면 숙성이 제대로 되지 않는다. 또한 한 번이라도 와인의 온도가 20℃ 이상 올라간 적이 있다면, 그 와인은 오랜 기간 숙성시키기에는 적절하지 못하다.

(2) 빛

완전히 어두운 상태가 최고이다. 빛은 와인의 성분에 영향을 미칠 수 있다.

(3) 이동 · 진동

와인의 잦은 이동이나 흔들림은 좋지 않다.

(4) 습도

코르크 마개가 와인과 항상 접촉해 있는 한 특별히 걱정할 것이 없다. 만약 그렇지 않다면 가습기를 통해서 습도를 조절해야 한다.

(5) 와인의 위치

와인은 코르크가 습기를 가질 수 있도록 항상 한쪽으로만 비스듬히 눕혀 두는 것이 좋다. 이런 방법은 수년간 와인을 저장하는 동안 코르크가 너무 물러지지 않도록 해준다.

4) 와인 잔

와인의 종류가 다양하다는 사실에 놀란 사람들은 와인을 따라 마시는 와인 잔의 종류가 다양함에 또 한 번 놀라게 된다. 우리가 생각하는 일반적인 와인 잔은 대개 튤립 모양의 몸통Bowl을 지니고, 입구Lip는 몸통보다는 약간 오므라져 있으며, 손잡이Stem가 가늘고 길며 넓은 받침Base이 있는 형상으로 알고 있다.

그러나 같은 와인이라도 와인 잔의 모양과 크기에 따라 와인 고유의 맛과 향이 달라진다는 사실을 안다면 와인 잔의 중요성에 대해 새삼 느끼게 될 것이다. 이는 단맛, 쓴맛, 신맛, 짠맛 등을 느끼는 혀의 미각 부위가 각기 다르므로, 와인이 혀의 어느 부분에 먼저 닿느냐에 따라 맛의 차이가 나기 때문이다. 이때 바로 와인 잔의 입구 지름과 경사도가 와인의 맛을 좌우하는 간과할 수 없는 포인트가 된다.

또한 볼록한 몸통과 좁아진 입구는 와인의 향이 날아가지 않도록 하며, 손잡이가 가늘고 긴 이유는 물론 미학적인 측면도 있지만, 손의 열이 와인에 전달되어 와인의 온도가 상승하는 것을 방지하기 위해서다. 일반적으로 ISOInternational Standards Organisation에서는 와인 잔의 손잡이 높이 5cm, 몸통둘레 10cm(지름 약 6.5cm)를 표준으로 하고 있다. 그러나 하나의 잔이 모든 와인에 어울리는 것은 아니다.

일반적으로 화이트 와인 잔은 레드 와인 잔보다 작은 편이다. 또한 레드 와인 잔보다 덜 볼록하고 입구의 오므라진 정도도 덜하며 볼의 길이는 일반적으

로 달걀처럼 갸름한 모양을 하고 있다. 이는 공기와 접촉된 와인에서 나오는 아로마(향)를 과장 없이 느끼게 하기 때문이다. 또한 시간이 지남에 따라 와인의 온도가 상승하는 것을 방지하기 위해 적은 양을 리필해 적정 온도에서 즐길 수 있도록 하기 위한 것이다.

이에 비해, 몸통이 넓은 레드 와인 잔은 잔 표면적이 넓어 아로마의 발산을 극대화시킨다. 몸통이 큰 잔일수록 공기와 닿는 면적이 커지므로 와인에 감추어진 아로마의 깊이, 타닌과 숨겨진 향의 밸런스를 빨리 깨우는 기능을 한다.

그리고 와인의 숙성기간에 따라서도 와인 잔을 달리 선택하는 것이 좋다. 어린 와인일수록 넓은 몸통의 잔을 이용해야 와인을 음미하기에 더욱 좋다.

샴페인 잔은 몸통이 좁고 길쭉한 모양인데, 이는 와인 속에 용해되어 있는 탄산가스 기포가 오래 보존되도록 하며, 기포가 기다란 잔을 타고 올라가는 미학적인 측면을 부각시키기 위한 목적도 있다.

그리고 와인의 향과 색감을 즐기기에 유리 잔이 더 나은지 크리스털 잔이 더 나은지에 대한 의견들도 분분하다. 크리스털의 밸런싱, 무게, 투명도 등을 이유로 유리 잔을 더 선호하는 분도 있으며, 크리스털에 비치는 와인 색감을 중시하는 애호가도 있다. 이것은 즐기는 사람의 취향이며 선택이라고 생각한다.

따라서 와인 잔을 구입하려면 일단 두께가 얇고 무색투명하며 전체적으로 무겁지 않고 손잡이가 두껍지 않은 것을 택하도록 하는 것이 좋다. 얇고 투명한 것은 와인 고유의 색깔을 감상하기 위한 것이며, 나머지는 가볍고 잡기에 편한 것이 좋기 때문이다. 그리고 야외에서 와인을 즐기기에는 플라스틱 와인 잔도 손색이 없다.

CHAPTER 02 와인의 입문

1. 와인 작명법

와인을 선택할 때 와인 레이블(라벨)에 이름을 붙이는 패턴을 이해하면 좀 더 쉽고 유익하게 와인을 선택할 수 있다. 그러나 이것은 어디까지나 참고일 뿐, 와인 병에 붙어 있는 라벨을 읽는 법은 나라나 지역마다 조금씩 다르다는 것을 염두에 두어야 한다.

1) 포도품종명 타입

포도품종명을 토대로 와인 명칭을 붙이는 이 방법은 미국을 비롯한 신세계 국가, 즉 호주, 칠레, 남아프리카공화국, 아르헨티나 등의 국가에서 보편적으로 사용하는 방법이다. 이 방법은 일반 소비자들이 프랑스를 비롯한 구세계 와인 국가의 산지명, 포도원 명칭을 사용하는 것이 어려워, 와인을 선택할 때 소비자가 힘들어한다는 점에 착안하여 개발된 것으로 마케팅에서 매우 성공한 방법이다.

2) 산지명 타입

구세계, 즉 프랑스를 비롯하여 이탈리아, 독일, 스페인, 포르투갈 등의 국가에서는 생산자가 테루아Terroir를 중요하게 여기기 때문에 전통적으로 생산지나 포도원의 이름을 붙인 것이 많다. 특히 조그마한 포도원에서 가족적 규모로 와인 제조를 하고 있는 프랑스 부르고뉴 지방의 와인에서 이런 패턴을 많이 볼 수 있다.

- 메도크Medoc, 생테밀리옹 : 프랑스 보르도 지방의 지역 이름
- 샤블리 : 프랑스 부르고뉴 지방의 코트 드 뉘 지역 이름
- 바롤로 : 이탈리아 피에몬테 지역 이름

3) 애칭 타입

이탈리아나 독일과 같은 곳에서는 역사상의 설화나 와인 제조에 얽힌 일화 등을 그 이름의 유래로 갖고 있는 경우가 상당히 많다. 이름을 짓게 된 배경에 대해 조사해 보는 것도 의미가 있다.

- 라 크리마 크리스티(그리스도의 눈물) : 이탈리아 나폴리산이다. 옛날 그리스도가 나폴리를 지나다 악행이 만연하는 모습을 보고 눈물을 흘렸는데, 그곳에서 포도나무가 자라 훌륭한 와인이 만들어졌다는 일화에서 나온 이름이다.

ㅇ 쇼바르체 카투(검은고양이) : 검은고양이 독일 모젤지방의 '검은고양이가 앉았던 와인은 잘된다'는 전설이 그 모태이다.

4) 양조장명 타입

프랑스 보르도 와인에 많이 쓰이는 방법이다. 대저택의 이름과 메이커의 이름 등 양조장의 이름이 그대로 와인 명이 된 경우이다.

ㅇ 샤토 마고 : 프랑스 보르도 지방의 샤토 이름

5) 브랜드명 타입

어느 메이커가 독점적으로 사용하는 이름이다. 애칭 타입과 마찬가지로, 이름의 유래를 알면 한층 더 와인을 즐길 수 있다.

ㅇ 샤토 무통 로칠드 : 무통카테

2. 와인 라벨의 2대 공식

와인은 구입하기 전에 맛을 보고 살 수가 없기 때문에 와인을 선택할 때는 가장 중요한 정보원이 바로 와인 라벨이다. 그러나 와인 라벨에는 너무 많은 정보가 담겨 있어서 복잡하고 어렵다. 왜냐하면 대부분의 라벨에는 와인을 생산하는 국가의 언어로 쓰여 있기 때문이다. 즉 프랑스 와인은 프랑스어로, 독일 와인은 독일어로 쓰여 있다. 물론 신세계 와인들은 수출을 위하여 생산되는 경우가 많았기에 일찍부터 국제어인 영어를 사용하는 판매 전략을 세웠다. 신세계 와인이 잘 팔리는 이유 중 하나가 여기에 있다.

라벨의 목적은 병 안에 들어 있는 그 와인이 어떤 상품인지를 밝히는 것인데, 와인의 라벨링 방식은 크게 나누어 두 가지 방식이 있으며, 구세계 방식과 신세계 방식으로 요약할 수 있다.

구세계, 즉 프랑스를 중심으로 하여 이탈리아, 독일, 스페인, 포르투갈 등의 유럽 국가들은 와인에 가장 영향을 많이 미치는 것을 '테루아'라 생각하고 라벨에 테루아를 담고 있다. 따라서 와인 라벨에서 가장 중요한 정보는 테루아Terroir를 가장 잘 표현하고 있는 지역 명으로 이해하여 지역 명을 가장 크고 뚜렷하게 명시해 왔다.

이에 반해, 역사가 짧은 신세계 와인 생산자, 즉 미국, 호주, 칠레 등의 국가들은 와인에 가장 큰 영향을 미치는 것이 포도품종이라 여겨 포도품종을 라벨에 중요하게 부각시켰다.

1) 지명 중심 표기방식(테루아 와인 · 유럽 방식)

좋은 와인에 영향을 미치는 요인은 크게 테루아, 포도품종, 와인 생산자의 기술, 빈티지로 요약할 수 있는데, 유럽의 와인 생산자들은 와인에 미치는 자연 환경의 영향을 가장 중요하게 여긴다. 토양, 기후, 지형과 관련된 요소를 일괄하여 테루아Terroir라는 한 단어로 표현한다.

유럽의 유명 고급 와인들은 그 품종 자체의 단순한 표현보다는 해당 테루아를 표현하도록 요청받고 있다. 이처럼 대개 해당지역 명칭을 라벨에 표시하여 판매한다. 이를테면 메도크Medoc, 생테밀리옹Saint-Emillion, 바롤로Barolo 등이 그 대표적인 예이다.

프랑스의 알자스 지방과 독일의 몇몇 경우를 빼고는 이들 라벨에는 포도품종이 표시되지 않는데, 지명을 중심으로 하는 생산 명칭Appellation이 품종 정보를 함축적으로 담고 있다. 예를 들면, '샤블리Chablis'라는 명칭에는 샤르도네 품종으로 만들었다는 내용이 담겨 있으며, '에르미타주Hermitage'라는 명칭에는 시라 품종으로 만들었다는 뜻이 담겨 있다.

지명은 그 크기에 따라 대지역, 중지역, 소지역으로 나누어지며, 심지어는 작은 포도밭 명칭까지 나타낼 수도 있다. 더욱 작은 세부지역으로 들어갈수록 더욱 뚜렷한 특성을 지닌 고급 와인으로 인정된다.

예를 들어, 보르도Bordeaux 와인보다는 포므롤Pomerol 와인이, 포므롤 와인보다는 샤토 페트뤼스Ch. Pétrus 와인이 테루아의 특색이 명확한 와인이다.

2) 품종명 표기방식(품종 와인 · 신세계 방식)

신세계 와인은 와인의 제조에 사용된 포도품종의 이름으로 상표를 만든다. 이러한 관습은 20세기 중반에 미국에서 생겨났으며, 1970년대 캘리포니아 와인 붐을 타고 급속히 전파되었다.

와인을 마시고는 싶으나 구세계 와인의 라벨이 복잡하고 어려운 각 지역의 명칭이나 소유주의 명칭을 붙인 이름의 와인에 대해서 소비자들이 어려움을 겪고 있는 것을 이해한 신세계 와인 생산자들이, 얼마 안 되는 포도품종으로 와인병을 압축하면서 소비자들이 와인을 이해하기 쉽게 되었다.

바로 이런 이유 때문에 오늘날 품종을 라벨에 명시한 '품종 와인'의 소비가 급증하고 있다. 실제로 '신세계' 와인 생산지역에서 출시되는 거의 대부분의 와인이 이런 부류의 것들이다. 카베르네 소비뇽Cabernet-Sauvignon, 쉬라즈Shiraz, 샤르도네Chardonnay 등 품종 이름이 레이블의 가장 중요한 부분을 차지하게 되는데, 그 세부 규정은 각 국가마다 다를 수 있다.

이러한 품종 이름 표시방식이 놀라운 성공을 거두게 되자, 이제는 '구세계'의 국가들도 품종 이름을 전면이나 후면에 명시해 주는 새로운 방법을 택하게 되었다.

프랑스의 뱅 드 페이Vin de Pays에서는 단일 품종을 사용하며 그 이름을 메인 라벨에 명시한다. 스페인의 리오하 와인은 템프라니요Tempranillo, 마주엘로Mazuelo, 가르나차Garnacha의 이름과 블렌딩 비율을 후면 라벨에 명시해 주기도 한다.

CHAPTER 03 포도의 재배

1. 테루아

테루아Terroir는 단위 포도밭의 특성을 결정짓는 제반 자연 환경을 의미한다. 즉 포도나무가 자라는 토양, 지형, 기후, 관제 등의 제반 요소의 상호작용을 말한다. 이들 각 요소들은 상호작용을 통해 포도의 질 좋은 포도를 생산하는데 크게 영향을 미친다. 따라서 특히 구세계, 즉 프랑스를 중심으로 이탈리아, 독일, 스페인, 포르투갈 등의 국가에서는 좋은 포도를 가장 중요한 요소로 인식하여 테루아를 중심으로 포도밭의 등급을 매긴다.

1) 테루아를 결정하는 기본요소

- 기후 : 온도, 일조량, 강수량, 풍량 등
- 지형 : 고도, 경사, 방향 등
- 토양 : 석회석, 모래, 자갈 등 토양의 물리적 · 화학적 성질 등
- 관재 : 인공관수 등

2) 기온

포도나무가 자라기에 적당한 지역은 연평균 기온이 10~20℃ 정도 되는 온

난한 지역이다. 그러나 포도의 생육기에는 20~25°C가 적절한데, 생육기의 온도가 이보다 높으면 당분 함량, 유기산 함량, 착색도가 낮아진다. 여기에 적합한 지역은 북반구의 북위 30~50도 부근과 남반구의 남위 20~40도 부근이다. 그러나 미국 종은 유럽 종보다 내한성이 더욱 강하여 재배지역이 더 넓다.

(1) 일조량

포도의 성장조건을 모두 갖추고 있다고 해도 추운 지방과 따뜻한 지방은 포도의 빛깔이 서로 다르다. 태양의 혜택이 적은 추운 지방에서는 포도의 착색이 좋지 않아서 검은 껍질의 포도가 잘 자라지 못한다. 이 때문에 질이 좋은 레드 와인을 만들기가 어렵지만, 추위가 포도의 신맛을 풍성하게 해주기 때문에 양질의 화이트 와인을 만들 수 있다.

이와는 반대로, 온난한 지방에서는 색과 당도가 모두 진한 포도가 자랄 수 있어서 질이 좋은 레드 와인을 만들 수 있지만, 양질의 화이트 와인을 만들기는 어렵다. 산지에 따라 포도와 와인에 특징이 있는 것은 이 같은 일조 조건 때문이다. 포도의 개화에서 수확까지의 일조시간은 1,250~1,500시간 정도이다.

(2) 강수량

포도나무도 다른 식물과 같이 성장조건으로는 수분이 또 다른 필수조건이 되는데, 포도나무는 수분이 너무 많으면 나무만 자라서 양질의 열매를 맺을 수 없고, 습도가 높으면 나뭇잎이나 포도송이가 병에 걸리기 쉽다.

포도재배에 필요한 연 강우량은 500~800mm 정도 되는 지역이 적당하다. 강우량이 많은 지역의 토양에서는 포도나무가 뿌리를 깊게 내리고, 수분이 많은 지역의 토양에서는 오히려 저항력이 떨어진다.

(3) 토양

일반 곡식과 달라서 포도재배에 적합한 토양은 비옥한 토양이 아니고, 우리가 생각하기에는 척박한 토양이 좋다. 비옥한 토양에서 자란 포도는 성장이 왕성해서 열매가 많기 때문에 와인 양조에 좋은 열매를 기대하기가 어렵다.

토양의 성분은 모래 · 자갈 · 진흙 · 석회질 · 규토질에서 자란 포도가 아로마와 부케향이 강한 와인이 된다. 특히 이탈리아처럼 비옥한 토질의 경우에는 잡초나 올리브를 심어서 포도나무와 함께 키우기도 한다.

표 3.1 포도나무 성장의 제반 요건

	특 징
기온 조건	• 연평균기온 10~20℃ : 약간 낮은 기온지대 －장점 : 양질의 포도 수확 －단점 : 심한 기온의 영향 • 연평균기온 16~21℃ －장점 : 포도재배 용이 －단점 : 저온지대보다 색, 산, 향이 떨어진다. • 양조용 포도재배 북방한계 : 북위 50℃
일조 조건	• 생육기간 : 일조시간 최소 1,250~1,500시간
수분 조건	• 최적 강우량 : 연간 500~800mm • 최대 강우량 : 연간 1,000~1,200mm 이내
토양 조건	• 지표면 : 모래, 자갈층 • 아래층 : 석회암, 규토, 점토질이 많은 토양

2. 포도품종

와인의 품질을 결정하는 가장 중요한 요인이 테루아, 빈티지, 제조업자를 비롯하여 포도품종이라 할 수 있다. 특히 포도품종은 그 품종이 지닌 특수성이 다른 환경적 요인에 의해 많은 영향을 받지 않기 때문에 우리가 와인을 선택할 때 포도품종의 특징에 대해 알고 있으면 와인의 맛을 어느 정도 짐작할 수 있어, 와인을 즐기는 데 많은 도움이 된다.

포도의 품종은 각 나라마다 그 지역의 토종이 있고, 전 세계적으로 어느 곳에서나 잘 자라 널리 재배되는 품종도 있다. 와인은 단일 품종으로 제조하기도 하고, 여러 품종을 블렌딩하여 맛과 향을 다양하게 만들기도 한다.

전 세계의 포도품종은 8천여 종으로 여느 과일보다 종류가 다양하다. 실제로 수많은 교접종이 만들어지기 때문에 헤아릴 수 없다는 것이 옳다고 할 수 있다. 그러나 정작 와인을 만들 수 있는 품종은 60여 개에 불과하다. 즉 와인다운 와인을 만드는 데는 그 품종의 종류가 다소 한정되어 있다는 것이다.

와인을 만드는 포도품종은 크게 적포도와 백포도로 구분된다. 그러나 때에 따라서는 레드 와인을 만드는 품종으로 화이트 와인을 만들기도 한다. 그 대표격인 샴페인은 '피노 누아'라는 레드 와인 품종을 백포도와 블렌딩하여 만드는, 조금 색다른 방식의 생산과정을 거치기도 한다. 그러나 적포도나 백포도로만 만드는 와인이라도, 품종의 장단점을 보완하기 위해 같은 계열의 포도품종을 블렌딩하여 보다 질 좋은 와인을 생산한다.

일반적으로 레드 와인을 만드는 품종은 카베르네 소비뇽Cabernet Sauvignon, 메를로Merlot, 시라Syrah 또는 시라즈Shiraz, 진판델Zinfandel, 가메Gamay, 산지오베제Sangiovese 등이 있으며, 화이트 와인을 만드는 품종은 샤르도네Chardonnay, 리슬링Riesling, 세미용Semillon, 소비뇽 블랑Sauvignon Blanc, 게뷔르츠트라미너Gewürztraminer 등이 대표적으로 사용된다.

요즘 와인 숍에서 쉽게 볼 수 있는 와인의 종류는 크게 '구세계 와인'과 '신세계 와인'으로 구분된다. 여기서 구세계 와인이란, 전통적인 방식으로 와인을 생산하는 프랑스, 이탈리아, 독일, 스페인 같은 나라에서 생산되는 와인을 말하는데, 대개 구세계의 와인들은 와인의 레이블에 포도품종이 표기되어 있지 않은 경우를 자주 보게 된다. 그 이유는 포도품종의 블렌딩으로 인해 품종보다는 생산지역을 더욱 중요하게 보고 있기 때문이다.

그러나 그와는 반대로 신세계 와인, 즉 신대륙인 미국, 호주, 칠레와 같은 나라들의 와인 레이블에는 포도품종이 표기되어 있는 것을 볼 수 있다. 이는 적합한 테루아에서 생산하여 한 가지의 품종만으로 질 좋은 와인을 생산했기에 품종의 중요성을 부각시키기 위한 것으로 볼 수 있다.

1) 레드 와인 품종

(1) 카베르네 소비뇽Cabernet Sauvignon

카베르네 소비뇽은 봄철에 새순이 늦게 나와 봄철의 서리로부터 피해를 입을 위험이 적다. 포도송이 다발은 흑청색으로 길고 느슨하게 생겼으며, 껍질이 두꺼워 병충해나 부패 · 각종 곤충들의 공격에 저항력이 강하고 생산량이 비교적 적은 편이다. 카베르네 소비뇽의 와인은 타닌이 강하고 풀바디의 와인이라 남성적이라고 평가된다. 블랙커런트, 즉 카시스 향이 강하고 오랜 숙성이 가능한 와인을 생산해 낸다. 이 품종은 덥고 온화한 기후를 선호하며, 배수가 잘되고 통풍이 잘되는 자갈, 모래밭 토질을 선호한다.

세계적으로 가장 많이 재배되는 포도품종으로, 프랑스 보르도 지방의 메도크Medoc 지역이 원산지이다. 보르도의 메도크, 그라브 지방에서 가장 많이 재배되나 캘리포니아, 칠레, 호주 등 다른 여러 국가에서도 재배된다.

(2) 메를로Merlot

메를로는 조생종으로 포도알이 크고 껍질이 얇으며 카베르네 소비뇽과는 달리 밀디우균Mildiou과 부패에는 민감하나 오이듐균Oidium에는 강한 면이 있다.

메를로 와인은 대체로 부드러우며 타닌 성분이 적고 당분이 많아 오래 숙성시키지 않고도 쉽게 마실 수 있어 여성적이라고 평가받고 있다.

메를로는 카베르네 소비뇽과 함께 레드 와인의 주종을 이루는 품종으로서 보르도에서는 두 번째로 많이 재배되는 품종이다. 특히 생테밀리옹과 포므롤

지방에서도 많이 재배되며, 최근에 미국, 호주 등 신세계 국가에서 인기품종으로 재배되고 있다. 주로 카베르네 소비뇽과 블렌딩하여 와인을 만드나, 보르도 지방에서는 주로 카베르네 프랑과 자주 블렌딩해서 사용한다.

(3) 카베르네 프랑Carbernet Franc

조생종으로서 카베르네 소비뇽보다 10일 정도 일찍 익으며 서늘한 기후에서도 재배가 가능하다. 따라서 서늘한 지역에서 카베르네 소비뇽의 대용으로 재배하고 있다.

보르도에서 주로 보조품종으로 이용되고, 루아르 지방의 시농Chinon과 부르게이Bourgueil에서 재배되며 캘리포니아에서도 재배된다. 약간 습한 곳에서도 잘 자라며 생산량이 많은 품종이다. 프랑스 유명 와인들의 블렌딩에 사용되고 있다.

(4) 피노 누아Pinot Noir

프랑스 부르고뉴 지역의 대표적인 레드 와인 품종으로 우아하고 섬세한 와인을 만들어낸다. 생산량이 적은 품종이며, 배수가 잘되는 토양에서 잘 자란다. 포도알이 적고 포도껍질이 카베르네 소비뇽의 1/3 정도에 불과해 부패나 병충해에 민감하다.

와인의 특성은 입에서는 무엇보다 가볍고 상큼한 산미가 인상적이며, 비단처럼 매끄러운 타닌이 주는 부드러운 질감을 가지고 있다. 알코올도 힘 있는 편이며, 가벼우면서 길게 이어지는 여운도 맛깔스럽다. 대개는 오래 숙성시키지 않고 신선하게 마시나, 오크에서 배양시킨 그랑 크뤼급 고급 와인들은 장기보관도 가능하다.

(5) 시라Syrah, Sirah; 쉬라즈

이 포도품종은 프랑스 론Rhone 지역의 대표 품종으로, 론 북쪽 지방과 프랑스 남부 지방에서 많이 재배된다. 색깔이 짙고 타닌 성분이 많으며 가죽 냄새나 후추같은 향신료 냄새가 난다.

호주에서는 이 품종으로 '쉬라즈Shiraz'라는 와인을 생산하고 있다. 카베르네 소비뇽과 혼합하여 풀바디의 무겁고 진한 과일향의 와인을 만드는 데 사용된다.

(6) 진판델Zinfandel

이 포도품종은 크로아티아가 원산지이며, 캘리포니아의 대표 품종으로 다양한 스타일의 와인을 만들 수 있다. 화이트 드라이 와인에서 새콤달콤한 화이트 진판델을 거쳐, 진한 레드 드라이 와인과 레드 스위트 와인까지 정말 다양한 스타일의 와인을 만든다.

약간 선선한 기후지역에서, 급수와 수확량을 제한한다면 블랙베리와 자두향이 풍성한 과일향을 가진 썩 괜찮은 섬세한 레드 와인을 만들 수 있다. 더운 기후에서는 당분이 너무 높아 익은 듯한 느낌의 와인이 될 수 있다. 포트와인 맛과 들장미 젤리 맛이 난다.

더운 기후를 선호하며 알코올 생산성이 높다. 서늘한 기후 조건에서 자란 포도이나, 어린 포도나무의 열매를 사용하면 약간 풋내가 나는 야생미를 줄 수 있다. 튼튼하게 잘 자라는 편이며 생산성이 뛰어나 고급 와인을 생산하려면 열매솎기를 반드시 해주어야 한다.

(7) 가메Gamay

이 포도품종은 역사적으로 부르고뉴의 코트도르에서 많이 재배되었던 품종이었으나, 많은 생산량과 품질 저하 등의 이유로 추방된 품종이다. 지금은 화강암 토양인 보졸레 지방에서 재배된다. 또한 투렌과 아르데쉬 지방에서도 재배된다.

가메 와인은 오랫동안 숙성 가능한 와인보다는 젊었을 때 소비하는 와인으로 보졸레 누보에 사용되는 품종이다. 체리향과 프랑브와즈향이 특징이다.

(8) 산지오베제Sangiovese

이 포도품종은 부르넬로라 불리기도 한다. 이탈리아가 원산지이며 이탈리아의 키안티Chianti와 부르넬로 디 몬탈치노에서 많이 재배된다. 지금은 카베르네 소비뇽 품종과 혼합하여 와인을 만든다.

껍질이 두껍고 씨가 많아 새콤하고 씁쓸한 포도주를 만든다. 산지오베제Sangiovese는 상당히 많은 변종이 있는데, 이 중 어느 것을 선택하느냐에 따라 품질에 차이가 난다. 타고난 높은 산미와 타닌으로 인해 견고한 느낌을 준다. 잘 익은 농축된 포도라면, 특별한 감각의 이탈리아 고급 레드 와인을 생산하나, 일반적으로는 적당한 무게감의 레드 와인을 생산한다.

카베르네 소비뇽 등 외래 품종과 블렌딩하여 세련된 향과 미감을 가진 국제적 감각의 균형 잡힌 와인도 생산하고 있다. 숙성력은 보통이나 고급 와인은 장기 숙성이 가능하다.

(9) 네비올로Nebbiolo

이탈리아 피아몬테 지방의 주요 포도품종으로, 주로 백악질 토양에서 잘 자라며 이탈리아의 최고급 와인인 바롤로와 바바레스코 와인을 생산하는 품종이다.

이 품종의 이름은 이탈리아어로 '안개'를 뜻하는 '네비아Nebbia'에서 유래되었다. 왜냐하면, 네비올로Nebbiolo 품종은 보통 10월 말경에야 익게 되는 만숙종인데, 이때쯤 되면 포도밭에 안개가 곧잘 낀다. 이 안개가 네비올로의 거친 특성을 완화시켜 준다고 한다. 네비올로 품종의 와인은 대체로 타닌과 산도가 풍부하고, 장미향과 담배향인 타르향을 가진 와인을 생산하는 것이 특징이다.

(10) 템프라니요Tempranillo

스페인에서 많이 재배되며, 특히 리오하 지방에서 많이 재배되는 품종이다. 또한 포르투갈과 아르헨티나에서도 많이 재배되는데 조기 숙성되고 백악질 토양에서 잘 자라며, 잘 익는 딸기향을 가진 것이 특징이다.

11) 말벡Malbec

원산지 보르도에서는 별로 인기를 끌지 못하다가 외부 세계에서 최근에야 주목을 받고 있다. 특히 아르헨티나에서는 국가대표 품종으로 전략적으로 육성하고 있다. 이곳의 건조하고 깨끗한 환경이 병충해에 약한 말벡이 잘 자랄 수 있는 최적의 환경을 제공해 주고 있다.

원래 보르도에서는 카베르네 소비뇽의 파워를 부드럽게 하는 역할을 하였으며, 보르도보다 비교적 더 건조하며 일조량이 좋은 카오르Cahors에서는 자두향을 풍기며, 숙성되면서 색상도 진해지고 담뱃잎 냄새가 난다.

포도송이의 크기는 보통이며, 동그란 포도알은 작은 편이다. 검은색으로 와인의 색깔도 진하다. 일찍 피어 일찍 익으며 비교적 튼튼한 편이다.

(12) 그르나쉬Grenache

스페인 고유의 품종으로 원래 이름은 가르나차 틴타Garnacha Tinta라고 한다. 알코올 도수가 높은 와인을 생산할 수 있는 품종으로, 스페인과 프랑스 남부지역의 더운 지역에서 재배된다. 지중해의 뜨거운 태양을 머금고 푹 익었기 때문에, 알코올 도수가 다른 품종에 비해 높고 달콤하면서도 매콤한 후추향이 난다. 그래서 단일 품종으로 만들어졌을 때보다 블렌딩했을 때 맛이 가장 좋다.

시라Syrah와 같이 타닌과 신맛이 강한 품종과 블렌딩되면 과일향과 향신료향이 강해지고, 알코올 도수도 올라가면서 풀바디한 와인으로 거듭난다. 농도가 짙은 와인으로 호주에서 생산되는데, 특히 올드 바인에서 수확한 그르나쉬와인Grenache Wine은 주목할 만하다.

그러나 가장 우수한 와인은 프랑스 론Rhone 지역에서 생산하는 와인으로, 특히 샤토 네프 뒤 파프Chateauneuf-du-pape에 들어가는 13가지 포도품종 중 복잡미묘한 맛과 스위트하면서 알싸한 끝맛이 특징이다. 강건하고 엷은 색깔의 와인과 로제 와인Rose Wine을 만드는데 사용되고, 프랑스와 스페인, 캘리포니아에서 주로 재배된다.

2) 화이트 와인 품종

(1) 샤르도네Chardonnay

부르고뉴 지방이 원산지로서 전 세계 와인산지에서 가장 많이 재배되는 품종이다. 석회질과 점토질 토양에서 잘 자라며, 특히 샹파뉴와 같은 백악질 토양에서 잘 자란다. 그러나 이 품종은 오이듐균Oidium과 같은 병에 민감하다. 드라이 와인에서 스위트 와인까지 다양한 타입의 와인을 만들 수 있다. 특히 샹파뉴 지방에서 샴페인을 제조할 때도 사용한다.

(1) 리슬링Riesling

전 세계적으로 널리 재배되는 품종 중의 하나로 독일의 라인가우나 모젤 지방과 프랑스 알자스 지방의 주품종으로 단맛과 신맛이 강하다. 드라이한 것에서부터 달콤한 것까지 여러 타입의 와인으로 생산된다. 훌륭한 리슬링 와인은 미네랄향과 복숭아향 등을 가진 드라이 와인이다. 그러나 수확을 늦게 하는 경우, 스위트한 와인을 만드는 데도 쓰인다.

(2) 소비뇽 블랑Sauvignon Blanc

보르도, 루아르 지방(상세르, 푸이 퓌메), 그리고 신생국가에서 많이 재배된다. 단순히 소비뇽이라 불리기도 하고, 블랑 퓌메 또는 퓌메 블랑으로 불리기도 한다. 이 품종은 특히 척박한 토양에서 재배되어야 하며 쉽게 부패되는 경향이 있다. 싱싱한 청량감을 주며 보르도 지방에서는 세미용과 블렌딩하여 만들어지기도 한다.

(3) 세미용Semillon

프랑스 메도크 지역 남부의 소테른 지방에서 주로 재배되며, 아주 부드럽고 달콤한 맛이 나고 황금색에 가까운 색을 나타낸다.

보르도에서는 귀부현상을 보이는 포도로, 주로 소비뇽 블랑과 혼합된 스위트 와인은 세계 최고의 와인으로 평가되고 있다.

(4) 슈냉 블랑Chenin Blanc

프랑스 루아르 지방, 남아프리카공화국 그리고 캘리포니아 등지에서 주로 재배하는 포도품종으로, 신선하고 부드러우며 높은 알코올 도수와 산도가 특징이다.

세미 스위트 타입으로 많이 이용되며, 스파클링 와인으로도 사용된다. 드라이한 와인부터 스위트한 와인까지 다양한 종류의 와인을 만들고 있다.

(5) 게뷔르츠트라미너Gewürztraminer

원산지가 이탈리아 북부로 알려져 있으나, 알자스에서 최상의 게뷔르츠트라미너 와인이 생산된다. 이 와인은 열대과일의 향을 가지고 있으며, 특히 강한 리치의 향이 이 와인의 특징이다.

호주에서도 이 품종으로 와인을 만드는데, 주로 리슬링 품종과 혼합하여 만들며 뉴질랜드와 캘리포니아에서도 재배한다. 독일어 '게뷔르츠Gewürz'는 '향신료'라는 뜻이다.

(6) 뮈스카데Muscadet

부르고뉴가 원산지이다. 루아르 지방에서 드라이 와인을 만드는데 사용되며 캘리포니아에서도 재배된다. 프랑스 루아르Loire 지방의 낭트Nantes 지구 주변에서 재배되고 있다. 원래 부르고뉴에서 이식된 포도로 믈롱 드 부르고뉴Melon de Bourgogne라고 불린다.

중간 크기의 포도알과 포도송이에 껍질이 얇고 서리로 인한 피해에 강한 품종이다. 사과 등 신선한 과실의 향을 느끼게 하는 향과 산에 기분 좋은 과일 맛이 나는 라이트Light하고 드라이Dry한 와인을 만드는 데 사용된다. 뮈스카데Muscadet로 만든 와인은 게, 가재와 같은 갑각류와 굴, 조개 등의 싱싱한 해산물과 어우러지면 음식의 맛을 잘 살려주며 그 진가를 발휘한다.

(7) 뮈스카Muscat

생산량이 비교적 적은 포도품종으로 밀디우균Mildiou과 같은 병충해에 민감한 품종이다.

(8) 샤슬라Chasselas

프랑스에서는 주로 테이블 와인을 만들기 위해 사용된다. 알자스, 푸이이 쉬르 루아르, 사부아 지역에서 많이 재배되며 생산량이 많다.

(9) 알리고테Aligote

부르고뉴에서 주로 재배하는 포도품종이다. 과실 성숙이 빠른 편이며 생산량이 많다. 또한 이 품종은 불가리아에서 많이 재배하기도 한다.

알리고테Aligote로 만든 와인은 대체로 산도가 높으며 장기 보관보다는 산도의 신선함을 즐기기 위해 빠른 시일 내에 소비되는 와인이다. 부르고뉴에서는 알리고테 와인과 크림드 카시스를 섞어 마시는데, 이것을 키르Kir라고 한다.

(10) 뮐러 투르가우Müller Thurgau

리슬링 품종의 변형이거나 실바네르Sylvaner의 변형에서 온 포도품종으로 알려져 있다. 이 포도는 독일에서 가장 많이 심는 품종이다. 생산량이 많으며 뉴질랜드에서도 많이 재배된다.

(11) 팔로미노Palomino

스페인의 셰리 와인을 만드는 포도품종으로 백악질 토양에서 잘 자란다. 이 품종의 특징은 당분이 풍부한 반면에 산도가 낮은 데 있다. 남아프리카공화국에서도 많이 재배된다.

(12) 피노 블랑Pinot Blanc

샤르도네 품종과 혼동되는 품종이다. 알자스 지방에서 재배되며 발포성 와인인 크레망을 만드는 데 많이 이용된다. 이탈리아에서도 많이 재배되며 신선하고 과일맛이 나는 와인을 만드는 데 쓰인다.

(13) 피노 그리Pinot Gris

알자스, 독일 그리고 이탈리아에서 많이 재배되는 품종으로 '토카이'라고도 불린다. 이 품종은 약간의 산도와 풍부한 당분으로 풍만한 와인을 만드는 데 쓰인다.

(14) 위니 블랑Ugni Blanc

이것은 프랑스와 이탈리아에서 가장 많이 재배되는 품종이다. 주로 아르마냑과 코냑 지방에서 많이 재배되며, 브랜디를 만드는 데 주로 사용된다. 호주에서도 많이 재배된다.

(15) 뮈스카Muscat, 모스까또Moscato

지중해가 원산지로 100여 종의 변종이 있다. 이 품종은 건포도부터 포도주스, 양조용까지 다양하게 사용된다. 이 품종으로 만든 와인은 달콤한 열대과일 향과 이국적 향신료 향이 가득 풍긴다. 주로 달콤한 스타일의 스위트 화이트 와인을 생산한다. 뜨거운 태양 아래 과숙된 포도가 주는 짙은 풍미와 높은 당도 때문에 디저트 와인으로 이용되고 있다.

프랑스 알자스 지방에서는 드라이한 와인도 생산된다. 이탈리아의 아스티 Asti 주변에서는 달콤한 스위트 와인과 함께 발포성 와인을 생산한다. 그리스와 호주에서도 이 품종으로 강화 와인을 생산한다.

대표적 와인과 생산자는 프랑스의 뮈스카 데 봄 데 브니스(Muscat-de-Beaume-de-Venise), 이탈리아의 모스카토 다스티, 모스카토 디 판텔레리아(Moscato d'Asti, Moscato di Pantelleria), 그리스의 뮈스카 데 사모스(Muscat de Samos) 등이다.

3. 빈티지

와인의 빈티지는 포도가 수확된 해의 수확 상태를 의미하는 것이다. 와인의 품질은 여러 가지 요인에 의해 달라지는데, 날씨도 그 중의 하나이다. 너무 태양이 강했거나 비가 많이 왔다면 포도가 무르익는데 영향을 주게 된다. 그래서 포도의 품질이 매해 달라지는 것이다.

예전에는 와인 만드는 것을 하나의 예술이라고 여겨왔고, 와인을 만들 때 빈티지는 아주 중요한 요인이었다. 그러나 현대기술로 인하여 제조업자들은 지속적으로 좋은 와인을 만들 수 있게 되었다. 특히 새롭게 개발된 와인지역에서는 더욱더 그렇다. 그럼에도 불구하고 와인 그 자체를 사랑하는 사람들 사이에서 빈티지는 여전히 중요하게 여겨지고 있다.

그래서 매해 여러 지역별로 수확 상태를 알려주는 전반적인 빈티지 가이드를 빈티지 차트와 함께 만들고 있다.

표 3.2 2003 빈티지 차트(Vintage Chart)

	REGIONS/WINES	2001	2000	1999	1998	1997	1996	1995	1994	1993	1992	1991	1990	1989	1988	1987	1986
CALIFORNIA	Cabernet auvignon-Napa/noma/North Coast	94	89	92	85	95	92	92	97	90	93	95	93	83	80	93	90
	Chardonnay-Napa/Sonoma/North Coast	92	90	90	89	95	90	93	90	90	92	92	93	82	88	80	91
	Pinot Noir-Napa/Sonoma/North Coast	90	90	91	90	94	91	91	93	90	90	93	90	85	92	89	88
	Pinot Noir/Chardonnay-Central Coast/Santa Barbara	91	91	90	89	95	89	89	92	85	89	91	91	86	88	87	86
	Zinfandel-Napa/Sonoma/North Coast	88	88	91	87	89	93	92	95	92	91	92	92	85	84	92	88
	Oregon/Pinot Noir	88	90	92	92	84	86	87	94	91	90	90	92	88	89	80	86
	Washington-Red	91	94	96	93	91	90	87	92	89	92	91	89	95	87	93	82
FRANCE	Bordeaux/Red-Medoc & Graves	89	98	88	89	86	93	91	88	85	80	80	98	96	89	81	95
	Bordeaux/Red-St. Emillion & Pomerol	89	97	89	92	85	87	93	90	86	NR	NR	98	93	90	81	90
	Bordeaux/White-Sauternes & Barsac	94	81	90	88	90	88	88	80	NR	NR	NR	96	90	97	NR	95
	Burgundy/Red	88	84	89	88	89	92	90	85	88	80	85	91	88	90	NR	NR
	Burgundy/White	92	88	84	89	89	92	91	87	83	91	NR	92	91	84	NR	92
	Rhône/North	90	91	93	92	91	87	91	89	NR	NR	93	93	97	92	86	86
	Rhône/South	90	93	89	97	85	85	93	88	87	NR	NR	96	95	89	NR	80
	Loire/Dry and Sweet White	88	84	89	86	85	92	91	82	89	83	NR	91	92	87	NR	89
	Alsace	94	86	84	89	96	90	88	86	84	80	NR	93	96	89	NR	NR
	Champagne/Vintage	NV	85	88	87	85	92	89	NV	87	NV	NV	98	90	88	NV	87
ITALY	Piedmont	84	93	92	95	93	95	88	81	87	NR	NR	98	97	91	81	NR
	Tuscany	91	90	89	88	95	86	92	85	87	NR	86	93	82	91	NR	85
	Veneto	85	87	88	89	95	NR	94	87	88	NR	NR	95	NR	93	NR	NR
SPAIN	Rioja	95	87	90	88	85	89	95	94	85	84	88	90	90	85	87	84
	Catalonia	93	89	90	88	88	89	91	91	89	80	82	88	86	86	88	NR
	Ribera del Duero	93	88	89	88	87	98	95	92	NR	82	94	91	95	NR	84	98
	Portugal-Port/Vintage, Quinta or LBV	84	90	86	87	93	85	91	96	NR	92	91	85	86	83	85	82

	REGIONS/WINES	2001	2000	1999	1998	1997	1996	1995	1994	1993	1992	1991	1990	1989	1988	1987	1986
GERMANY	Rhine Regions	95	87	91	89	88	95	88	92	87	87	85	94	91	87	NR	83
	Mosel/Saar/Ruwer	96	85	90	89	89	93	93	92	90	87	85	95	90	90	80	80
AUSTRAILIA	Barossa	88	84	89	93	90	94	93	89	88	81	92	93	84	87	83	90
	Coonwarra	90	89	93	93	95	87	82	86	91	84	94	96	82	89	86	94
	Hunter Valley	85	88	91	92	87	89	88	89	86	85	94	86	87	83	89	92
SAMERICA	Chile	91	88	92	84	91	90	89	90	89	85	86	89	87	86	85	82
	Argentina	87	87	90	83	89	95	95	90	93	88	87	93	90	83	NR	NR
	South Africa	88	86	92	93	89	82	91	86	84	87	88	85				
	New Zealand	90	89	91	95	88	90	80	91	85	85	93					

{주요 빈티지 점수}

98~100 : Superlative
94~97 : Classic
90~93 : Excellent
87~89 : Very Good
83~86 : Good
80~82 : Acceptable
NV : Nonvintage
NV : Undeclared, but Probably Nonvintage
NR : Not Rated

{색상에 따른 와인 상태}

- 보관하는 것이 좋음
- 마실 수 있으나 좀더 보관할 것 권장
- 마시기 아주 좋은 상태
- 마실 수 있으나 좋은 시기는 지났음
- 마시기에 아주 좋은 상태는 아님
- 자료가 없음

{기타 최고의 빈티지 연도}

- Bordeaux : 1982, 1978, 1966, 1961, 1959, 1955, 1953, 1949, 1947, 1945, 1937, 1934
- Champagne : 1982
- Rhone Reds : Southern : 1983, 1981, 1978
- Burgundy : 1978, 1976, 1972, 1969, 1959, 1952, 1949, 1947, 1945
- Tuscany : 1982, 1978, 1971
- Veneto : 1983, 1979, 1976, 1974, 1971, 1970
- Rioja : 1982, 1981, 1978
- Calif. Cabernet : 1984, 1978
- Calif. Chardonnay : 1980

표 3.3 프랑스 빈티지 차트

	2007	2006	2005	2004	2003	2002	2001	2000	1999	1998	1997	1996	1995	1994
Red Bordeaux	88	89	96	89	90	89	89	97	89	91	85	89	89	86
Dry White Bordeaux	90	91	96	90	89	92	88	97	89	94	86	86	89	88
Sweet Bordeaux	87	90	96	87	98	94	98	88	88	87	89	87	85	78
Red Burgundy	87	89	95	86	90	89	84	85	91	83	89	92	90	72
White Burgundy	86	91	95	89	92	89	86	88	90	86	89	92	93	77
Loire Valley	88	89	95	86	90	85	82	84	84	84	88	91	88	87
Rhône Valley	95	89	95	88	89	88	96	98	90	98	82	82	92	88
Beaujolais	85	89	95	88	91	85	75	90	89	84	87	82	87	85

Ratings
90~100 The Finest　80~90 Above Average to Excellent　70~79 Average

표 3.4 프랑스 론지역 빈티지 평가서

France　　　　　　　　　　　　　　　　　　　　　　Phone : Northern

Vintage	Rating	Recommendation
2007	90	Not Released
2006	92	Hold/Drink
2005	94	Hold
2004	90	Hold/Drink
2003	94	Hold
2002	82	Drink
2001	89	Hold/Drink
2000	88	Hold/Drink

표 3.5 세계 주요 와인산지 빈티지 차트

Region \ Vintage	2008	2007	2006	2005	2004	2003	2002	2001	2000	1999	1998
Champagne	8	7	8	8	8	7	9	3	8	7	8
Red Bordeaux	7	7	8	10	8	8	8	7	10	7	8
White Bordeaux	8	7	8	9	6	8	7	9	7	8	8
Red Burgundy	8	7	8	9	7	8	9	7	8	9	7
White Burgundy	7	7	9	9	8	6	8	7	8	7	7
Chablis	8	9	8	8	7	7	8	7	8	7	7
Rhone	7	9	8	8	7	7	6	9	8	8	9
Alsace	8	7	7	10	7	7	9	6	8	8	8
Germany	7	9	7	9	7	8	8	9	7	9	8
Spain	8	7	7	8	8	6	6	8	6	6	8
Italy	8	9	8	7	8	8	6	8	7	9	7
Australian	8	7	8	9	8	7	8	9	7	8	9
Port	8	8	7	8	8	9	n/a	7	10	8	7

Key

The number indicates the quality of the vintage out of 10(1 = lowest; 10 = highest)

The colour represents the wine's readiness for drinking:

Needs ageing

Can be drink now, but may benefit from further ageing

Drink now

표 3.6 세계 주요 와인국가 빈티지 차트

Click Region or Score for Detiled Chart	2008	2007	2006	2005
ARGENTINA	87~90	87~90	89	90
AUSTRALIA				
Barossa and Mclaren Vale		88~91	88	97
Coonawarra		87~90	85~89	93
Victoria		87~90	87	94
CHILE	87~90	91	91	93
FRANCE				
Alsace			99	94
Bordeaux/Left Bank Redx(Pomeral, Pessac-Léognan)		84~87	90	98
Bordeaux/Right Bank Redx(Pomeral, St.-Emilion)		85~88	89	99
Bordeaux/Sauternes				93

표 3.7 미국 캘리포니아 까베르네 쇼비뇽 빈티지 평가서

Napa Valley		Sonoma	
Vintage	Rating	Vintage	Rating
2007	94~96	2007	87~89
2006	88~92	2006	82~86
2005	93	2005	84
2004	95	2004	85
2003	85	2003	84
2002	93	2003	83
2002	93	2002	87
2001	85	2000	81
1999	97	1999	87
1998	84	1998	82
1997	99	1997	90
1996	96	1996	88
1995	97	1995	86

표 3.8 미국 캘리포니아 까베르네 쇼비뇽 빈티지 평가서

Vintage	Rating	Recommendation
2007	95	Still Sampling
2006	90	Still Sampling
2005	93	Hold
2004	95	Drink/Hold
2003	85	Drink/Hold
2002	93	Drink/Hold
2001	93	Drink/Hold
2000	85	Drink/Hold
1999	97	Drink/Hold
1998	84	Drink
1997	99	Drink/Hold

표 3.9 유럽지역 주요 와인산지 빈티지 평가서

	1990	1991	1992	1993	1994	1995	1996	1997	1998	1999	2000	2001	2002	2003	2004	2005	2006	2007
Red Bordeaux	19	11	12	11	15	16	18	14	16	16	19	15	13	17	16	19	16	13
Red Burgundy	16	12	12	13	10	15	14	16	13	17	13	13	18	17	16	19	16	15
White Burgundy	14	10	18	10	11	17	17	16	15	17	18	14	19	12	17	18	15	15
Rhone Valley	17	15	14	12	15	17	14	16	18	17	15	18	7	14	18	19	16	17
Italy Tuscany	18	15	12	16	16	17	13	18	15	17	12	19	6	16	18	15	16	17
Italy Piedmont	19	14	12	15	13	16	19	18	18	17	15	19	9	16	18	15	16	15
California Cass	17	17	16	16	17	17	16	17	14	17	12	19	18	15	16	15	17	17
California Chard	19	17	18	18	17	16	16	17	16	16	18	18	15	12	17	15	17	17
Germany	19	17	17	16	17	17	16	20	16	16	9	20	14	15	18	19	15	16
South Africa	15	16	16	17	16	19	13	16	16	18	15	18	12	19	16	16	18	17
Australia	17	17	17	17	17	16	17	17	18	16	17	15	13	16	15	18	17	15
New Zealand	17	17	16	15	17	16	19	17	19	17	17	16	17	18	14	14	15	16
Vintage Port		17	19		18			17			19	15		16	12	12		16

표 3.10 프랑스 주요지역 와인 빈티지 평가서

Petite Annéé	Annéé Moyenne	Bonne Annéé	Grande Annéé	annéé Except
●	●●	●●●	●●●●	★

Annéé	Bordeaux Rouges	Bordeaux Liquoreux	Bordeaux Blancs Secs	Bourgogne Rouges	Bourgogne Liquoreux	Bourgogne Blancs	Crus Beaujolais	Valléé du Rhône	Blancs Secs Loire	Val de Loire Rouges	Alsace
1978	●●●	●●	●●	★	●●●		★		●●	●●	●
1979	●●●	●●●	●●●	●●●	★		●●●●		●●●●	●	●●●
1982	★	●●●	●●	●●	●●●		●●●		●●●●	●	●●●
1983	●●●	★	●●●	●●●	●●●		●●●●		●●●●	●●	●●●
1985	●●●	●●●	●●●	●●●●	●●●		●●●		★	●●●●	●●●●
1986	●●●●	●●●●	●●●	●●●	●●●		●●●		●●●●	●●●●	●●
1988	●●●	★	●●●	●●●●	●●●●		●●●		●●●●	●●●●	★
1989	★	★	●●●	●●●●	★		★		★	★	★
1990	★	★	●●●	★	●●●●	●●●●	●		★	★	★
1993	●●	●	●●●	●●●	●●●	●●●	●●	●	●●●	●●	●●●
1994	●●●	●●	●●●	●●	●●	●●	●●●	●	●	●	●●●
1995	●●●●	●●●●	●●●	●●●	●●●	●●●	●●●●	●●●●	★	★	●●●
1996	●●●	●●●●	●●	●●●●	●●●	●●●●	●●●●	●●●●	★	★	●●●
1997	●●	★d	●●●●	●●●	●●●	●●●	●●●	★	★	★	★
1998	●●●●	●●●	●●●●	●●●	●●●●	●●	●●●●	●●●	●●●	●●●	●●●●
1999	●●●	●●●	●●●	●●●●	●●●●	●●●●	●●●	●●●	●●	●●●	●●●
2000	★	●●●	●●●●	●●●	●●●	●●●●	●●●	●●●	●●●	●●●	★
2001	●●●	★	●●●	●●	●●●	★	●●●	●●●	●●●	●●●	●●●●
2002	●●●	●●	●●	●●●	★	●●	●	●●●●	●●●●	●●●	●●●●
2003	●●●	●●	●●	●●●●	●●●●	●●	●●●	★	★	★	●●●
2004	●●●	●●●	●●●	●●●	●●●	★	●●●●	●●●	●●●	●●●	●●●
2005	★	●●●●	★	★	★	●●●	●●●●	★	★	★	●●●
2006	●●●	●●	●●●●	●●●	●●●●	★	●●●●	●●	●●●	●●●	●●
2007	●●	●●●●	●●●	●●●	●●●●	●●●●	●●●●	●●●	●●●●	●●	●●●
2008	●●●	●●●	●●●	●●●	●●●	●●●	●●●	●●●	●●	●●●●	●●

★ ANNÉÉS PRESTIGIEUSES : 1921-28-29-25-47-49-55-59-61-66-70 ★

Vintage

제2부 나라별 와인

EST. 18
FONSECA GUIMA
VINHOS S.A.
OPORTO · PORTUG

CHAPTER 04 프랑스 와인

1. 프랑스 와인의 특징

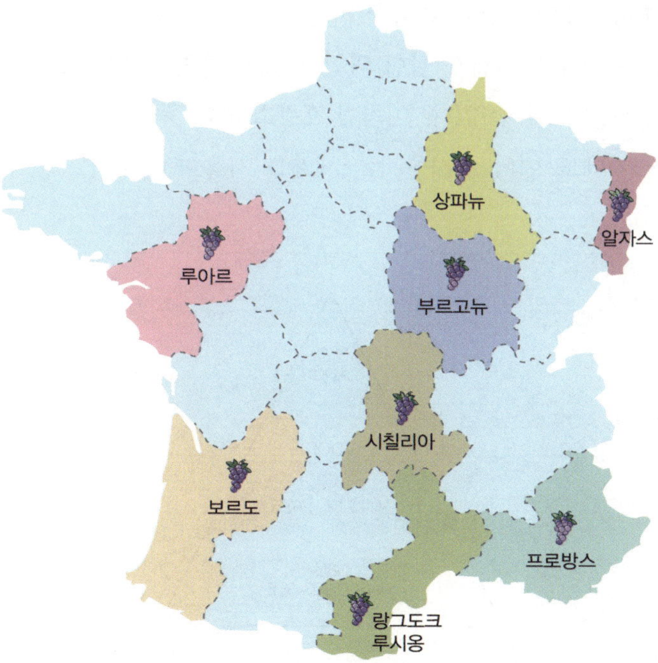

그림 4.1 프랑스 와인 주요산지

프랑스 와인을 안다는 것은 다른 나라 와인을 이해하는데 중요한 척도가 된다. 와인을 만드는 원리나 등급체계 등은 다소 달라도 기본원칙으로 통용되기 때문이다. 프랑스의 주된 생산지는 보르도, 부르고뉴, 알자스, 론, 프로방스, 랑그도크루시용 등이 있으며, 샹파뉴 지역에서는 '샴페인'이라 불리는 스파클링 와인을 생산하고 있다.

2. 프랑스 와인의 등급과 라벨

프랑스 와인을 이해하기 위해서는 가장 먼저 꼼꼼한 그들의 와인 등급을 살펴보아야 한다. 식사 시간에 편하게 마실 수 있는 테이블 와인부터 시작하여, 지역별로도 정확하게 체계가 잡힌 와인 등급을 보면, 와인에 대한 그들의 관심과 장인정신을 느낄 수 있다. 이처럼 프랑스 와인 등급은 모범이 되어, 다른 와인 생산국가에도 이와 유사한 등급체계를 사용하고 있다.

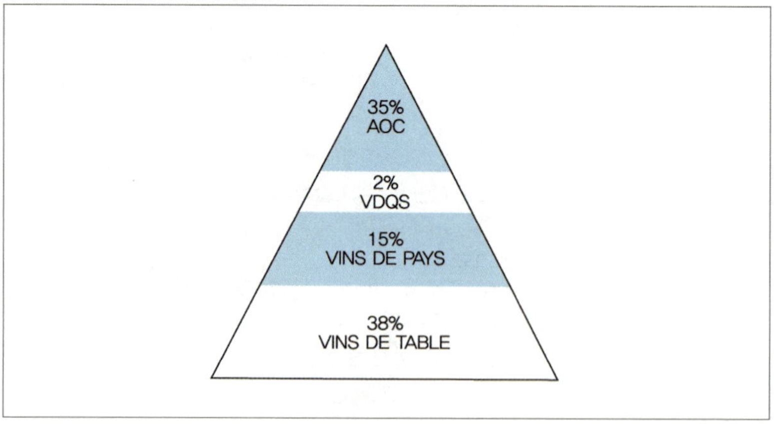

그림 4.2 프랑스 와인 등급

1) 프랑스 와인 등급

프랑스의 와인 등급은 그림 4.2에서 보는 것과 같이 4단계로 분류되며, 피라미드의 가장 위쪽인 A.O.C. 등급이 가장 우수한 품질의 와인이다.

(1) 뱅 드 타블Les Vins de Table : 테이블 와인V.D.T.

이 포도주들은 원산지 표시를 전혀 할 수 없다. 만약에 프랑스 여러 지역의 포도주를 섞었을 경우에는 'Vins de Table de France : French Table Wine'이라 표기하고, 유럽 여러 지역에서 온 포도주를 조합했을 경우에는 'Melange de vins de differents pays de 1'Union Europeenne'라고 표기하면 된다. 여기에는 수확 연도를 적을 수 없게 되어 있다. 흔히 상품명으로 판매되는 이 테이블 와인들은 일반적으로 늘 같은 품질을 유지하고 있다.

(2) 뱅 드 페이Les Vins de Pays : 지방명 와인V.D.P.

지방명 와인들은 원산지를 표기할 수 있다는 점에서 테이블 와인과 구별된다. 예를 들어, 랑그도크 지방의 와인인 경우 뱅 드 페이 도크Vins de Pays d'Oc라고 표기된다. 뱅 드 타블에 비해 조금 더 질이 좋다.

(3) 뱅 델리미테 드 칼리테 쉬페리외Vin Delimite de Qualite Superieure

뱅 드 페이와 A.O.C. 등급의 중간 단계로 이 단계부터 본격적인 규제가 시작된다.

(4) 아펠라시옹 도리진 콩트롤레Appellation d'Origine Controlee : 원산지 통제명칭 와인A.O.C.

A.O.C.라고 불리는 이 등급의 와인은 가장 까다로운 규칙을 적용한다. 즉 A.O.C. 표기를 하기 위해서는 다음과 같은 사항을 의무적으로 따라야 한다.

- A.O.C.를 생산할 수 있도록 엄격히 지정된 테루아를 지켜야 한다(지방명, 면단위 마을명, 한 마을명, 크뤼(포도원)명, 몇몇 ha에만 포도나무에서 생산된 포도주).
- 품종 선별로 반드시 그 와이너리에 알맞은 고급품종들로만 구성된다.
- 재배와 포도주 양조기술 및 숙성기술에 인간의 수작업을 거쳐야 한다.
- 수확량을 지켜야 한다. 식목 시의 밀도, 최소 알코올도수, 원산지통제명칭 위원회의 관할 하에 전문가들에 의해 엄격히 통제된다. 이러한 까다로운 과정을 거친 A.O.C.는 지역별 전통을 존중해 주면서 그 포도주에 품질과 특징을 보증한다.

2) 프랑스 와인의 라벨

와인이 어렵게 느껴지는 이유 중 하나는 와인 라벨 때문이다. 와인 라벨은 각 나라마다 각기 다른 기준으로 표기하기 때문에 혼동될 수 있다. 그러나 일반적으로 라벨에는 몇 가지 공통적으로 표기된 점이 있다.

와인 라벨에는 포도품종, 포도가 자란 지역, 등급, 와인 제조회사, 연도 등이 표기되어 있다. 소비자는 라벨에 담긴 정보로 와인을 구입하기 때문에, 라벨 읽기는 와인 선택에 있어서 중요한 부분이다.

프랑스 와인의 경우, 가장 엄격하게 등급체계를 구별하고 그에 따라 라벨 표기도 달리한다. 그러나 와인 라벨은 대체적으로 공통적인 사항이 많기 때문에, 몇 가지 라벨만 살펴보아도 다른 라벨을 보며 응용할 수 있다.

❶ 원산지 명칭 : 원산지는 그 와인에 사용된 포도가 재배된 지역을 의미한다. 예시된 라벨처럼 보르도일 수도 있고, 보르도의 포므롤처럼 세부지역으로 표기할 수도 있다. 프랑스의 A.O.C. 등급 와인의 경우, 포도품종을 따로 표기하지 않는다. 원산지에 따라 품종을 엄격하게 통제하기 때문에 원산지의 명칭만 보아도 어떤 품종인지 대략 알 수 있다.

❷ A.O.C.급 와인임을 표기 : 프랑스는 원산지를 통제하기 때문에 반드시 기입해야 한다.

❸ 와인 병입자의 이름과 주소 : 이 와인의 경우, 바롱 필립 드 로칠드사가 와인을 병입했다는 것이 표시되어 있다. 와인에 따라서는 ❼에 표기된 제조업체와 와인 병입자가 다를 수도 있다.

❹ 용기 내 와인 순용량 : 일반적인 보틀(Bottle)은 75cl(750ml의 프랑스식 표기)이지만, 375ml의 미니와인도 있으며, 1.5리터의 경우 매그넘(Magnum), 3리터는 제로보암(Jeroboam)이라고 칭하기도 한다.

❺ 알코올 도수(선택사항)

❻ 브랜드 네임 : 상품의 이름을 나타내며, 이 상품의 이름은 무통 카데이다.

❼ 제조업체 : 소유주의 주소 무통 카데를 만든 바롱 필립 드 로칠드사의 주소가 기재되어 있다.

❽ 병입장소 : 포도원에서 직접 병입한 경우도 있지만, 와인에 따라 생산자의 주소와 병입 장소가 다를 수 있다.

❾ 빈티지 : 포도의 수확 연도 빈티지를 의미하고, 와인 병입 연도와는 다르다. 기후가 좋았던 빈티지 연도에 따라 와인가격이 달라지기도 한다.

❿ 생산국가 : 와인을 생산한 국가를 표기한다.

그림 4.3 A.O.C.급 와인

❶ 뱅 드 페이(Vin de Pays) 뒤에 생산지역 명칭 표기 : 지역에 따라 다른 특징을 지니고 있기 때문에 표기한다. 이 와인은 랑그독 지역에서 생산된 포도를 원료로 사용한다.
❷ 와인 병입자의 이름과 주소
❸ 알코올도수(선택사항)
❹ 용기 내의 와인 순용량
❺ VINTAGE : 포도의 수확 연도
❻ 원료포도의 품종 이름 : A.O.C. 등급과 달리 뱅 드 페이급에는 포도품종을 명시한다.
❼ 생산국가

그림 4.4 V.D.P.(Vin de Pats)급 와인

❶ 뱅 드 따블(Vin de Table) 뒤에 프랑스 국명 표기(EU 내의 타 국산 원료를 사용할 시 이름을 명기한다)
❷ 와인 병입자의 이름과 주소
❸ 용기 내의 와인용량
❹ 알코올도수(선택사항)
❺ 상표
❻ 생산국가

그림 4.5 V.D.T.(Vin de Table)급 와인

3. 산지별 와인의 특성

1) 보르도Bordeaux 지역

프랑스의 대표적 와인 생산지역인 보르도는 프랑스 남서부 전 지역에 위치한다. 100,000ha가 넘는 넓은 포도원들이 있으며, 연간 6억 병의 포도주를 생산하는 보르도는 세계에서 가장 큰 규모로 좋은 포도주를 생산하는 곳이다.

프랑스 와인 중 보르도에서 생산되는 양은 10% 정도에 불과하지만, 프랑스 와인의 최고 등급인 A.O.C. 등급 전체 생산량의 26% 가량이 이곳에서 나온다. 보르도산 와인 중 80% 이상이 레드 와인인데, 최고급 레드 와인은 대부분 보르도에서 생산된다고 해도 과언이 아니다.

보르도의 유명 와인 생산지역은 크게 지롱드강을 분기점으로 강 왼쪽이 북쪽의 메도크와 남쪽의 오메도크 그라브 지역으로 나뉜다. 이들 지역은 대부분 척박한 자갈토양으로 카베르네 소비뇽이라는 포도품종이 많으며, 와인의 맛이 텁텁하고, 타닌 함유량이 높은 편이다. 또 강의 오른쪽은 생테밀리옹과 포므롤 지역이 가장 유명하다.

보르도 지역 와인의 특징은 부르고뉴 와인과는 달리 여러 품종을 다양하게 섞어서 혼합 와인을 만드는 것이 특징이다. 레드 와인은 카베르네 소비뇽Cabernet Sauvignon, 카베르네 프랑Cabernet Franc, 메를로Merlot 등 3가지 종류의 포도를 섞어서 만들어 낸다.

레드 와인용 카베르네 소비뇽과 카베르네 프랑은 타닌이 많아 장기 보관용으로 많이 사용되며, 순한 맛의 메를로는 부드러운 느낌을 주기 위한 용도로 많이 사용된다. 화이트 와인은 소비뇽 블랑과 세미용이 사용된다.

보르도에서 생산되는 화이트 와인은 적은 양이지만, 특유의 맛으로 널리 사랑받고 있다. 화이트 와인에는 산도가 높고 과일맛이 풍부한 소비뇽 블랑과 부드러움과 무게감이 느껴지는 세미용이 있다. 이 세미용은 '보트리스 시네라'

라는 균으로 인해 귀부병이 발생하기 쉬운 성질 때문에 스위트 화이트 와인이 생산되는 지역에서 주로 재배된다.

보르도 와인은 일반적으로 부르고뉴 와인과는 단일 품종으로 와인을 만들지 않고 품종들을 블렌딩해서 만드는 특징이 있다.

프랑스 보르도의 유명 와인 산지를 살펴보면, 메도크Medoc, 그라브Graves, 소테른Sauternes, 생테밀리옹Saint-Emillion, 포므롤Pomerol 지역으로 구분할 수 있다.

프랑스 보르도의 공식 품질 등급 분류

보르도의 57개 명칭들은 단독으로 공식 등급에 분류되어 있지 않다. 그러나 메도크Medoc, 소테른Sauternes과 바르삭Barsac, 그라브Graves 그리고 생테밀리옹Saint-Emillion 지역들은 자체적으로 공식적인 와인 등급 분류체계를 가지고 있다. 보르도 최고 지역 중 하나인 포므롤Pomerol은 1855년 등급 분류에 포함되지 않았으며, 오늘날까지도 분류되지 않고 있다. 그러나 샤토 페트뤼스Petrus는 1855년 분류체계에서 종종 프리미에 크뤼First Growth에 포함되곤 한다.

1855년부터 시작된 품질 분류체계(THE CLASSIFICATION OF 1855)

1855년 지롱드 상공회의소에서는 보르도의 고급 와인들을 분류할 수 있는 등급 분류체계를 공식화할 것을 요청하였다. 보르도의 와인 중개단체에서 이 프로젝트를 시작하여 오늘날까지 사용되고 있다.

그라브 지방의 샤토 오브리옹Chateau Haut-Brion을 제외한 메도크 지방의 레드 와인은 5개의 등급으로 분류되고 있다. 소테른과 바르삭의 화이트 와인은 2가지 등급으로 분류된다. 이 리스트는 와인의 품질과 판매가격 그리고 다양한 샤토의 명성이 반영되었다.

실제로 그동안 많은 샤토들의 생산자가 바뀌었거나 경영진이 바뀌기도 하여 품질 등급에 비해 와인의 품질이 더 좋아졌거나 나빠졌을 가능성이 많다. 이 품질등급은 거의 150년간 주요한 변화가 있었으며, 1973년 6월 21일 관련 법령 선포가 있었는데, 샤토 무통 로칠드Chateau Mouton-Rothschild가 2등급에서 1등급으로 승급되었다. 같은 시기에 1등급은 알파벳 순으로 리스트에 등록되기도 하였다.

※ 샤토는 원래 사전적 의미로는 중세 때 지어진 성을 뜻하지만, 와인과 관련해서는 포도원에 양조시설, 포도주 저장창고와 관리인들의 거주지를 포함한 일련의 건물을 나타내기도 한다. 보르도 지방엔 수천 개의 샤토가 있다.

그림 4.6 V.D.P.(Vin de Pays)급 와인

보르도Bordeaux 지역의 와인 상표Wine Label 읽는 법

프랑스 와인의 상표는 지역의 이름이나 지구의 이름, 혹은 마을의 이름이 와인 명으로 사용되는 경우가 많고, 또한 특정 포도원Château 명 와인도 적지 않다. 간혹 포도의 품종이 와인 명으로 사용되는 지역도 있다. 그러므로 프랑스 와인의 상표를 읽기란 상당히 까다롭다고 할 수 있다. 보르도 와인에는 와인 생산회사의 이름이 가장 크게 표기된다.

❶ 빈티지
❷ 제조회사
❸ 재배지역
❹ 등급
❺ 알코올 함유량
❻ 지역 특유 등급
❼ 용량
❽ 제조회사의 소재지 및 세부사항
❾ 병입지
❿ 생산국가

그림 4.7 V.D.T.(Vin de Table)급 와인

(1) 메도크Medoc 지역

메도크 지역에서 생산된 와인이 유명한 이유는, 오랜 기간 숙성을 통해 부드럽고 깊은 맛을 내는 최상품 와인이 많이 생산되기 때문이다. 와인의 품질은 포도의 품종과 재배지역, 생산회사, 숙성조건 등에 의해 결정된다.

메도크 지역은 자갈이나 모래 성분이 많은 토양을 가지고 있는 데다 전형적인 해양성 기후대에 속해, 우수한 포도품종 중 하나인 카베르네 소비뇽이 풍부한 곳이다. 카베르네 소비뇽 품종은 와인의 고유한 맛을 내는 타닌 성분이 많고 오랜 기간 숙성시키면 부드러운 맛을 내는 것이 특징이다.

메도크 지역에서는 카베르네 소비뇽뿐만 아니라 보조품종으로 메를로, 카베르네 프랑, 프티 베르도, 말벡 등 우수한 포도가 많이 생산된다.

메도크 와인은 카베르네 소비뇽과 여러 가지 보조품종을 일정비율 섞어 만드는데, 메도크 와인이 유명해진 것은 메도크 지역 중 남쪽에 위치한 오메도크에서 생산해 낸 제품들 때문이다. 오메도크의 와인 생산지 중 생테스테프Saint-Estephe, 포이약Pauillac, 생쥘리앵Saint-Julien, 리스트락Listrac, 물리스Moulis, 마고Margaux 6개 지역 제품이 특히 유명하다.

와인 병 라벨에 이들 지역의 이름이 기입되어 있고, 샤토Chateau와 그랑 크뤼 클라세Grand Cru Classe라는 단어가 표기되어 있으면 최상품 와인으로 보면 된다. 메도크를 생산하는 대표적인 와인공장으로는 샤토 마르고, 샤토 라피트 로칠드, 샤토 라투르 등이 있다.

이곳에서 생산된 와인은 맛이 부드럽고 마신 후에 개운한 느낌을 준다. 또 통나무(오크)에서 숙성한 향이 그윽하고 식사 전에 마시면 입맛을 돋운다. 메도크는 화이트 와인보다 레드 와인이 더 좋은 맛을 낸다. 따라서 생선보다 육류와 곁들여 먹어야 고유의 맛을 즐길 수 있다.

메도크Medoc 지방의 1855년 공식 품질 등급에 의한 분류를 살펴보면, 다음과 같다.

① 1등급에 속하는 샤토/포도원First Growths(Premiers Crus) Commune : 5개

- Chateau Lafite-RothschildPauillac
- Chateau MargauxMargaux
- Chateau LatourPauillac
- Chateau Haut-Brion PessacGraves
- Chateau Mouton-RothschildPauillac

② 2등급에 속하는 샤토/포도원Second Growths(Deuxiemes Crus) Commune : 14개

- Chateau Rausan-SeglaMargaux
- Chateau Rauzan-GassiesMargaux
- Chateau Leoville-Las CasesSaint-Julien
- Chateau Leoville-PoyferreSaint-Julien
- Chateau Leoville-BartonSaint-Julien
- Chateau Durfort-VivensMargaux
- Chateau Gruaud-LaroseSaint-Julien
- Chateau LascombesMargaux
- Chateau Brane-Cantenac CantenacMargaux
- Chateau Pichon-Longueville-BaronPauillac

- Chateau Pichon-Longueville, Comtesse de LalandePauillac
- Chateau Ducru-BeaucaillouSaint-Julien
- Chateau Cos d'EstournelSaint-Estephe
- Chateau MontroseSaint-Estephe

③ 3등급에 속하는 샤토/포도원Third Growths(Troisiemes Crus) Commune : 14개

- Chateau Kirwan CantenacMargaux
- Chateau d'Issan CantenacMargaux
- Chateau LagrangeSaint-Julien
- Chateau Langoa-BartonSaint-Julien
- Chateau Giscours LabardeMargaux
- Chateau Malescot Saint-ExuperyMargaux
- Chateau Boyd-Cantenac CantenacMargaux
- Chateau Cantenac-Brown CantenacMargaux
- Chateau Palmer CantenacMargaux
- Chateau La Lagune LudonHaut-Medoc
- Chateau DesmirailMargaux
- Chateau Calon-SegurSaint-Estephe
- Chateau FerriereMargaux
- Chateau Marquis d'Alesme-BeckerMargaux

④ 4등급에 속하는 샤토/포도원Fourth Growths(Quatriemes Crus) Commune : 10개

- Chateau Saint-PierreSaint-Julien
- Chateau TalbotSaint-Julien
- Chateau Branaire-DucruSaint-Julien
- Chateau Duhart-Milon-RothschildPauillac

- Chateau Pouget Cantenac Margaux
- Chateau La Tour-Carnet Saint-Laurent Haut Medoc
- Chateau Lafon-Rochet Saint-Estephe
- Chateau Beychevelle Saint-Julien
- Chateau Prieure-Lichine Cantenac Margaux
- Chateau Marquis-de-Terme Margaux

⑤ 5등급에 속하는 샤토/포도원 Fifth Growths(Cinquiemes Crus) Commune : 18개

- Chateau Pontet-Canet Pauillac
- Chateau Batailley Pauillac
- Chateau Haut-Batailley Pauillac
- Chateau Grand-Puy-Lacoste Pauillac
- Chateau Grand-Puy-Ducasse Pauillac
- Chateau Lynch-Bages Pauillac
- Chateau Lynch-Moussas Pauillac
- Chateau Dauzac Labarde Margaux
- Chateau Mouton-Baronne-Philippe Pauillac
- Chateau du Tertre Arsac Margaux
- Chateau Haut-Bages-Liberal Pauillac
- Chateau Pedesclaux Pauillac
- Chateau Belgrave Saint-Laurent Haut-Medoc
- Chateau de Camensac Saint-Laurent Haut-Medoc
- Chateau Cos-Labory Saint-Estephe
- Chateau Clerc-Milon Pauillac
- Chateau Croizet-Bages Pauillac
- Chateau Cantemerle Macau Haut-Medoc

(2) 그라브Graves 지역

그랑 크뤼 1등급으로 분류된 오브리옹Haut-Brion을 제외한 기타 그라브 지역의 와인들은 1855년에 규정된 Classification 등급 분류에 들어가지 못했다. 1953년에 첫 번째 등급으로 분류되었으나 1959년까지 공식화되지 않았다. 레드 와인과 화이트 와인을 따로 분류하여 분류체계를 만들어 일부 샤토들은 각 카테고리(레드와 화이트)에서 중복되어 선정된 것도 있다. 리스트 순서는 품질과 관계없이 무작위로 선정되었다.

그라브 지역 공식 품질 등급The 1959 Official Classification of the GRAVES은 다음과 같다.

① 레드 와인 : 13개

- Chateau BouscautCadaujac
- Chateau CarbonnieuxLéognan
- Domaine de ChevalierLéognan
- Chateau de FieuzalLéognan
- Chateau d'OlivierLéognan
- Chateau Haut-BaillyLéognan
- Chateau Haut-BrionPessac
- Chateau La Tour-MartillacMartillac
- Chateau La Mission-Haut-BrionTalence
- Chateau Latour-Haut-BrionTalence
- Chateau Malartic-LagravièreLéognan
- Chateau Pape-ClementPessac
- Chateau Smith-Haut-LafitteMartillac

② 화이트 와인 : 10개

- Chateau BouscautCadaujac

- Chateau Carbonnieux Léognan
- Chateau Couhins-Lurton Villenave d'Ornan
- Chateau Couhins Villenave d'Ornan
- Chateau Domaine de Chevalier Léognan
- Chateau d'Olivier Léognan
- Chateau Haut-Brion Pessac (Added in 1960)
- Chateau La Tour-Martillac Martillac
- Chateau Laville-Haut-Brion Talence
- Chateau Malartic Lagraviere Léognan

(3) 소테른 Sauternes 지역

소테른 지역은 보르도에서 남동쪽으로 30마일 떨어진 곳에 위치해 있으며 그라브 지역에 둘러싸여 있다. 이 지역에서는 오직 스위트 와인만이 AC 소테른 등급으로 분류되며, 드라이 화이트 와인은 보르도 블랑 Bordeaux Blanc으로 판매된다.

최상의 스위트 와인은 노블 롯 푸리튀르 노블, Pourriture Noble의 영향을 받은 포도로만 만들어진다. 포도껍질을 침투하여 들어간 곰팡이가 포도의 수분은 증발시키지만 과육과 당분을 농축시키기 때문이다. 수확량은 아주 적으나 당분이 높고 농도가 진한 포도즙을 얻을 수 있다. 이 와인은 발효가 끝날 때쯤, 효모가 더 이상 활동하지 못할 정도로 알코올 도수가 높아져 와인 안에 다량의 자연 당분이 남게 되는 것이다.

소테른 지역의 최고 와인들은 1855년에 등급이 분류되었는데, 그 중 샤토 디켐 Château d'Yquem이 유일하게 프리미에 그랑 크뤼 클라세 Premier Grand Cru Classé, 특등급에 올랐다. 현재 11개의 샤토들은 프리미에 크뤼 Premier Cru, 1등급에 속하고 14개의 샤토들은 되지엠 Deuxième Cru, 2등급에 분류되었다. 바르삭 Barsac 지역은 소테른 안에 있는 작은 마을 코뮌Commune인데, 이곳의 스위트 와인은 AC 바르삭으로 따로 분류되었다.

소테른/바르삭Sauternes/Barsac 지방의 1855년에 의한 등급 분류는 다음과 같다.

① 특등급에 속하는 샤토/포도원First Great Growth(Premier Cru Superieur) Commune : 1개

- Chateau d'YquemSauternes

② 1등급에 속하는 샤토/포도원First Growths(Premiers Crus) Commune : 11개

- Chateau La Tour-BlancheBommes
- Chateau Lafaurie-PeyragueyBommes
- Chateau Clos Haut-PeyragueyBommes
- Chateau de Rayne-VigneauBommes
- Chateau SuduirautPreignac
- Chateau CoutetBarsac
- Chateau ClimensBarsac
- Chateau GuiraudSauternes
- Chateau RieussecFargues
- Chateau Rabaud-PromisBommes
- Chateau Sigalas-RabaudBommes

③ 2등급에 속하는 샤토/포도원Second Growths(Deuxiemes Crus) Commune : 14개

- Chateau de MyratBarsac
- Chateau Doisy-DaeneBarsac
- Chateau Doisy-DubrocaBarsac
- Chateau Doisy-VedrinesBarsac
- Chateau d'ArcheSauternes

- Chateau Filhot Sauternes
- Chateau Broustet Barsac
- Chateau Nairac Barsac
- Chateau Caillou Barsac
- Chateau Suau Barsac
- Chateau de Malle Preignac
- Chateau Romer-du-Hayot Fargues
- Chateau Lamothe-Despujols Sauternes
- Chateau Lamothe-Guignard Sauternes

(4) 포므롤Pomerol 지역

포므롤은 보르도 근처의 리부른 남쪽에 있는 700ha 정도의 작은 와인마을이다. 이곳의 와인 역사는 로마시대까지 거슬러 올라가지만, 정식으로 알려진 것은 19세기 이후다. 땅 색깔이 짙은 검은색을 띠고 있어 외면 받던 이 포도밭은 1878년 파리 만국박람회에서 최고의 와인에 주는 '황금메달'을 페트뤼스 와인이 받으면서 일약 유명세를 타게 되었다. 그러면서 이 검은 토양의 실체에 대한 관심이 높아졌고, 그 뒤 '검은 황금의 땅'으로 불리게 되었다.

포므롤 토양에는 자갈과 더불어 검은 진흙질이 주류를 이루고 있다. 특히 포므롤의 가장 윗부분을 차지하고 있는 샤토 페트뤼스는 진흙질이 더 많은 특징이 있다. 이 토양에는 철분과 같은 미네랄 성분이 다수 포함되어 포도의 성장과 맛에 결정적인 역할을 하는 것으로 알려져 있다. 이 지역의 와인들은 80% 이상이 메를로Merlot라는 적포도를 사용해 레드 와인을 만드는데, 짙은 색과 농익은 과일 향기가 일품이다.

포므롤 와인들은 처음에는 강한 맛을 보여준다. 그러나 4~5년 정도를 숙성시키면 부드러움과 우아함을 간직한 와인으로 재탄생되며 독특한 버섯향도 느낄 수 있다. 3~4개의 포도품종을 섞어 만들던 보르도 다른 지역의 와인들과 달리 한 품종을 다량으로 사용해 만들 경우, 이렇게 훌륭한 와인이 될 것이라고는 아무도 상상하지 못했다.

- 페트뤼스Chateau Pétrus
- 프티 빌라쥐Chateau Petit-Village
- 레방질Chateau L'Evangile
- 라 푸앙트Chateau La Pointe
- 라 플뢰르 페트뤼스Chateau La Fleur-Pétrus
- 뷰리가드Chateau Beauregard
- 라투르 아 포므롤Chateau Latour a'Pomerol
- 라 콩세이양트Chateau La Conseillante
- 트로타누아Chateau Trotanoy
- 비유 샤토 세르탕Vieux Chateau-Certan
- 가쟁Chateau Gazin
- 네냉Chateau N'enin
- 르 팽Chateau Le Pin

(5) 생테밀리옹Saint-Emillion 지역

생테밀리옹 지역은 1855년 품질 등급 분류체계에서 제외되어 있었다. 그 결과 이 지역 와인 생산자들은 1955년에 생테밀리옹 지역 자체 품질 등급 체계를 공식화하였다. 이 체계는 매 10년마다 개정하기로 하였으나 그러한 일정에 따르지 않았으며, 가장 최근에 개정된 것은 1985년으로 여태까지 단 2번만 이루어졌다. 이 분류는 토양과 와인의 맛 그리고 포도원의 명성에 따라 정해진다. 이 개정은 수시로 개정되어 공시될 수 있다.

1985년 생테밀리옹 지역 공식 품질 등급The 1985 Official Classification of Saint-Emillion에 따른 분류를 살펴보면 다음과 같다.

① 프리미어 그랑 크뤼 클라세Premier Grand Cru Classe-A : 2개

- Chateau Ausone
- Chateau Cheval Blanc

② 프리미어 그랑 크뤼 클라세Premier Grand Cru Classe-B : 9개

- Chateau Beausejour-Duffau La Garrosse
- Chateau Belair
- Chateau Canon
- Clos Fourtet
- Chateau Figeac
- Chateau La Gaffeliere
- Chateau Magdelaine
- Chateau Pavie
- Chateau Trottevieille

③ 그랑 크뤼 클라세Grands Crus Classes : 62개

- Chateau L'Angelus
- Chateau L'Arrosee
- Chateau Balestard La Tonnelle
- Chateau Beausejour-Becot
- Chateau Bellevue
- Chateau Bergat
- Chateau Berliquet
- Chateau Cadet Piola
- Chateau Canon-La-Gaffeliere
- Chateau Cap de Mourlin

- Chateau Le Chatelet
- Chateau Chauvin
- Chateau Clos Des Jacobins
- Chateau Clos La Madeleine
- Chateau Clos De L'Oratoire
- Chateau Clos Saint-Martin
- Chateau La Clotte
- Chateau La Clusiere
- Chateau Corbin
- Chateau Corbin Michotte
- Chateau Couvent Des Jacobins
- Chateau Croque-Michotte
- Chateau Cure-Bon-La-Madeleine
- Chateau Dassault
- Chateau La Dominique
- Chateau Faurie de Souchard
- Chateau Fonplegade
- Chateau Fonroque
- Chateau Franc-Mayne
- Chateau Grand-Barrail-Lamarzelle-Figeac
- Chateau Grand-Corbin
- Chateau Grand-Corbin Despagne
- Chateau Grand-Mayne
- Chateau Grand-Pontet
- Chateau Gaudet-Saint-Julien
- Chateau Haut-Corbin

- Chateau Haut-Sarpe
- Chateau Lanoite
- Chateau Larcis-Ducasse
- Chateau Lamarzelle
- Chateau Laroze
- Chateau Matras
- Chateau Mauvezin
- Chateau Moulin-du-Cadet
- Chateau L'Oratoire
- Chateau Pavie-Decesse
- Chateau Pavie-Macquin
- Chateau Pavillon-Cadet
- Chateau Petit-Faurie-de-Soutard
- Chateau Le Prieure
- Chateau Ripeau
- Chateau Saint-Georges-Coat-Pavie
- Chateau La Serre
- Chateau Soutard
- Chateau Tertre-Daugay
- Chateau La Tour-du-Pin-FigeacGiraud-Belivier
- Chateau La Tour-du-Pin-FigeacMoueix
- Chateau La Tour-Figeac
- Chateau Trimoulet
- Chateau Troplong-Mondot
- Chateau Villemaurine
- Chateau Yon-Figeac

(6) 기타 와인 생산지

① 프리미에 코트 드 보르도 AC Premier Cotes de Bordeaux AC

프르미에 코트 드 보르도는 그라브 지역의 우측 가론강 건너편에 자리 잡고 있는 작은 지역이다. 이 AC 와인들은 대부분 레드이지만, 미디엄 스위트 스타일의 화이트 와인도 약간 생산된다.

② 앙트르-두-메르 AC Entre-Deux-mers AC

앙트르-두-메르 AC는 드라이 화이트 와인만 해당되며, 가론과 도르도뉴강 사이의 넓은 지역에서 생산된 와인을 분류한다. 레드 와인 또한 생산되지만 라벨에는 오로지 AC 보르도라고 표기된다.

2) 부르고뉴Bourgogne 지역

프랑스 중동부에 '황금의 골짜기'라 불리는 세계 최고의 와인 명산지가 있다. 서부의 보르도와 나란히 거론되는 부르고뉴Bourgogne이다. 영어로 버건디Burgundy라고 부르는 부르고뉴 지방의 와인 생산 역사는 1,000년 이상으로 장대다. 귀족들에 의해 발전했던 보르도 와인에 비해, 부르고뉴 와인산업 성장에 일조한 것은 수도원과 사원이었다.

10세기에 만들어진 베네딕트 교단과 현재 클로 드 부조Clos-de-Vougeot에 자리 잡은 시토Citeau 수도원은 체계적인 포도밭 관리에서 와인 생산까지 부르고뉴 와인산업 발전의 초석을 다지는 업적을 남겼다.

지방 귀족들과 교회가 소유했던 부르고뉴 포도밭들은 18세기 프랑스혁명 이후 정부에 의해 분할 매각되어 그 지역의 농부들이 소유하게 되었는데, 조각 조각으로 나눠진 포도밭은 또다시 상속에 의해 더욱더 작은 밭으로 나눠졌다.

현재 부르고뉴에서는 친인척이나 형제들이 4~5ha의 포도밭을 나누어 소유하며 와인 생산을 업으로 하고 있다. 한 예로, 유명한 클로 드 부조는 포도밭이 50ha 정도지만, 70명의 오너들이 나눠서 소유하고 있다. 한 개의 밭을 여러 명의 소유주가 경작하고 있는 형국이다. 그래서 와인 이름에 네고시앙(각기 다른 포도원이나 와인 공장에서 와인을 구입해 병입 · 유통을 담당하는 와인 중개상) 이름을 붙이는 경우도 있지만, 페르 에 피스Pére et Fils, 아버지와 아들, 프레르 에 쇠르Frére et Soeur, 남매 등 가족관계를 나타내는 와인 이름도 많다.

부르고뉴 지역은 기후에 따라 여러 지역으로 나뉘어 있으며, 각기 다른 포도원이나 제조원 명칭Appellation을 가지고 있다. 이 지역은 여러 명의 땅 주인들이 나눠서 소유하고 있으며, 생산되는 와인의 품질은 토양의 질뿐만 아니라, 생산자의 기술에 많이 좌우된다.

부르고뉴 지역에서 생산되는 포도 종류는 많지 않다. 화이트 와인에는 샤르도네Chardonnay와 알리고테Aligote가 있고, 레드 와인에는 피노 누아Pinot Noir, 가메Gamay와 약간의 마콩Macon 정도가 있다.

부르고뉴 지방은 샤르도네Chardonney 품종을 만드는 화이트 와인 생산지인 샤블리Chablis, 코트 도르Côte d'Or와 코트 샬로네즈Côte Chalonnaise, 마코네Mâconnais, 보졸레Beaujolais 등의 지역으로 나뉜다.

그 중에서도 코트 도르 지역은 최고의 부르고뉴 와인 생산지다. 코트 도르의 북쪽은 코트 드 뉘Côte de Nuits, 남쪽은 코트 드 본Côte de Beaune으로 나눠진다.

부르고뉴 고유의 와인 특성은 기후보다 토양의 영향을 더 많이 받는다. 지질적으로 토양이 제각기 다르기 때문에 바로 옆의 밭이라도 맛과 향이 전혀 다른 와인이 된다. 그래서 샤블리에서 재배하는 같은 샤르도네 포도품종이라도 전혀 다른 개성을 가진 와인이 탄생된다.

보르도가 자기들만의 등급체계를 갖는 것처럼, 부르고뉴 또한 아펠라시옹 레지오넬Appellation Régionale, 생산량의 56%, 빌라즈 드 부르고뉴Villages de Bourgogne, 30%, 프리미에 크뤼Premier Cru, 12%, 그랑 크뤼Grand Cru, 2% 등 4등급으로 등급을 나누고 있다.

부르고뉴는 전체 재배면적이 보르도의 1/4 정도밖에 되지 않는데, 그 중 그랑 크뤼 포도밭의 면적은 매우 작은 편이다. 예를 들면, 보르도 1등급 중 하나인 샤토 라피트 로칠드Ch. Lafite Rothschild의 재배면적이 100ha(3만 3,000평)인데 반해, 샤블리 그랑 크뤼 밭은 7개를 모두 합쳐야 100ha가 될 정도이며, 그 유명한 로마네 콩티Romanee Conti(Grand Cru) 포도밭은 1.7ha(5,500평) 뿐이다.

(1) 부르고뉴Bourgogne 지역의 와인 상표Wine Label 읽는 법

부르고뉴 지역의 와인에는 포도 재배지역이 가장 크게 표기된다. 프랑스의 다른 지역도 부르고뉴 지역 표기법과 비슷하다.

❶ 재배지역 명
❷ 지역 특유 등급
❸ 등급
❹ 특징(오래된 포도원에서 제조되었다는 표시)
❺ 제조회사 명
❻ 제조 지명
❼ 특징(소량 생산이라는 표시)
❽ 병입지
❾ 빈티지

① 부르고뉴의 포도품종

부르고뉴에서 사용하는 포도품종은 보르도에 비해 아주 단순하다. 먼저, 화이트 와인은 모두 샤르도네Chardonnay를 사용한다. 예외적으로 일부 지역에서는 알리고테Aligote 포도품종을 사용하기도 하는데, 이때는 상표에 '알리고테'라고 표시한다. 레드 와인의 경우, 모두 피노 누아Pinot Noir를 단일 품종으로 사용한다. 다만, 보졸레 지역은 예외적으로 가메Gamay 포도품종을 사용해서 가볍고 신선한 레드 와인을 생산한다고 한다.

11월 셋째 주 목요일에 맞춰 나오는 가벼운 느낌의 보졸레 누보Beaujolais Nouveau는 바로 '가메'라는 포도로 만들어지는 것이다.

② 부르고뉴 A.O.C. 등급의 체제와 그랑 크뤼Grand Cru 등급

프랑스 전역의 포도원에서 A.O.C. 법률이 제정될 때 각자의 길을 선택하게 되었다. 보르도의 경우 샤토의 명성에 의해, 알자스는 포도품종을, 샹파뉴는 브랜드를 그리고 부르고뉴는 테루아를 앞세워 A.O.C. 법률을 제정하게 된다.

이렇듯 부르고뉴에서 원산지의 등급은 원산지 증명 그 이상의 의미를 지니고 있다. 지구상에 유일하게 부르고뉴만이 1m 간격으로 와인의 등급이 달라지며, 이로 인해 많은 논란의 대상이 된다. 이러한 논란의 대상과 와인 등급의 기준이 되는 것이 바로 테루아인 것이다.

부르고뉴 와인의 품질을 파악하는데 없어서 안 될 테루아Terroir, 이 테루아의 개념이 부르고뉴 와인 등급체제의 기본 바탕이 된다. 와인 생산을 위한 순수한 자연조건이 이 지역에서는 무엇보다 강조되고 있다. 주목할 만한 것은 샤토에 따라 와인의 등급이 결정되는 보르도와는 분명 다른 성격을 띠고 있다는 것이다.

③ 부르고뉴의 네 가지 크뤼

프랑스 전체 원산지는 400여 개가 넘는다. 그 중 부르고뉴 지방 안에는 110개의 원산지가 존재한다. 부르고뉴에서는 자연적인 조건이 아주 특별하리만치 다양한데, 이런 현상이 위와 같이 다양한 원산지를 낳았다.

부르고뉴 와인 등급체계는 피라미드 형태를 띠고 있다.

- 피라미드 정상을 차지하고 있는 그랑 크뤼Grand Cru 와인은 전체 생산량의 2%에 해당하는 33개로, 이 가운데 32개가 코트 도르 안에 위치해 있으며, 남은 1개가 샤블리Chablis 지역에 포함된다(고급 와인). 그 중 샤블리 그랑 크뤼 그르뉴Chablis Grand Cru Grenouille, 샹베르탱Chambertin, 코르통 샤를마뉴Corton Charlemagne, 바타르 몽라셰Bartard Montrachet, 로마네 콩티Romance Conti 같은 와인이 대표적인 예이다.
- 총생산량의 11%를 차지하고 있는 프리미에 크뤼는 562개의 클리마Climat를 형성하고 있다(고급 와인). 샤블리 몽 드 밀리외Chablis Mont de Milieu, 뉘생 조르주Nuist-Saint-Georges, 뉘생 조르주Les Saint-Georges, 본 그레브Beaune Greve 등이 대표적이다.
- A.O.C. 코뮌, 즉 마을 이름이 명시되는 와인은 총생산량의 35%를 차지한다(중급 와인). 샤블리Chablis, 쥬브레 샹베르탱Gevrey-Chamberin, 푸이 퓌세Pouilly-Fuisse, 볼레Volnay, 부조Vougeot 등이 대표적이다.
- 피라미드의 가장 아랫부분에 해당하는 A.O.C. 레지오날Reggional은 중급 와인으로 전체 생산량의 52%에 해당한다. 부르고뉴, 부르고뉴 파스투그랭, 부르고뉴 알리고테 등이 대표적이다.

부르고뉴 코트 도르 지역의 본 로마네 마을Vosne-Romanee을 예로 들면, 이 마을 안에는 테루아에 따라 네 가지 등급이 존재한다. 로마네 콩티, 라 타슈La Tache, 에세죠Echezeaux와 같은 그랑 크뤼가 있으며 레 말콩소, 레 프티몽 같은 프리미에 크뤼가 있다.

이들 등급의 와인은 각자의 클리마를 라벨에 기재하며, 이는 곧 자신의 메이커가 되는 것이다. 그 다음으로는 독자적인 클리마를 붙이지 않은 마을 이름을 본뜬 '본 로마네'의 빌라쥐급 와인과 '부르고뉴'라고 라벨에 기재되는 레지오날 등급의 와인이 있다.

그런데 흥미로운 사실은 부르고뉴 와인 등급 결정 시 보르도와는 다른 점이 있다. 다름 아닌 부르고뉴 와인 등급 조정이 그리 어렵지 않다는 것이다. 다시 말해, 1등급 와인이 그랑 크뤼 와인으로 승격될 수 있다는 말이다.

예를 들면, 본 로마네에 속해 있는 그랑 뤼La Geand Rue가 1992년에 1등급 와인에서 그랑 크뤼 와인으로 승격되었으며, 역시 모레이 생 드니 마을에 위치한 클로 데 랑브레Le Clos des Lambrays가 1981년에 승격되었다.

(2) 부르고뉴의 주요 와인 생산지역

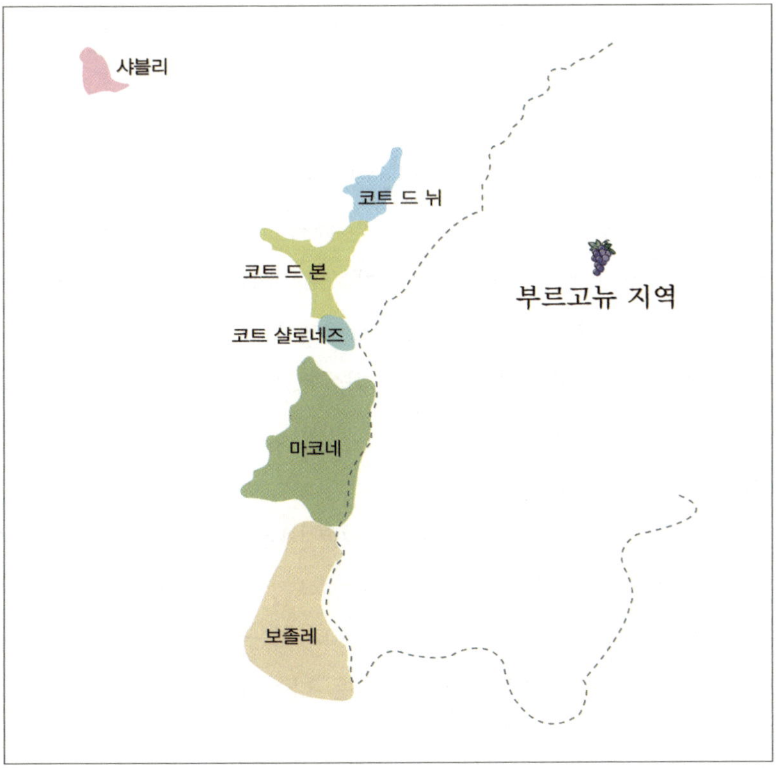

부르고뉴 지방의 주요 와인 생산지역은 프랑스 최고의 포도밭으로 잘 알려진 코트 도르Cote d'Or를 중심으로 북서쪽에 따로 떨어진 샤블리, 남서쪽의 코트 샬로네즈, 마코네, 보졸레 이렇게 크게 5곳으로 나눌 수 있다.

① **샤블리Chablis 지역**

- 샤블리Chablis : 거의 화이트 와인 생산
- 코트 도르Cote D'Or : 거의 레드 와인 생산
- 코트 드 뉘Cote de Nuts : 약 90%가 레드 와인 생산
- 코트 드 본Cote de Beaune : 약 80%가 레드 와인 생산
- 코트 샬로네즈Cote Chalonaise : 거의 레드 와인 생산
- 마코네Maconaise : 레드 와인, 화이트 와인
- 보졸레Beaujolais : 레드 와인

(가) 샤블리Chablis의 와인

세계 최고의 화이트 와인 생산지로서 명성이 높은 샤블리는 부르고뉴 지방에서도 북쪽의 산간지방이다. 위도가 높은 관계로 화이트 와인만을 생산하는데, 강하고 귀족적이며 우아한 맛으로 화이트 와인의 대명사가 되었다.

이 지역은 석회 성분이 많은 백악질의 토양으로 샤르도네 품종의 재배지로서 최적지이다. 전통적으로 부르고뉴의 화이트 와인은 샤르도네만 이용하여 오크통에서 숙성시키는데, 요즘은 신선한 과일 맛을 유지하기 위해 스테인리스 통을 이용해서도 발효시킨다.

그러나 고급 샤블리 와인은 중후한 오크향이 배어 있는 황금빛의 샤르도네를 꼽는다. 최고급인 7개의 샤블리 그랑 크뤼Chblis Grand Cru, 그 다음의 샤블리 프리미에 크뤼Chablis Premier Cru, 샤블리Chablis, 프티 샤블리Petit Chablis 4개의 A.O.C. 명칭으로 구분된다. 이 지역의 와인 등급은 다음과 같다.

㉠ 샤블리 그랑 크뤼Chablis Grand Cru

샤블리의 최고급 와인으로 7개의 포도밭에서 생산되는 와인이다. 약간 푸른빛을 띠고 세련된 아로마향이 일품이며 최대 20년 이상의 보관이 가능한 와인이다.

- 블랑쇼Blanchots
- 부그로Bougros
- 레 클로Les Clos
- 그르뉴Grenouilles
- 레 프뢰즈Les Preuses
- 보데지르Vaudesir
- 발무르Valmu)

㉡ 샤블리 프리미에 크뤼Chablis Premier Cru

그랑 크뤼급에는 도달하지 못하지만, 양질의 토양에서 일정 수준의 품질을 갖춘 와인이다. 40개의 포도밭에서 생산되며, 3~5년 정도 숙성시키면 풍부한 아로마를 즐길 수 있다. 유명한 포도원을 소개하면 다음과 같다.

- 보루아Beauroy
- 코트 드 르셰Cote de Lechet
- 푸르숌므Fourchaume
- 레 푸르노Le Fourneaux
- 몽테 드 토네르Montee de Tonnerre
- 멜리노Melinots
- 몽맹Montmains
- 몽 드 밀리외Mont de Milieu

- 바이용Vaillons
- 보쿠팽Vaudoupin
- 보드베이Vaude-Vey 혹은 Vaudevey
- 레 리즈Les Lys
- 보그로Vosgros

㉢ 샤블리Chablis

보통 와인으로 3년 정도 숙성이 가능한 와인이다. 1년 정도 숙성시키면 가볍고 신선하게 마실 수 있다.

㉣ 프티 샤블리Peit Chablis

가장 낮은 등급으로 프랑스 내에서 소비되며 수출은 거의 되지 않는다.

㉤ 유명한 네고시앙

모로 에 퓌스J-Moreau & Fils, 랑블랭 에 퓌스Lamblin et Fils, 시몬네 페브르 에 퓌스Simonner-Febver et Fils, 알베르 픽 에퓌스Albert Pic & Fils, 아 르냐르 에 퓌스A Regnard & Fils, 도멘 라로쉬Domaine Laroche, 조셉 드루엥Joseph Drouhin, 귀 로뱅Guy Robin, 로베르 보코레Robert Vocoret, 루이 자도Louis Jadot, 장 도비사Jean Dauvissat, 르네 도비사Rene Dauvissat, 프랑수아 라브노Francois Raveneau, 윌리암 페브르William Fever, 루이 미셸Louis Michel 등이 있다.

(나) 코트 도르Cote d'Or 지역

부르고뉴 지역 명칭에서 자주 보게 되는 'Cote'는 언덕이라는 뜻이다. 'Cote d'Or'는 '황금의 언덕'이라는 뜻으로 코트 드 뉘Cote de Nuit와 코트 드 본Cote de Beaun의 두 지역으로 나뉜다. 좁고 기다란 구릉지대로 이루어진 이 지역은, 세계적으로 와인의 표본이라 할 수 있는 완벽한 품질의 와인을 생산하는 곳이다.

㉠ 코트 드 뉘Cote de Nuit

코트 도르의 북부지역으로, 부르고뉴의 메도크 지방이라 할 수 있을 정도로 세계 레드 와인의 양대 산맥을 이루는 지방이다. 피노 누아만을 이용한 레드 와인만 생산하는데, 이곳에서 부르고뉴의 그랑 크뤼 와인을 모두 만날 수 있다. 나폴레옹이 즐겨 마시던 샹베르탱Chambertin과 그 유명한 로마네 콩티Romanee Conti, 그랑 에셰죠Grand Echezeaux 등이 모두 이곳에서 생산된다. 이 지역의 와인 등급은 다음과 같다.

○ 그랑 크뤼

이 지역은 부르고뉴에서 대표적인 그랑 크뤼가 산재해 있는 지역이다. 그랑 크뤼 중에서도 강한 바디와 복잡하고 풍부한 향으로 특징지어지는 샹베르탱Chambertin, 뮈지니Musigny, 클로드 부조Clos-de-Vougeot 그리고 로마네 콩티Romanee-Conti 등은 세계적으로 최고로 인정받는 와인 중 하나이다.

○ 빌라쥐, 프리미에르 크뤼

전부 레드 와인으로 쥬브레 샹베르탱Gevrey-Chambertin, 모레 생 드니Morey Saint Denis, 뉘 생 조르주Nuits-Saint-Georges 등은 진한 색깔과 강한 향을 느낄 수 있으며, 마르사네Marsannay, 픽생Fixin, 코트 드 뉘 빌라쥐Cote de Nuits Villages는 타닌이 강하여 오래 숙성시킬 수 있다. 그리고 샹볼 뮈지니Chambolle Musigny, 부조Vougeot, 본-로마네Vone-Romanee는 벨벳같이 부드럽고 세련된 타닌과 체리향과 같은 우아함을 느낄 수 있다.

○ 부르고뉴 오트 코트 드 뉘

부르고뉴 오트 코트 드 뉘Bourgogne Haute Cote de Nuits라고 표시되는 이 와인은, 레드 와인과 화이트 와인이 모두 생산되며 짜임새 있고 과일향이 풍부하다.

○ 유명한 네고시앙

- 부샤르 페르 에 퓌스Bouchard Pere & Fils
- 루이 자도Louis Jadot
- 조셉 드루엥Joseph Drouhin
- 루이 라투르Louis Latour
- 로피토 프레르Ropiteau Freres
- 자플랭Jaffelin, 라부에 루아Laboure-Roi
- 샤르트롱 에 트레비셰Chartron et Trebucher

㉡ 코트 드 본Cote de Beaun

북쪽의 코트 드 뉘에서는 레드 와인만을 생산하지만, 이 지역은 레드와 화이트 와인을 모두 생산한다. 그러나 레드보다는 화이트 와인의 명성이 높아, 이곳에서는 부르고뉴의 유명한 그랑 크뤼 화이트 와인을 모두 만날 수 있다. 세계에서 가장 비싸기로 유명한 그랑 크뤼 와인 몽라셰와 코르통 샤를마뉴, 슈발리에 몽라셰 등이 이 지역 와인이다. 이 지역의 와인 등급은 다음과 같다.

○ 빌라쥐, 프리미에 크뤼

와인 도로를 길게 따라가면 포마르Pommard, 볼네Volnay, 뫼르소Meursault, 퓔리니 몽라셰Puligny-Montrachet로 이어지게 된다. 레드 와인은 코트 드 뉘보다 부드러우며 우아한 비단을 연상시킨다. 본Beaune, 볼네Volnay 등의 와인은 세련되고 우아한 여성스러움이 물씬 풍긴다. 반면, 화이트 와인인 뫼르소Meursault, 퓔리니 몽라셰Puligny-Montrachet 등은 신선하고 완벽하며 깊은 아몬드나 크림향을 연상케 한다.

○ 오트 코트 드 본

코트 드 본 위쪽의 경사지에 위치하고 있어 일조량이 많다. 부르고뉴 오트 코트 드 본Bourgogne Haute Cote de Beaune이라고 표기하며, 레드 와인은 바디가 강한 것이 특징이고 화이트 와인은 상쾌하다.

(다) 코트 샬로네즈La Cote Chalonnaise 지역

좀더 남쪽 지역에 위치한 이 지역에서는 4가지 포도품종으로 와인을 생산하고 있는데, 즉 피노 누아Pinot Noir, 가메Gamay, 샤르도네Chardonnay와 알리고테Aligote가 있다.

5개의 공동 자치단체 명칭들이 있는데, 부르고뉴 알리고테 부제롱Bourgogne Aligote-Bouzeron, 륄리Rully, 메르퀴레Mercurey, 지브리Givry와 몽타뉘Montagny가 그것이다. 또한 한 품종으로 만든 륄리Rully, 몽타뉘Montagny 등의 좋은 화이트 와인을 생산하는 지역이며, 피노 누아로 만든 메르퀴레Mercurey 등의 레드 와인도 생산한다.

그 외에 북쪽의 알리고테Alligote라는 품종으로 부르고뉴 알리고테Bourgogne Alligote라고 하여 편안하게 마실 수 있는 드라이 화이트 와인도 생산한다.

(라) 마코네Maconnais 지역

화이트 와인의 명산지로서 부르고뉴 화이트 와인의 절반 가까이 생산한다. 토양이 좋아 수준 높은 와인이 생산된다. 유명한 화이트 와인으로는 금빛 녹색을 띤 향기로우면서도 섬세한 맛의 드라이한 푸이 퓌세Pouilly-Fuisse, 푸이 로슈Pouilly-Loche, 아주 섬세하고 향기로우면서 드라이한 생베랑Saint-Veran, 드라이하면서도 포도맛이 강한 마콩 쉬페리외르Macon Superieur, 마콩 빌라쥐Macon-Village 등이 있다.

또한 레드와 로제 마콩 와인들은 가메Gamay 포도품종으로 만들어진다. 부르고뉴 파스투그랭Bourgogne Passe-Tout-Grains이란 이름을 가진 와인 중에는 피노 누아와 혼합된 것도 있다.

(마) 보졸레Beaujolais 지역

우리에게 친숙한 보졸레는 부르고뉴의 맨 아래쪽에 위치하지만, 부르고뉴의 타 지역과는 별개의 와인 지역이라 할 수 있다. 기후도 온화하고 토양도 부르고뉴와는 달리 점질토양이라 피노 누아가 아닌, 부드럽고 과일향이 풍부한 가메Gamay 포도품종을 재배한다. 매년 11월 3번째 목요일에 출하되는 보졸레 누보는 오래 두지 않고 빨리 마시는 레드 와인으로, 레드 와인이지만 화이트 와인의 특성을 가지고 있어서 약간 차게 해서 마시는 것이 좋다.

보졸레의 와인 등급은 보졸레 지역 어느 곳에서나 생산되는 가장 기본적인 등급인 보졸레Beaujolais와 보졸레보다 알코올 함량만 높은 보졸레 쉬페리외르Beaujolais Superieur, 보졸레의 35개 특정지역에서 생산되는 고급 와인이지만 각 지역에서 나오는 와인을 블렌딩하기 때문에 상표에 지역명을 표시하지는 않

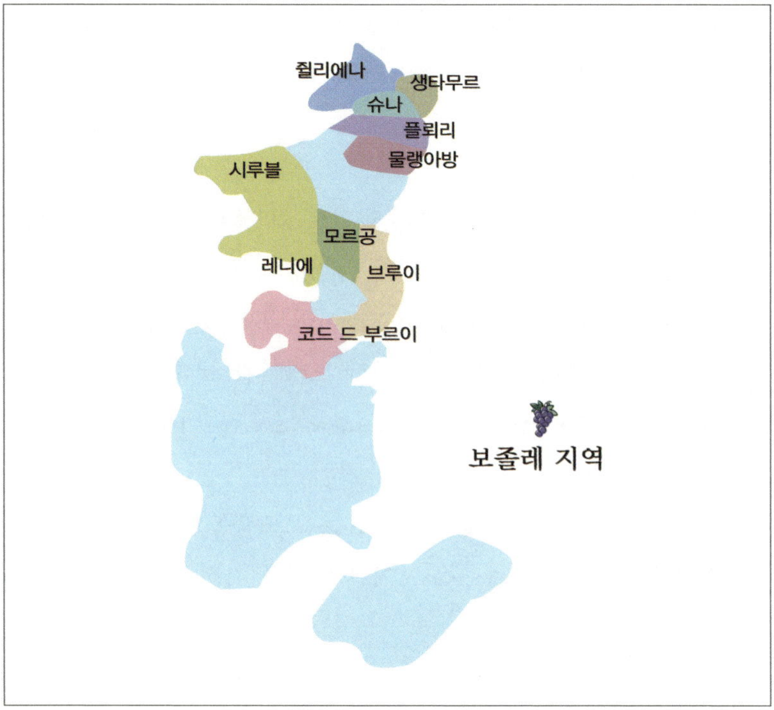

는 보졸레 빌라쥐Beaujolais Village, 최고급 10개 지역에서 생산되는 크뤼Cru로 나눌 수 있다. 생산지역인 10개 보졸레 크뤼는 보졸레 누보와는 달리 오래 보관하며 숙성시키는 와인들이다. 보졸레에는 가벼운 와인만 나온다고 생각하면 안 된다.

보르도와 함께 프랑스의 양대 산맥이라 불리는 부르고뉴는, 낯선 지명을 익히지 않으면 친절하게 써진 라벨조차도 불친절하게 느낄 수밖에 없다. 이러한 부르고뉴 와인이 익숙해지는 데는 많은 시간이 걸릴 것이다. 하지만 부르고뉴는 같은 프랑스이면서도 보르도와는 여러 면에서 상반되는 부분이 있다.

㉠ 보졸레 지역의 와인들

- 보졸레와 보졸레 쉬페리외르Beaujolais and Beaujolais Superieur : 보랏빛의 가볍고, 생기 있고, 마시기 편한 포도맛으로 강한 와인으로, 숙성시키지 않고 신선할 때 마시는 와인이다.
- 보졸레 빌라쥐Beaujolais-Villages : 좀더 오래 보관할 수 있는 와인으로 바디가 강한 편이다.
- 크뤼 드 보졸레Crus du Beaujolais : 다육질이며 관대하고, 심지어 바디가 강한 아주 좋은 레드 와인들로 10가지 보졸레 크뤼가 있다. 브루이Brouilly, 코트 드 브루이Cote de Brouilly, 모르공Morgon, 쉬루블르Chiroubles, 플뢰리Fleurie 5개 지역에서 75%의 크뤼 와인이 생산된다. 그리고 나머지는 쥴리에나Julienas, 물랭아방Moulin-A-Vent, 쉐나스Chenas, 생타무르Saint-Amour와 레니에Regnie 지역에서 생산된다.

㉡ 보졸레 와인의 중간 제조업자

- 부샤르 페르 에 퓌스Bouchard Pere et Fils
- 조셉 드루엥Joseph Drouhin

- 조르쥬 뒤뵈프Georges Duboeuf
- 루이 자도Louis Jadot

3) 샹파뉴Champagne 지역

프랑스 북동쪽에 위치한 상파뉴는 파리로부터 북동부에 위치한 프랑스 최북의 와인 지역으로 밀, 보리, 해바라기 등을 재배하는 대단위 농경지역이기도 하다. 연평균 10.5도가 넘지 않아 봄에 서리가 내릴 때는 포도밭에 난로를 피워 따뜻하게 해주기도 하는 혹독한 기후로 인해 높은 산도를 갖게 되며, 백악질 토양으로 수분을 저장하고 낮에 받은 태양열을 밤에는 복사열로 각종 미네랄을 포도에 공급하여 독특한 향과 맛을 만들어낸다.

와인이 생산되는 곳 중 프랑스 지역에서 가장 추운 지역에 해당한다. 따라서 이 지역은 신맛이 강한 드라이 화이트 와인과 별 특징 없는 레드 와인을 생산하는 별로 이름이 알려지지 않은 지방이었으나, 250년 전부터 발포성 와인, 즉 거품 나는 와인을 만들면서 그 이름이 알려지기 시작했다.

샹파뉴란 '평원'이라는 뜻인데, 라틴어에서 유래된 것으로 프랑스어로 '샹파뉴'라 하고, 영어로는 '샴페인'이라 한다. 성공, 축하, 축제, 세련되고 우아한 분위기의 느낌을 주는 발포성Sparkling 와인이다. 돔 페리뇽은 탄산가스로 가득 찬 와인을 마신 후 "기적을 보세요. 나는 지금 별을 마시고 있어요."라고 탄성을 질렀다고 한다.

와인을 저장하는 지하 저장동굴인 셀라Cellar의 온도는 8~12도를 유지하여 샴페인의 숙성을 돕는다. 로마시대부터 만들어진 모엣샹동은 28km, 포므리는 24km에 달하는 저장 장소이다. 차가운 기후, 백악질 토양, 321개 마을의 다양한 포도밭과 샹파뉴 와인의 근간을 이루는 3가지 품종인 '피노 누아, 피노 뫼니에, 샤르도네'로 300년 이상을 만들어 온 경험에 의해 세계 최고의 샴페인 생산지역이 되었다.

샹파뉴는 샹파뉴 지역의 포도밭에서 수확한 포도로 만든 와인에만 그 이름을 붙일 수 있다. 생산연도인 빈티지Vintage를 표시하지 않는 유일한 프랑스 와인이기는 하지만, 포도의 품질이 아주 좋은 해에는 빈티지를 표시하여 만들기도 한다.

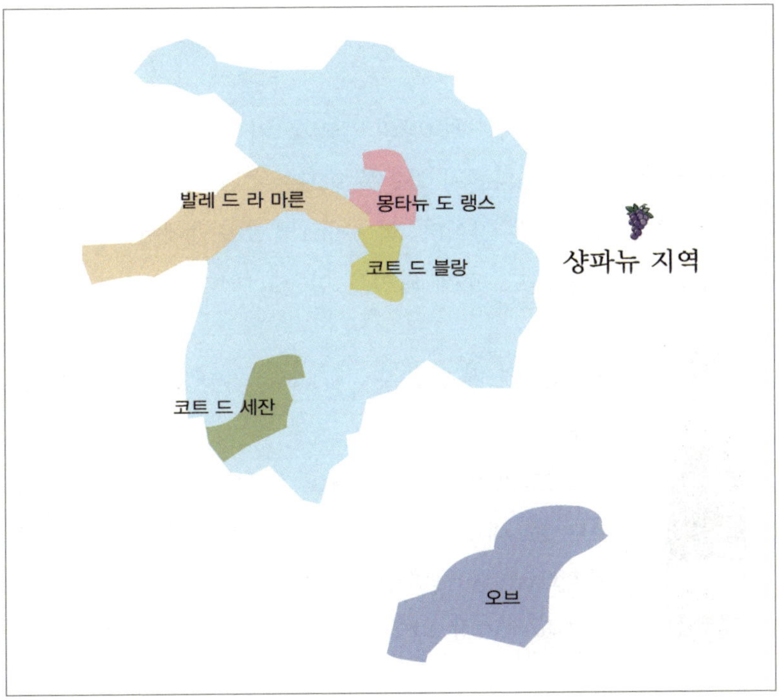

(1) 샴페인용 포도품종

- 피노 누아Pinot Noir : 적포도로서 전체의 37%를 차지하며 강한 향미를 지닌 와인이다.
- 피노 뫼니에Pinot Meunier : 적포도로서 전체의 37%를 차지하며 숙성이 빠른 와인이다.
- 샤르도네Chardonnay : 청포도로, 전체의 26%를 차지하며 섬세하고 경쾌한 향미를 지닌 와인이다.

청포도가 많이 들어갈수록 가벼운 스타일이 되고, 적포도가 많을수록 무거운 스타일이 된다. 아직도 오크통에서 발효하는 곳이 있는데Krug, Bollinger 등, 이렇게 하면 스테인리스 스틸 탱크에서 발효시킨 것보다 바디와 부케가 더 풍부하다.

(2) 주요 생산지역

샹파뉴 지역은 프랑스 와인 생산량의 2.5%를 차지하며, 전 세계 스파클링 와인의 10%를 차지한다. 스파클링 와인을 만드는 최고의 조건은 서늘한 기후와 석회질 토양이 가장 좋은 곳이다. 약 3만ha의 포도밭에서 2~3억 병의 스파클링 와인과 화이트, 레드, 로제 와인을 만들고 있다.

- 몽타뉴 드 랭스Montagne de Reims : 가장 북쪽으로 피노 누아, 피노 뫼니에 재배
- 발레 드 라 마른Vallee de la Marne : 피노 누아, 피노 뫼니에 재배
- 코트 드 세잔Cote de Sezanne : 서쪽에 있으며 샤르도네 재배

  (※ 위의 세 곳이 샹파뉴의 주요산지이다)
- 오브Aube : 가장 남쪽 지역으로, 피노 누아 재배

(3) 샹파뉴Champagne의 제조과정

① 착즙

샹파뉴Champagne 제조를 위한 대표적인 3가지 품종은 샤르도네Chardonnay, 피노 누아Pinot Noir, 피노 뫼니에Pinot Meunier종이다. 수확된 포도는 착즙(搾汁)실로 운반되어 과육, 과피, 줄기, 씨가 포도즙과 분리된다.

② 1차 발효

분리된 포도즙은 탱크Tank에서 1차 발효과정을 거친다.

③ 브랜딩Blending

셀라 마스터Cellar Master가 각기 다른 와인의 품질 상태를 정확히 파악하여 적절하게 양과 비율을 결정하여 혼합한다.

④ 2차 발효

1차는 탱크에서 했지만, 2차 발효는 병 속에 채워져서 진행된다. 병입 하기 전에 미량의 당(糖)과 효모가 동시에 투입되어 알코올 도수가 증가되고 이산화탄소량도 증가한다. 따라서 기압을 분산하기 위해 샹파뉴Champagne병 밑바닥에는 펀트Punt라는 움푹 팬 특별한 구조를 취하게 된다.

⑤ 숙성

숙성(熟成)기간은 프랑스 법에는 1년 이상으로 되어 있으나, 보통 3년 이상 하며 빈타지 샹파뉴Vintage Champagne인 경우 10년 이상도 한다.

⑥ Riddling(침전물 병목에 모으기)

침전물 병목에 모으기 과정이다. 이 작업을 프랑스어로 르뮈 아쥬Remuage라고 한다.

⑦ 침전물 제거Degorgement, 데고르쥬망

병 입구로 모아진 침전물을 제거하고 손실된 것은 도자쥬Dosage로 채워진다.

⑧ 도자쥬Dosage 첨가

도자쥬의 성분은 샹파뉴Champagne산 오래된 와인에 브랜디와 설탕을 탄 것이다. 도자쥬의 설탕 함유량에 따라 샹파뉴의 감미가 달라진다.

- Brut(설탕 함유량 1%) = Very Dry
- Extra Sec(1~2%) = Dry
- Sec(3~6%) = Medium
- Demi Sec(5~10%) = Sweet
- Doux(10~15%) = Very Sweet

⑨ **보틀링**Bottling

양질의 코르크Cork를 끼워 철사로 묶고, 2년 정도 마지막 숙성을 하여 상표를 붙여 코르크에 금속의 박을 감아 상품으로 시판한다.

(4) 샴페인 병에 표시되는 문구

- 블랑 드 블랑Blanc de Blancs : 영어로는 White of Whites란 표기로 샤르도네로 만든 샴페인을 의미한다.
- 블랑 드 누아Blanc de Noirs : 영어로는 White of Blacks, 즉 적포도로 만든 화이트 와인이란 뜻으로 피노 누아, 피노 뫼니에로 만든 샴페인을 의미한다.
- 쿠베 스페시알Cuvee Speciale : 각 회사마다 최고급 샴페인을 의미한다.
- 네고시앙 마니풀랑Negociant-Manipulant, N.M. : 판매상이면서 직접 생산하는 업자에 의해서 생산된 샴페인에 붙은 문구이다. 전체 샴페인의 2/3를 차지하며 대다수 수출하고 있다.
- 레콜탕 마니풀랑Recoltant-Manipulant, R.M. : 자기 밭에서 나오는 포도로 만들고, 직접 판매하는 샴페인에 붙은 문구이다.
- 코페라티브 마니풀랑Cooperative-Manipulant, C.M. : 여러 명의 포도 재배업자가 공동으로 생산하고 판매하는 협동조합 샴페인에 붙은 문구이다.
- 마르크 다슈퇴르Marpue d'Acheteur, M.A. : 호텔, 레스토랑, 소매점, 수입상에 의해서 만들어진 브랜드(상표)로, 예를 들면 맥심Maxims은 파리의 유명한 레스토랑인 '맥심'이 선정한 자기 레스토랑의 전용 샴페인이다.
- 소시에테 레콜탕Societe de Recoltant, S.R. : 동일한 재배자로 구성된 회사가 제

조한 샴페인이다.

(5) 샴페인과 A.O.C.

프랑스에서 생산되는 발포성 와인 중 샹파뉴 지방에서 생산된 것만을 샴페인 혹은 샹파뉴Champagne라고 표기할 수 있다. 프랑스의 포도밭은 A.O.C. 규제로 지역별 구분이 명확하지만, 특히 샹파뉴 지방은 그 경계가 매우 엄격하여 A.O.C. 지역 구분의 표본이라 할 수 있다. 이 지역에서는 상표에 A.O.C. 문구가 없고 단순히 샹파뉴만 표기된다.

- 샹파뉴Champagne : 전부 메토드 샹프누아즈Methode Champenoise로 만든다.
- 코토 샹프누아Coteaux Champenois : 비발포성 와인으로 화이트, 레드, 로제를 만든다.
- 로제 드 리세Rose de Riceys : 피노 누아로 만든 로제이다. 오브지방 리세에서 생산된다.
- 샴페인 병
- 캬르Quart, Quarter Bottle, 1/4병 사이즈
- 드미Demi, Half Bottle, 1/2병 사이즈
- 매그넘Magnum, 2병 사이즈
- 제로보암Jeroboam, 여로보암 사이즈
- 르호보암Rehoboam, 6병 사이즈
- 므두셀라Methuselah, 8병 사이즈
- 살마네세르Salmanazar, 살마나자르 12병 사이즈
- 발타자르Balthazar, 16병 사이즈
- 느부갓네살Nebuchadnezzar, 20병 사이즈

(가) 국가별 발포성 와인의 명칭

샴페인은 발포성 와인으로서 프랑스 샹파뉴 지방에서 생산된 것만을 가리키는 말이다. 프랑스 및 기타 국가에서는 다음과 같이 부른다.

㉠ 프랑스

- 페티양Petillant : 약한 발포성 와인이다. 2기압으로 보통 병에 넣어서 판매한다.
- 크레망Cremant : 샴페인보다 조금 약한 발포성 와인으로, 샴페인의 가습 압력이 6기압인데 비하여 크레망은 3.5~4기압이다. 병 하나씩 발효시킨다.
- 무쇠Mousseux : 샴페인 외 모든 스파클링 와인의 총칭으로 3기압 이상이며, 제조방법은 어떤 식이든 상관없다.

㉡ 독일

- 샤움바인Schaumwein : 3기압 이상의 모든 발포성 와인의 총칭이다.
- 젝트Sekt : 일정 기준을 만족시킨 3.5기압 이상의 발포성 와인이다.
- 페를바인Perlwein : 약발포성 와인이다.

㉢ 이탈리아

- 스푸만테Spumante : 발포성 와인의 총칭이다.
- 프리잔테Frizzante : 약발포성 와인이다.

㉣ 스페인

- 에스푸모소Espumoso : 발포성 와인의 총칭이다.
- 카바Cava : 병 내 2차 발효시킨 것이다.

(나) 샹파뉴 포도밭의 등급

1911년부터 포도밭을 분류하여 포도의 질, 토양, 기후, 위치를 고려하여 평가한 것이지만, 샴페인은 대부분 블렌딩하기 때문에 고급이 아니면 상표에 표시하는 경우가 많지 않다.

- 그랜드Grands C견 : 100점, 전체의 5%, 17개 크뤼
- 몽타뉴 드 랭스Montagne de Reims : 보몽 쉬르 벨르Beaumont sur Vesle, 베르즈네Verzenay, 마이Mailly, 실르리Sillery, 베르지Verzy, 푸이주Puisieux, 앙보네Ambonnay, 루부아Louvois, 부지Bouzy
- 발레 드 라 마른Vallee de la Marne : 아이Ay, 투르 쉬르 마른Tour-sur-Marne
- 코트 드 블랑Cote des Blanc : 크라망Cramant, 아비즈Avaze, 쉬이Chouilly, 오제Oger, 메닐 쉬르 오제Mesnil sur Oger, 와리Oiry
  - 프르미에 크뤼Premiers Crus : 90~99점, 전체의 13%
  - 두시엠Deuxiemes : 80~89점, 전체의 82%

4) 알자스Alsace 지역

알자스의 지리적 위치가 독일의 국경과 접하고 있어 알자스의 와인 역사는 독일과 같이하고 있다. 1세기 초부터 로마군단이 알자스 지역에 포도재배 기술을 전파한 것을 시작으로, 메로빙거 왕조와 카롤링거 왕조를 거치면서 더욱더 활기를 띠게 되었다. 특히 이때 '힘을 솟게 하고 기분을 좋게 해주는' 알자스 와인이 다량 소비되었다.

10세기 말에 이르러서는 알자스 160여 개의 마을에서 포도를 재배하였고, 중세에는 이미 알자스 와인이 유럽에서 가장 유명한 와인 중의 하나로 손꼽히게 되었다. 알자스의 포도재배는 16세기에 이르러 그 절정기를 맞이한다. 하지만 불행히도 30년 전쟁으로 인하여 번영의 맥이 갑자기 끊기게 되는데, 알자스 지방은 황폐화되고 약탈과 전염병이 창궐하여 인구 감소와 더불어 전반적인 모든 상업 활동이 깊은 침체의 늪에 빠지게 된다.

그러나 제1차 세계대전 후 포도 재배자들이 지방 고유 품종으로 빚어낸 와인만을 생산하는 엄격한 품질관리 정책을 채택함으로써 다시 새로운 시대를 맞게 되었다. 1945년부터는 재배지역을 제한하고, 와인 생산 및 양조에 대하여 엄격한 규정을 적용하는 등 품질관리 정책을 강화했다. 마침내 1962년에 아펠라시옹 알자스Appellations d'Origine Controlees Alsace, 1975년 알자스 그랑 크뤼Alsace Grand Cru와 1976년 크레망 달자스Crement d'Alsace라는 원산지 통제명칭A.O.C.을 차례로 획득하게 되었다.

현재는 알자스 포도주연합회, C.I.V.A.Conseil Interprofessionnel des Vins d'Alsace를 중심으로 생산자와 네고시앙이 모여 전 세계에 알자스 포도주를 알리기 위해 협력하고 있다.

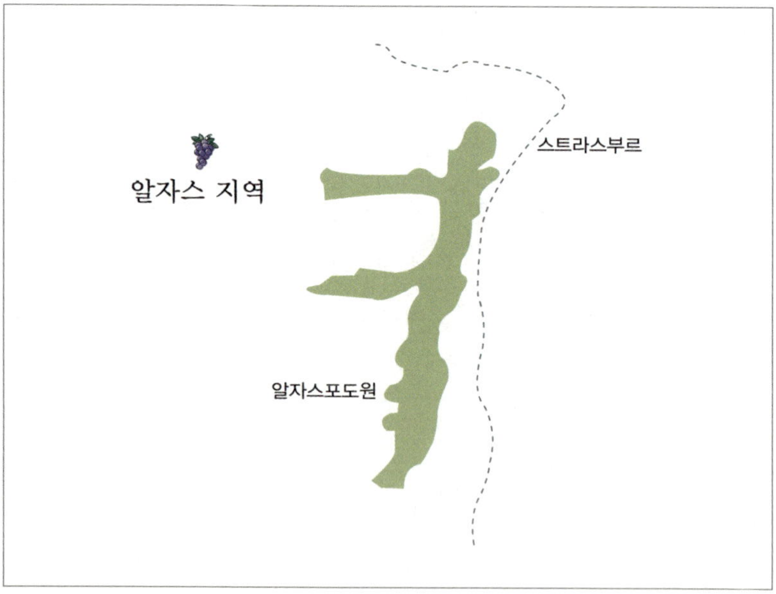

(1) 테루아의 특성

알자스 지방은 보주산맥의 보호로 대서양 해양성 기후의 영향을 받지 않아 프랑스에서도 가장 비가 적게 오는 지역 중 하나이며(연중 강수량 500~600mm), 고온 건조한 기후에 일조량이 풍부한 반 대륙성 기후에 속해 있다. 또한 알자스 포도원들은 보주산맥 아래 고도 200~400m 언덕에 자리 잡고 있어 태양의 혜택을 최대한 누리고 있으며, 이러한 알자스 지방 고유의 빼어난 기후 조건은 포도를 서서히 무르익게 하여 매우 섬세한 아로마가 깃들게 한다.

지질학적 측면에서 살펴보면, 알자스는 석회질, 화강암, 점토질, 편암, 사암에 이르기까지 다양한 토양들이 한 편의 모자이크처럼 잘 짜여 있다. 테루아 덕분에 15,000ha에 걸쳐 다양하게 구성되어 있는 독특한 곳이다.

(2) 천 여 가지의 아로마를 지닌 7가지 품종

- 실바네르Sylvaner : 은은한 과일향과 더불어 가볍고 아주 신선한 맛이 특징이다. 입 안에서 부드럽게 목을 축여 주는 시원한 느낌의 이 품종은 해산물, 생선, 햄 · 소시지와 함께 마시는 와인으로 추천된다. 재배면적의 11%를 차지하고 있다.
- 피노 블랑Pinot Blanc : 부드럽고 섬세한 이 품종은 여러 종류의 알자스 와인 중 중간맛을 대표한다. 신선함과 부드러움이 어우러진 피노 블랑은 굴과 같은 해산물 등 어느 요리와도 잘 어울린다. 재배면적의 20.9%를 차지하고 있다.
- 리슬링Riesling : 기품 있고 섬세한 과일향을 지닌 드라이 와인을 만들며, 미네랄향이나 꽃향이 서로 조화를 이루는 부케가 일품이다. 특히 생선(스시), 갑각류, 해산물, 흰살코기, 알자스 슈크루트(알자스 지방 요리인 양배추절임)와 완벽한 조화를 이룬다. 재배면적의 22%를 차지하고 있다.
- 뮈스카 달자스Muscat d'Alsace : 모방할 수 없는 과일향이 일품이다. 프랑스 남부의 부드럽고 단맛이 강한 뮈스카와 달리, 알자스의 뮈스카는 드라이하다. 바로 딴 포도알을 깨문 듯한 신선함이 그 특징이다. 리셉션 등에서

식전주로도 잘 어울리며, 아스파라거스 요리와 함께 마셔도 좋다. 재배면적의 2.3%를 차지하고 있다.

- 토케 피노 그리Tokay Pinot Gris : 풍부하고 특유의 맛을 가지고 있다. 구조가 잘 잡혀 있고 원만하며, 입 안에 감도는 긴 여운이 뛰어나다. 또한 풀향과 스모크향의 복합미가 어우러져 있기도 하다. 푸아그라, 사냥고기, 흰살육류, 구이 및 내장류(간, 콩팥) 등과 궁합이 맞는다. 재배면적의 13.5%를 차지하고 있다('토케'라는 용어는 2007년 3월 말부터 사용되지 않는다).
- 게뷔르츠트라미너Gewürztraminer : 짜임새 있고 힘이 강한 포도품종으로 과일향, 꽃향 또는 향료와 같은 풍부한 아로마를 지니고 있다. 강하면서도 매혹적인 이 품종은 때로는 약간의 단맛을 선사하며, 아시아 요리(특히 중식) 또는 강한 치즈, 디저트와 함께하거나 식전주로도 훌륭하다. 재배면적의 18.3%를 차지하고 있다.
- 피노 누아Pinot Noir : 알자스 지방에서 적포도주와 로제를 생산하는 유일한 품종으로 체리향을 연상케 하는 독특한 과일향을 지니고 있다. 붉은색 육류, 야생고기, 돼지고기 가공품, 염소젖 치즈 또는 그뤼예르 치즈와 곁들이면 좋다. 재배면적의 9.5%를 차지하고 있다.

알자스는 당일 품종으로 와인을 담고, 대부분 상표에 사용하는 품종이 표시된다. 프랑스의 다른 지방은 그 지역 이름이 와인 이름으로 되는 경우가 있지만, 알자스는 품종이 곧 와인 이름이 된다. 레드 와인 피노 누아Pinot Noir는 전체 약 8% 정도를 차지하지만, 그 지역에서 소모되며 수출은 거의 하지 않는다.

(3) 아펠라시옹(지역 명칭)과 표기

- A.O.C. 알자스A.O.C. Alsace : 1962년에 만들어진 알자스 A.O.C. 포도주는 통상적으로 포도주 양조에 사용된 품종의 이름을 붙이게 되어 있으나, 상표

명이나 여러 가지 백포도 품종을 조합한 경우에는 '에델즈빅케르Edelzwicker'나 '쟝티Gentil'와 같이 표기할 수 있다. 이와 더불어 지역명이나 읍명 같은 지리적 명칭을 보충적으로 명시할 수 있다. 생산량의 83%를 차지하고 있으며, 상큼한 과일의 1차적인 향이 강하다.

- A.O.C. 알자스 그랑 크뤼A.O.C. Alsace Grand Cru : 다양한 품질 기준(테루아 및 생산량의 엄격한 제한, 포도재배와 최소 자연조건에 대한 규정, 시음 인가 등)을 통과한 포도주에 부여되는 명칭으로 1975년에 만들어졌다. 양질의 포도주가 만들어진다고 인정된 50개 지구에 한하여 이 명칭을 얻을 수 있으며, 라벨에는 품종과 빈티지가 표시된다. 알자스 A.O.C. 그랑 크뤼는 리슬링, 게뷔르츠트라미너, 토케 피노 그리와 뮈스카 4품종에만 제한되어 있으며, 아로마와 맛이 다양하고 독특한 개성을 지닌 포도주를 생산하는 선택된 테루아에만 헌정되는 아펠라시옹이다. 생산량의 4%를 차지하고 있다.
- A.O.C. 크레망 달자스A.O.C. Cremant d'Alsace : 전통적인 방법(병 속에서 2차 발효)으로 만들어지는 상큼하고 섬세한 무감미 발포성 포도주로 1976년에 만들어졌다. 주로 피노 블랑으로 빚지만 피노 그리, 피노 누아, 리슬링이나 샤르도네로도 만들어진다. 오늘날 프랑스에서 생산되는 크레망 주류 중에서 선두자리를 차지하고 있다. 크레망 로제의 경우, 피노 누아 품종으로만 양조되는 흔치 않은 포도주이다. 생산량의 13%를 차지하고 있으며 허가된 품종으로는 피노 블랑, 피노 오세르와, 리슬링, 피노 누아, 샤르도네, 토케 피노 그리가 사용되고 있다.
- 방당쥬 타르디브Vendanges Tardives : '늦은 수확'이라는 뜻으로 그랑 크뤼 포도주를 만드는 데 쓰이는 품종으로 만들어진다. 포도가 농익었을 때를 기다렸다가 느지막이 수확하는데, 보통 공식 포도 수확일보다 몇 주씩 늦게 수확한다. 훌륭한 아로마 품종으로 빚을 뿐만 아니라, 늦게 수확하므로 농도가 짙고 귀부포도(보트리티스 시네리아Botrytis Cinerea라는 곰팡이가 핀

포도)로 만들기 때문에 향의 농도와 감미가 빼어나다.

- 셀렉시옹 드 그랑 노블Selections de Grains Nobles : '귀부화된 포도송이 모음'이라는 뜻으로, 보트리티스 시네리아 곰팡이가 핀 포도알을 하나하나 계속적으로 선별 작업하여 만든다. 짙은 농도로 인해 해당 품종의 특성을 더욱 깊이 있게 느낄 수 있으며, 강하면서도 복합적이고 입 안에 감도는 긴 여운이 일품이다. 셀렉시옹 드 그랑 노블이야말로 진정한 명품 포도주라 할 수 있을 것이다.

(4) A.O.C.

- 알자스Alsace 또는 뱅 달자스Vin d'Alsace A.O.C. : 알자스 그랑 크뤼Alsace Grand Cru, 크레망 달자스Cremant d'Alsace를 제외한 알자스의 모든 와인이 여기에 해당되며, 95%가 품종 이름으로 팔린다. 화이트, 로제, 레드 와인이 있다. 118개의 지명이 붙을 수 있다.
- 알자스 그랑 크뤼Alsace Grand Cur A.O.C. : 고급 4가지 품종, 즉 리슬링, 게뷔르츠트라미너, 피노 그리, 뮈스카로 만든다. 그랑 크뤼로 정한 50개의 명칭이 붙을 수 있다.
- 코트 드 툴Cotes de Toul A.O.C. : 1998년에부터 로렌 지방에서 생산된다. 레드, 화이트, 로제가 있다.
- 크레망 달자스Cremant d'Alsace A.O.C. : 샴페인 방식으로 만든 스파클링 와인으로 화이트와 로제가 있다.
- 뱅 달자스 에델즈빅케르Vin d'Alsace Edelzwicker A.O.C. : 실바네르 혹은 피노 블랑을 기본으로 해서 여기에 게뷔르츠트라미너와 같은 고급 품종을 조금 섞어 만든다.
- 알자스 셀렉시옹 드 그랑 노블Alsace Selection de Grains Nobles A.O.C. : A.O.C. 자체 명칭이 아니고 기본 A.O.C.나 그랑 크뤼에 속하는 명칭으로, 이론적으로 방당쥬 타르디브Vendange Tardive 뒤에 수확하도록 되어 있지만, 실제로

는 고급 방당쥬 타르디브Vendange Tardive보다 먼저 수확한다. 이 와인은 보트리티스Botrytis 영향을 받은 포도로 만들지만, 소테른과 달리 우연히 생긴 것만 수확하여 만들기 때문에 귀하고 값이 비싸다. 5~30년 정도 보관이 가능하다. 게뷔르츠트라미너, 피노 그리, 리슬링, 뮈스카로 만든다.

- 알자스 방당쥬 타르디브Alsace Vendange Tardive A.O.C. : 이것도 A.O.C. 자체 명칭이 아니고 기본 A.O.C.나 그랑 크뤼에 속하는 명칭으로, 프랑스 A.O.C. 와인 중 가장 엄격하다고 할 수 있다. 늦게 수확한다는 뜻이지만, 1차 수확 후 남아 있는 포도를 11, 12월에 수확하여 만든다. 드라이에서 스위트까지 여러 가지 타입이 있으며, 5~20여년 정도 보관할 수 있는 고급 와인이다. 게뷔르츠트라미너, 피노 그리, 리슬링, 뮈스카로 만든다.

5) 루아르Loire 지역

프랑스에서 가장 길고 아름다운 강을 따라 중세의 고성이 자리 잡고 있는 곳으로, 유럽의 왕족과 귀족의 별장이 많은 곳으로 유명하다.

루아르는 리옹의 서쪽에서 시작하여 대서양 연안의 낭테까지 1,000km에 걸쳐 있는 광범위한 곳이기 때문에 서로 다른 지방과 포도 재배지를 한꺼번에 일컫는 명칭이기도 하다. 그래서 이곳의 와인을 뱅 드 라 루아르Vins de la Loire라고 집합적으로 말하기도 한다. 루아르 지방은 크게 페이 낭테Pays Nantais, 앙주 소뮈르Anjou Saumur, 투렌Touraine, 중부지방Centre Nivernais의 4개 지역으로 나누어진다.

60개 이상의 A.O.C. 명칭이 있으며, 레드, 화이트, 로제 그리고 스파클링까지 모든 와인을 생산한다. 연간 2,200만 상자를 생산하며, 대체로 화이트 와인의 질이 좋아서 루아르 A.O.C. 와인 중 56%는 화이트 와인이 된다. 북쪽에 있는 관계로 서리, 찬바람의 해가 크기 때문에 기후의 영향에 따라 모양이 달라진다.

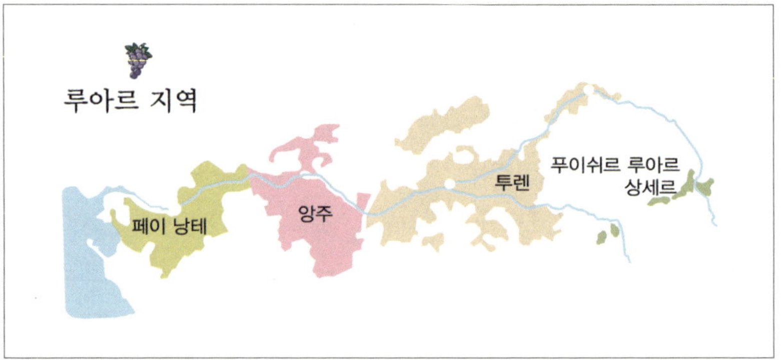

(1) 페이 낭테Pays Nantais 와인 및 A.O.C.

품종으로 뮈스카데Muscadet, 폴 블랑슈Folle Blanche가 주로 재배되며, 기타 가메Gamay, 샤르도네Chardonnay 등이 약간 있다.

- 뮈스카데Muscadet A.O.C. : 뮈스카데 생산지역으로 기본급이다. 전체 뮈스카데의 19%를 차지한다.
- 뮈스카데 데 코토 드 라 루아르Muscadet des Coteaux de la Loire A.O.C. : 가장 북쪽에 있는 포도밭으로 포도가 충분히 자라는데 어려움이 있다.
- 뮈스카데 코트 드 그랑들뤼Muscadet Cotes de Grandlieu A.O.C. : 원래는 73%가 뮈스카데Muscadet A.O.C.였으나 1994년부터 격상되어 별도의 A.O.C.가 되었다.
- 뮈스카데 세브르 에 멘Muscadet de Sevre-et-Maine A.O.C. : 전통적인 뮈스카데 지역으로 45%의 와인이 한겨울 동안 이스트 찌꺼기와 접촉한 후 병입되어 쉬르 리Sur Lie로 팔린다.
- 뮈스카데 쉬르 리Muscadet sur Lie : 예전에는 별 규제가 없었는데, 1994년 이후 위 4개 지역에만 허용되고 기본 뮈스카데Muscadet A.O.C.에는 붙일 수 없게 되었다. 이스트와 접촉기간은 한겨울을 넘겨야 되는데, 첫 번째 병

입은 수확 다음해 3월 셋째 주이며, 좀더 풍부한 맛을 내기 위한 2차 병입 기간은 10월 중순에서 11월 중순까지로 규정되어 있다. 와인은 발효 탱크에서 바로 병입해야 한다(여과나 따라내기는 안됨).

(2) 앙주-소뮈르Anjou-Saumur 와인 및 A.O.C.

온화한 대서양 기후의 영향으로 강우량이 많지 않으며 여름은 온화하고 가을은 포근하다. 사브니에르Savennieres는 서리 문제가 있다. 이곳은 루아르의 축소판으로 레드, 화이트, 로제, 스파클링 와인 등 여러 가지 와인이 나온다.

품종에는, 화이트 와인용은 슈냉 블랑Chenin Blanc, 샤르도네Chardonny, 소비뇽 블랑Sauvignon Blanc, 레드 와인용은 카베르네 프랑Cabernet Franc, 카베르네 소비뇽 Cabernet Sauvignon, 가메Gamay, 그롤로Grolleau, 코Cot = Malbec, 피노 도니Pineau d'Aunis 등이 있다.

① 앙주Anjou 지역

로제가 45%를 차지할 정도로 유명하지만, 그 양이 점점 감소하고 있다. 다른 A.O.C.로서 로제 당주Rose d'Anjou가 유명하며, 햇와인Primeur = Nouveau으로 출하되기도 한다. 또 카베르네로 만든 로제인 카베르네 당주Cabernet d'Anjou도 있다. 양주에서는 슈냉 블랑Chenin Blanc, 이 지방에서는 Pineau de la Loire으로 만든 화이트 와인도 나오지만 그다지 좋지는 않다.

- 앙주Anjou A.O.C. : 카베르네, 피노 도니, 코 등으로 만든 레드 와인과 슈냉 블랑으로 만든 화이트 와인 그리고 로제가 있다.
- 앙주 빌라쥐Anjou-Villages A.O.C. : 카베르네, 피노 도니, 코 등으로 만든 레드 와인이다.
- 앙주 가메Anjou Gamay A.O.C. : 가메로 만든 레드 와인이다.
- 카베르네 당주Cabernet d'Anjou A.O.C. : 카베르네로 만든 로제이다.

- 로제 당주Rose d'Anjou A.O.C. : 그롤로, 카베르네로 만든 로제이다.
- 로제 당주 페티양Rose d'Anjou Petillant A.O.C. : 그롤로, 카베르네로 만든 로제 스파클링 와인이다.
- 앙주 페티양Anjou Petillant A.O.C. : 스파클링 와인으로 9개월 이상 병 숙성을 한다. 일반적으로 코르크와 보통 병에 넣어서 판매한다. 화이트, 로제가 있다.
- 앙주 무쇠Anjou Mousseux A.O.C. : 스파클링 와인으로 화이트, 로제가 있다.
- 앙주 코토 드 라 루아르Anjou Coteaux de la Loire A.O.C. : 슈냉 블랑으로 만든 화이트 와인이다.
- 크레망 드 루아르Cremant de Loire A.O.C. : 로제와 화이트 스파클링 와인으로 앙주, 소뮈르, 투렌 지역에서 만든다.
- 앙주 빌라쥐 브리삭Anjou-Village Brissac A.O.C. : 1998년에 신설된 A.O.C.로서 레드 와인을 만든다.
- 카베르네 소뮈르Cabernet de Saumur A.O.C. : 카베르네로 만든 로제 와인이다.

② 소뮈르Saumur 지역

소뮈르는 앙주 내에 있지만 앙주의 보석이라고 일컫는 곳이다. 그러니까 앙주의 이름으로 팔릴 수도 있다. 카베르네 프랑, 카베르네 소비뇽으로 만든 레드 와인이 좋은 편이며, 화이트 와인은 슈냉 블랑(80% 이상), 샤르도네, 소비뇽 블랑을 섞어서 만든다. 또 스파클링 와인은 로제와 화이트가 있는데, 화이트(슈냉 블랑)의 품질은 샴페인에 버금간다. 루아르에서 가장 잘 알려진 레드 와인(카버넷 프랑)은 소뮈르 샹피니Samur-Champigny에서 만든다.

- 소뮈르Saumur A.O.C. : 레드 와인은 카베르네, 피노 도니, 화이트 와인은 슈냉 블랑, 소비뇽, 샤르도네로 만든다. 화이트는 누보Nouveau로 판매할 수 있다.
- 소뮈르 샹피니Saumur-Champigny A.O.C. : 카베르네, 피노 도니로 만든 레드

와인이다.

- 코토 드 소뮈르Coteaux de Saumur A.O.C. : 슈냉 블랑으로 만든 화이트 와인이다.
- 소뮈르 페티양Saumur Petillant A.O.C. : 화이트 스파클링 와인으로 앙주 무쇠와 동일하다.
- 소뮈르 무쇠Saumur Mousseux A.O.C. : 로제 및 화이트 스파클링 와인으로 앙주 무쇠와 동일하다.
- 코토 뒤 레용Coteaux du Layon A.O.C. : 슈냉 블랑으로 스위트 와인이나 보트리티스 영향을 받은 스위트 화이트 와인을 만든다.
- 코토 뒤 레용 숌Coteaux du Layon-Chaume A.O.C. : 슈냉 블랑으로 보트리티스 영향을 받은 스위트 화이트 와인이다.
- Coteaux du Layon+Villages 명칭 A.O.C. : 슈냉 블랑으로 보트리티스 영향을 받은 스위트 화이트 와인이다.
- 코토 드 로방스Coteaux de l'Aubance A.O.C. : 슈냉 블랑으로 만든 드라이 혹은 세미 스위트 와인이다.
- 카르 드 숌Quart-de-Chaume A.O.C. : 슈냉 블랑으로 보트리티스 영향을 받은 스위트 화이트 와인(세미 스위트 혹은 스위트 풀 바디까지)이다.
- 본조Bonnezeaux A.O.C. : 슈냉 블랑으로 보트리티스 영향을 받은 스위트 화이트 와인으로, 포도를 건조하여 수확하기도 한다.

③ 사브니에르Savennieres 지역

화이트 와인은 슈냉 블랑으로 만든 드라이 와인으로 루아르 최고의 화이트 와인이라고 한다. 그리고 본조Bonnezeaux는 슈냉 블랑으로 고급 스위트 화이트 와인(보트리티스 곰팡이 영향)을 만들며, 카르 드 숌Quarts de Chaume 역시 슈냉 블랑으로 만든 세미 스위트 와인이 유명하다.

(3) 투렌Touraine 와인 및 A.O.C.

투렌의 와인은 뛰어난 품질은 아니지만 전반적으로 품질이 우수하다. 가장 많이 알려진 부브레Vouvray를 비롯하여 몽루이Montlouis, 부르게이Bourgueil, 시농Chinon 등이 있는 곳이다. 시농과 부르게이는 루아르에서 가장 좋은 레드 와인을 만들며(샹피니 제외), 부브레와 몽루이는 풍부하고 오래가는 스위트 와인을 만드는데 과숙된 슈냉 블랑을 사용한다. 부브레는 100% 슈냉 블랑으로 만든 와인으로, 드라이에서 스위트까지 여러 가지 타입이 있다. 세미 드라이Semi Dry 타입은 과일이나 치즈 등과도 어울린다.

품종에는, 화이트 와인 포도품종은 슈냉 블랑Chenin Blanc, 샤르도네Chardonny, 소비뇽 블랑Sauvignon Blanc, 므뉘 피노Menu Pineau, 레드 와인 포도품종은 카베르네 프랑Cabernet Franc, 카베르네 소비뇽Cabernet Sauvignon, 가메Gamay, 그롤로Grolleau, 코Cot = Malbec, 피노 도니Pineau d'Aunis, 피노 누아Pinot Noir 등이 있다.

- 투렌Touraine A.O.C. : 레드, 화이트, 로제를 만들며 드라이에서 세미 스위트까지 다양하다.
- 투렌 앙부아즈Touraine Amboise A.O.C. : 카베르네, 코, 가메 등으로 만든 로제, 레드 와인과 슈냉 블랑으로 만든 화이트 와인이 있다. 드라이에서 세미 스위트까지 다양하다.
- 투렌 아제르리도Touraine Azay-le-Rideau A.O.C. : 로제는 그롤로, 가메, 코, 카베르네 등으로 만들며, 화이트는 슈냉 블랑으로 만든다.
- 투렌 메랑Touraine-Mesland A.O.C. : 레드, 화이트, 로제를 만들며 드라이에서 세미 스위트까지 다양하다.
- 투렌 무쇠Touraine Mousseux A.O.C. : 스파클링 와인으로 레드, 화이트, 로제를 만들며 드라이에서 세미 스위트까지 다양하다.
- 투렌 페티양Touraine Petillant A.O.C. : 스파클링 와인으로 레드, 화이트, 로제를 만들며 드라이에서 세미 스위트까지 다양하다.

- 부르게이Bourgueil A.O.C. : 카베르네 프랑과 카베르네 소비뇽(10%)으로 만든 레드와 로제가 있다. 레드 와인은 6개월 이내에 마시는 가벼운 와인Terrasse과 6년 이상 두고 마시는 풀 바디 와인Coteaux 두 가지로 나눌 수 있다.
- 생 니콜라 드 부르게이(St.-Nicolas-de-Bourgueil) A.O.C. : 카베르네 프랑과 카베르네 소비뇽(10%)으로 만든 레드와 로제가 있다.
- 시농Chinon A.O.C. : 투렌에서 가장 좋은 레드 와인과 로제를 카베르네 프랑(여기서는 부르통Breton)과 카베르네 소비뇽(10%)으로 만들며, 가볍고 신선하다. 화이트는 슈냉 블랑으로 만든다.
- 몽루이Montlouis A.O.C. : 슈냉 블랑으로 만든 화이트 와인으로 드라이에서 세미 스위트까지 있다.
- 몽루이 페티양Montlouis Petillant A.O.C. : 슈냉 블랑으로 만든 화이트 스파클링 와인이다.
- 몽루이 무쇠Montlouis Mousseux A.O.C. : 슈냉 블랑으로 만든 화이트 스파클링 와인이다.
- 부브레Vouvray A.O.C. : 슈냉 블랑으로 만든 화이트 와인으로 드라이에서 세미 스위트까지 있다.
- 부브레 페티양Vouvray Petillant A.O.C. : 슈냉 블랑으로 만든 화이트 스파클링 와인이다.
- 부브레 무쇠Vouvray Mousseux A.O.C. : 슈냉 블랑으로 만든 화이트 스파클링 와인이다.
- 쟈스니에르Jasnieres A.O.C. : 슈냉 블랑으로 만든 드라이 화이트 와인이다.
- 코토 뒤 루아르Coteaux du Loir A.O.C. : 레드 와인은 카베르네 프랑, 피노 도니, 가메, 코 등으로 만들며, 화이트 와인은 슈냉 블랑, 로제는 그롤로, 피노 도니, 카베르네 프랑으로 만든다.
- 슈베르니Cheverny A.O.C. : 로제와 레드 와인은 가메, 화이트 와인은 소비뇽 블랑, 슈냉 블랑, 샤르도네 등으로 만든다.

- 쿠르 슈베르니Cour-Cheverny A.O.C. : 로모랑탱Romorantin 포도로 만든 화이트 와인이다.

(4) 중부지방Centre Nivernais 와인 및 A.O.C.

루아르의 중부지방이 아니고 프랑스의 가장 중앙에 위치하기 때문에 이 명칭이 붙은 것이다. 대륙성 기후로 여름이 짧고 더우며, 겨울은 길고 추운 지방이고, 봄에는 서리 문제가 있다. 소비뇽 블랑이 이 지역의 대표적 품종이며, 명산지가 광범위하게 흩어져 있다. 상세르Sancerre, 푸이 퓌메Pouilly-Fume가 가장 많이 알려져 있다. 고전적인 와인을 생산하는 곳으로 드라이 화이트 와인이 유명하다. 역사적으로 부르군디 공국에 속해 있어서 와인 스타일도 부르고뉴 타입과 가깝다.

품종에서 화이트 와인은 소비뇽 블랑Sauvignon Blanc, 샤슬라Chasselas, 레드 와인은 피노 누아Pinot Noir가 주종을 이룬다.

- 푸이 퓌메Pouilly Fume 또는 블랑 퓌메 드 푸이Blanc Fume de Pouilly A.O.C. : 가장 유명한 화이트 와인을 만드는 곳으로 보통 드라이 모양이며, 독특하고 신선한 맛에 신맛이 강하다. 루아르 지방 와인의 맛을 대표적으로 나타내는 와인으로 100% 소비뇽 블랑(이 지방에서는 Blanc-Fume라고 한다)으로 만든다. 최근 생산량이 늘어나는 등 인기가 좋다. 훈제연어, 닭고기 등 요리와 어울린다.
- 푸이 쉬르 루아르Pouilly-sur-Loire A.O.C. : 푸이 퓌메에서 나오지만 샤슬라Chasselas로 만들며 소비뇽 블랑이 섞일 수 있다.
- 상세르Sancerre A.O.C. : 소비뇽 블랑으로 만든 화이트 와인으로 유명하다.
- 메네투 살롱Menetou-Salon A.O.C. : 피노 누아로 만든 로제와 레드 와인, 소비뇽 블랑으로 만든 화이트 와인이 있다.
- 퀸시Quincy A.O.C. : 소비뇽 블랑으로 화이트 와인만 만든다.

- 뢰이Reuilly A.O.C. : 로제와 레드 와인은 피노 누아, 화이트 와인은 소비뇽 블랑으로 만든다.
- 코토 뒤 제누아Coteaux du Giennois A.O.C. : 로제와 레드 와인은 피노 누아, 화이트 와인은 소비뇽 블랑으로 만든다.
- 루아르 와인의 선택 : 알자스 지방과는 달리 루아르 지방 와인은 스타일을 보고 선택하는 것이 좋다. 대체적으로 루아르 와인은 숙성을 오래 시키지 않고 영 와인Young Wine 때 소비되는데, 스위트 부브레Sweet Vouvray는 비교적 오랫동안 보관할 수 있다. 푸이 퓌메는 3~5년, 상세르는 2~3년, 뮈스카데는 1~2년 정도일 때가 가장 맛이 좋다. 루아르 지방 와인은 프랑스 다른 지방의 와인에 비하여 값이 비싸지 않다. 파리 사람들에게 서머와인Summer Wine으로 인기가 좋아서, 대부분의 파리 레스토랑에서는 루아르 와인을 기본적으로 갖춰 놓고 있다.

6) 론The Rhone Valley 지역

프랑스 남동부 론 계곡The Rhone Valley은 가장 개성 있는 와인을 생산하는 지역 중 하나이고, 종종 가격 대비 훌륭한 와인을 생산하며 그 품질과 명성은 보르도나 부르고뉴 와인에 필적할 만하다.

스위스 알프스에서 시작하여 지중해로 흘러가는 론 강으로 들어온 로마인들은 건축물을 세우고 강을 따라 포도밭을 만들고 와인을 생산했다. 로마인 이전에는 마르세이유Marseille를 발견한 그리스인들이 론 계곡에 포도나무를 심었는데, 이후 로마인들에 의해 개발된 곳이 현재 유명한 에르미타주Hermitage와 코트 로티Côte Rotie였다고 전해진다.

12세기에 오면서 부르고뉴와 마찬가지로 론 지방도 수도원을 중심으로 소박하게 와인을 생산하게 된다. 14세기 로마 교황청이 아비뇽으로 옮기게 되는 역사적 사건(아비뇽 유수 : 1309~1377)을 계기로 론 지방의 와인산업은 비약적인 발전을 하게 되었고, 특히 교황들의 여름 휴양지로 이용되었던 남부 론에 위치한 샤토네프 뒤 파프의 와인은 '교황의 와인'이란 별명을 가지며 세계적인 명성을 얻게 된다.

론 계곡은 프랑스에서 두 번째로 큰 도시, 리옹Lyons에서 남부 프로방스Provence에 이르며, 포도밭들이 론 강을 중심으로 삼각형 모양을 하고 있다. 크게 북부 론과 남부 론으로 나누는데, 이는 위치적인 이유뿐만 아니라 지리적 특색, 기후 그리고 재배품종의 차이 때문이다.

론 지방은 필록세라가 휩쓸고 간 포도밭을 재건하며 지역 와인을 보호하기 위해 프랑스에서 처음 A.O.C. 규정을 받아들인 와인 생산지역이다. 론 지방의 A.O.C. 구조는 코트 뒤 론Côtes du Rhône과 코트 뒤 론 빌라쥐Côtes du Rhône-Villages, 그리고 부르고뉴의 코뮌에 해당하는 크뤼Cru이다.

이곳은 옛날 로마사람들이 포도밭을 조성하여 와인을 만들었으며, 지리적으로 이탈리아와 가깝기 때문에 와인 스타일도 이탈리아와 비슷하다. 주로 레드 와인을 생산하는데, 이 레드 와인은 색깔이 진하고 묵직하며, 프랑스 어느 지방의 와인보다 알코올 함량이 높다. 이곳은 프랑스 남부 지중해 연안으로 여름이 덥고 겨울이 춥지 않으며, 포도밭에 돌이 많기 때문에 낮 동안의 열기를 간직하여 밤이 되어도 지면의 온도가 쉽게 내려가지 않는다. 그렇기 때문에 포도의 당분함량이 높고, 이것으로 만든 와인의 알코올 함량도 높아진다.

예를 들면, 부르고뉴 지방의 보졸레는 A.O.C. 규정상 최소 알코올 농도가 9%이지만, 론 지방의 가장 기본적인 코트 뒤 론Cote du Rhone은 10.5%이며, 이 지방 남쪽에 있는 유명한 샤토네프 뒤 파프Chateauneuf-du-Pape는 12.5%나 된다. 그래서 고전적이고 중후한 레드 와인을 좋아하는 사람들은 론의 와인을 부르고뉴나 보르도 와인보다 더 높게 평가한다.

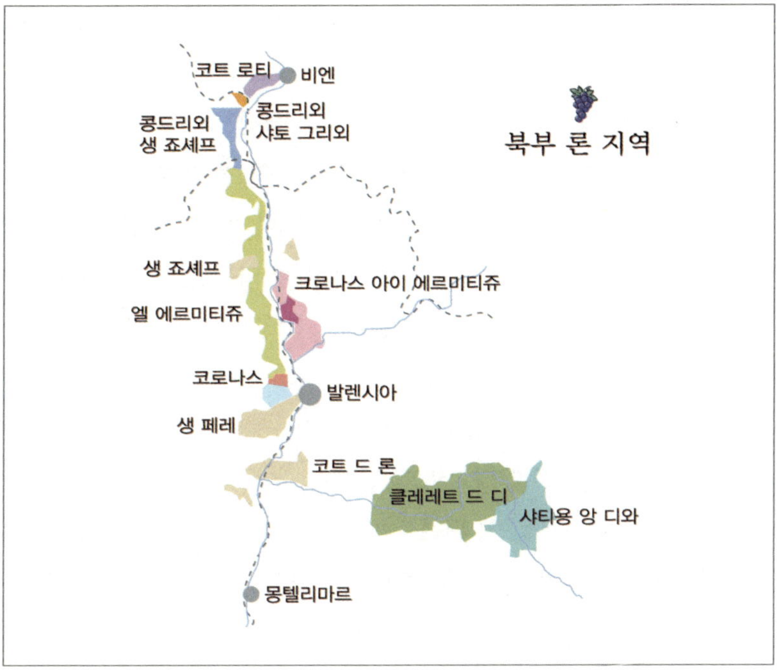

(1) 포도품종

품질이 뛰어난 론 와인들은 거의 북부 론에서 생산된다. 에르미타주와 코트 로티의 클래식한 레드 와인들은 보르도의 그랑 크뤼급 와인들과 어깨를 나란히 할 정도로 높은 평가를 받고 있다. 그러나 북부 론 지역의 최고 포도밭들은 남향을 향한 론 강변의 가파른 계단식 언덕에 자리 잡고 있어 상대적으로 남부 론보다 생산량이 적은 편이다.

북부 론은 대륙성 기후의 영향을 받아 여름은 덥고, 겨울은 추운 편으로 남부 론보다 부르고뉴 남부의 기후와 비슷하다. 계곡을 따라 찾아오는 사나운 북서풍인 미스트랄Mistral, 145km/시간당의 피해를 막기 위해 포도밭 주변에 포플러나 사이프러스 나무를 심거나 포도나무가 움직이지 않도록 말뚝을 박아놓는다.

북부 론의 토양은 대부분이 건조한 화강암질과 편암질로, 많은 포도밭들이 위험스러울 정도로 가파른 언덕 비탈에 위치하고 있다. 이 지역 주요 8개 아펠라시옹에서 재배할 수 있는 품종은 오직 4가지로 레드 품종인 시라Syrah, 화이트 품종인 비오니에Viognier, 마르산느Marsanne, 루산느Roussanne이다.

유일한 레드 품종인 시라는 진한 자주색을 띠며 풀 바디Full Body에 타닌이 매우 풍부하고 적당한 산도의 와인을 만들어 낸다. 아직 어릴 땐 너무 떫게 느껴질 수도 있지만, 숙성이 잘될수록 라즈베리를 비롯한 과일과 후추의 매운 향, 그리고 스모크Smoke와 타르Tar, 동물향 등이 어우러진 고풍스럽고 복합적인 와인이 된다.

화이트 품종인 비오니에는 콩드리외Condrieu와 샤토 그리에Château Grillet에서 독점적으로 재배되는데, 흰꽃향, 꿀, 과일향이 풍부하고 기름진 와인을 만든다. 마르산느는 위의 지역을 뺀 다른 지역에서 폭넓게 재배되고 있으며, 루산느는 최근에서야 다시 재배되기 시작한 품종이다. 두 품종은 서로 블렌딩 되어 신선한 꽃향기가 풍부한 화이트 와인이 된다.

(2) 주요 생산지역

주요 생산지역은 북쪽의 코트 로티Cote Rotie, 크로즈 에르미타주Crozes-Hermitage, 그리고 에르미타주Hermitage이며, 주품종은 시라이다.

남쪽은 그르나슈, 시라, 생소, 무르베드르 등을 재배하며 샤토네프 뒤 파프Chateauneuf-du-Pape와 타벨Tavel, 코트 뒤 론Cotes du Rhone, 코트 뒤 론 빌라쥐Cotes du Rhone-Village, 코트 뒤 벙투Cotes du Ventoux 등이 유명하다.

① 북부 론 와인 및 A.O.C.

- 코트 로티Cote Rotie A.O.C. : 주로 적포도인 시라Syrah를 재배하면서, 포도밭 사이사이에 청포도인 비오니에Viognier를 심어서, 한꺼번에 수확하여 레드 와인을 만든다(비오니에 20%). 청포도인 비오니에는 신맛을 주며 와인의 부케를 강하게 한다. 이 지역의 와인은 약간 자극적이고 색깔이 진하며

오래 보관할 수 있으며, 시라로 만든 세계 최고의 와인이라고 할 수 있다.

- 콩드리외Condrieu A.O.C. : 론 최고의 화이트 와인을 생산하고 있다. 최근에는 드라이를 많이 생산하고 있다.
- 샤토 그리에Chateau Grillet A.O.C. : 단일 포도밭으로 단독 A.O.C.를 가지고 있는 곳으로, 비오니에 품종으로 양질의 화이트 와인을 생산한다.
- 생 조세프St. Joseph A.O.C. : 시라와 루산느(10% 이하)로 만든 레드 와인이 거의 대부분이고, 화이트 와인은 루산느, 마르산느로 만든다.
- 크로즈 에르미타주Crozes-Hermitage A.O.C. : 시라를 주로 재배하여 루산느와 마르산느를 15% 정도 섞는다. 맛이 진하고 풍부한 레드 와인을 만들고, 루산느와 마르산느로 약간의 화이트 와인을 생산한다.
- 에르미타주Hermitage A.O.C. : 레드 와인은 전부 시라를 사용하지만, 루산느와 마르산느가 혼합(15% 이하)하여 만들기도 한다. L'Ermitage, Ermitage, L'Hermitage로도 표기한다.
- 에르미타주 뱅 드 파이Hermitage Vin de Paille A.O.C. : 포도(루산느, 마르산느)를 건조시켜 당도를 높인 후에 발효시킨 것이다.

- 코로나스Coronas A.O.C. : 시라로 진하고 텁텁한 레드 와인을 만든다. 15년 이상 보관할 수 있다.
- 생 페레St. Peray : 마르산느와 루산느로 만든 화이트 와인이다.
- 생 페레 무쇠St. Peray Mousseux A.O.C. : 마르산느와 루산느로 샴페인 방식의 화이트 스파클링 와인을 만든다.
- 클레레트 드 디Clairette de Die A.O.C. : 스파클링 와인은 1999년부터 크레망 드 디Cremant de Die로 변경되었다. 이 지역의 스틸 화이트 와인은 코토 드 디Coteaux de Die가 된다.
- 클레레트 드 디 메토드 디와즈 앙세스트랄Clairette de Die Methode Dioise Ancestrale A.O.C. : 한 번 발효시킨 스파클링 와인이지만, 병 발효를 한다. 뮈스카 아 프티 그랭(75% 이상)이라는 포도와 클레레트를 혼합하여 만든다.

- 크레망 드 디Cremant de Die A.O.C. : 클레레트 포도로만 만든 화이트 스파클링 와인으로 샴페인 방식으로 만든다.
- 코토 드 디Coteaux de Die A.O.C. : 클레레트로 만든 화이트 와인이다.
- 샤티용 앙 디와Chatillon-en-Diois A.O.C. : 가벼운 로제와 레드 와인은 가메, 시라, 피노 누아로 만들며, 화이트 와인은 샤르도네, 알리고테로 만든다.

② 남부 론 와인 및 A.O.C.

블렌딩의 천국으로 10종 이상의 포도를 섞어서 만드는 곳이 많다.

- 타벨Tavel A.O.C. : 프랑스에서 가장 유명한 로제를 생산한다. 로제는 주로 그르나슈 포도를 사용하여 만들며, 생소 등의 품종도 혼합해서 만든다.
- 리락Lirac A.O.C. : 로제를 주로 생산했으나 최근 레드 와인이 증가하고 있다. 로제와 레드 와인은 그르나슈가 주품종이며, 화이트 와인은 클레레트가 주로 사용된다.

- 샤토네프 뒤 파프Chateauneuf-du-Pape A.O.C. : 주로 그르나슈로 레드 와인을 만들며 시라, 무르베드르 그리고 생소 등 8종을 혼합하여 진한 색깔과 묵직함을 강조하고, 청포도 5종을 섞어서 와인을 만든다. 영어로는 'New Castle of the Pope'라는 뜻으로, 현재는 낡았지만 교황의 새로운 성곽이라는 뜻이다. 14세기에 교황 클레멘스 5세가 아비뇽으로 교황청을 옮긴 후, 여름별장으로 사용했던 곳이다. 론 지방을 대표하는 가장 유명한 와인 산지이다.
- 지공다스Gigondas A.O.C. : 그르나슈에 시라, 무르베드르 등을 혼합한 레드 와인과 로제를 만든다. 특히 레드 와인은 좋은 것으로 평이 나 있다.
- 라스토Rasteau A.O.C. : 스위트 레드 와인, 화이트, 로제 등을 달게 만든다. 론 지방에서 최초로 V.D.N.Vin Doux Naturel, 강화 와인 명칭을 사용하게 됐으며, 로제와 레드 와인은 그르나슈, 시라 등으로 만들고, 화이트 와인은 그르나

슈 블랑, 클레레트 루산느 등으로 만든다.

- 라스토 랑시오Rasteau "Rancio" A.O.C. : 라스토 와인을 오크통에서 숙성시키면서 최소 2년을 햇볕에 노출시켜 노화시킨 와인이다.
- 뮈스카 봄 드 브니스Muscat de Beaumes-de-Venise A.O.C. : 뮈스카로 만든 강화와인Vin Doux Naturel이다. 알코올 15%, 당도 11% 정도이며 화이트와 로제가 있다. 아이스크림과 어울리는 와인으로 이름이 나있다.
- 코토 뒤 트리카스탱Coteaux du Tricastin A.O.C. : 로제와 레드 와인은 그르나슈, 생소, 무르베드르, 시라, 카리냥으로 만들며, 화이트 와인은 클레레트, 위니 블랑 등으로 만든다. 레드 와인이 좋은 것으로 평이 나 있다.
- 코트 뒤 벙투Cotes du Ventoux A.O.C. : 로제와 레드 와인은 그르나슈, 시라, 생소, 무르베드르, 카리냥으로 만들며, 화이트 와인은 클레레트 등으로 만든다. 보통의 론 와인보다 가벼운 스타일이다.

- 코트 뒤 뤼베롱Cotes du Luberon A.O.C. : 로제와 레드 와인은 그르나슈, 시라, 무르베드르 등으로 만들며, 화이트 와인은 클레레트, 그르나슈 블랑 등으로 만든다.
- 바케라스Vacqueyras A.O.C. : 그르나슈 등으로 진한 레드 와인과 로제를 만들며, 화이트 와인은 그르나슈 블랑, 클레레트 등으로 만든다.

③ 론 지방 전체 A.O.C.

- 코트 뒤 론Cotes du Rhone A.O.C. : 론 지방 전체에서 나오는 것이지만, 주로 남부 론에서 많이 나온다. 레드 와인, 화이트 와인, 로제가 있다. 지명 16개가 붙어서 따로 A.O.C.가 된다.
- 코트 뒤 론 빌라쥐Cotes du Rhone-Village A.O.C. : 코트 뒤 론에 비해 더 깊이가 있는 고급 와인이다. 레드 와인, 화이트 와인, 로제가 있다.
- 브레젬므 코트 뒤 론Brezeme-Cotes-du-Rhone A.O.C. : 시라로만 만든 레드 와

인으로 크로즈 에르미타주와 같은 스타일이 된다.

(※ 론 와인의 공식적인 등급은 없다. 다만, 고급품종(그르나슈, 시라, 생소 등)을 많이 사용하면 비싼 와인이 되고, 적게 사용하면 가격이 싸진다)

- 유명 생산자 : 샤토 드 보카스텔Ch. de Beaucastel, 도멘 뒤 비유 텔레그라프Domaine du Vieux Telegraphe, M. 샤푸티에M. Chapoutier, E. 기갈E. Guigal, 폴 자불레 애네Paul Jaboulet-Aine, J.L. 샤브J.L. Chave 등이다.

(3) 랑그도크의 와인 및 A.O.C.

- 블랑케트 드 리무Blanquette de Limoux A.O.C. : 모작Mauzac이 주원료인 화이트 스파클링 와인이다.
- 리무Limoux A.O.C. : 샤르도네에 슈냉 블랑, 모작을 혼합한 화이트 와인이다. 오크통에서 발효해야 한다.
- 크레망 드 리무Cremant de Limoux A.O.C. : 모작, 샤르도네 품종으로 만든 화이트 스파클링 와인이다.
- 블랑케트 드 리무 메토드 앙세스트랄Blanquette de Limoux Method Ancestrale A.O.C. : 모작을 주원료로 전통적인 방식Methode Rurale으로 만든 화이트 스파클링 와인이다. 1531년부터 제조했다.
- 클레레트 드 벨가르드Clairette de Bellegarde A.O.C. : 클레레트로 만든 화이트 와인이다.
- 클레레트 드 랑그도크Clairette de Languedoc + 지명 A.O.C. : 클레레트로 만든 화이트 와인이다.
- 코르비에르Corbieres A.O.C. : 로제와 레드 와인은 카리냥, 화이트 와인은 부르블랑, 클레레트로 만든다.
- 코스티에르 드 님Costieres de Nimes A.O.C. : 카리냥, 생소 등으로 만든 로제, 레드 와인, 클레레트, 그르나슈 블랑 등으로 만든 화이트 와인이다.
- 코토 뒤 랑그도크Coteaux du Languedoc + 지명 A.O.C. : 그르나슈(40%) 등으로

만든 로제, 레드 와인, 그르나슈 블랑 등으로 만든 화이트 와인이다.

- 포제르Faugeres A.O.C. : 생소, 카리냥 등으로 만든 레드, 로제 와인이다.
- 피투Fitou A.O.C. : 그르나슈, 카리냥으로 만든 레드 와인이다. 9개월 이상 숙성시켜야 한다.
- 미네르부아Minnervois A.O.C. : 로제와 레드 와인은 카리냥, 생소로 만들며, 화이트 와인은 그르나슈 블랑, 부르블랑으로 만든다.
- 카바르데스Cabardes A.O.C. : 로제와 레드 와인으로 카리냥, 그르나슈, 생소, 시라, 무르베드르 등으로 만든다. 1999년에 A.O.C.가 되었다.
- 미네르부아 라 리비니에르Minervois-La-Liviniere A.O.C. : 로제와 레드 와인은 카리냥, 그르나슈, 생소로 만들며, 화이트 와인은 부르블랑, 마카베오로 만든다. 1999년에 A.O.C.가 되었다.
- 생 쉬니앙St.-Chionian A.O.C. : 그르나슈, 시라, 카리냥, 생소로 만든 레드 와인과 로제이다.
- 프롱티냥Frontignan, Vin de Frontignan, Muscat de Frontignan A.O.C. : 뮈스카로 만든 V.D.N.이다.
- 뮈스카 드 뤼넬Muscat de Lunel A.O.C. : 뮈스카로 만든 V.D.N.이다.
- 뮈스카 드 미르발Muscat de Mireval A.O.C. : 뮈스카로 만든 V.D.N.이다.
- 뮈스카 드 생 장 드 미네르부아Muscat de St-Jean-de-Minervois A.O.C. : 뮈스카로 만든 V.D.N.이다.

7) 루시용의 와인 및 A.O.C.

- 콜리우르Collioure A.O.C. : 그르나슈, 카리냥, 무르베드르, 시라로 만든 로제와 레드 와인이다.
- 코트 뒤 루시용Cote du Roussillon A.O.C. : 로제와 레드 와인은 카리냥, 생소, 무르베드르로 만들며, 화이트 와인은 마카베오, 클레레트로 만든다.

- 코트 뒤 루시용 빌라쥐Cote du Roussillon Village A.O.C. : 시라와 무르베드르로 만든 레드 와인이다.
- 코트 뒤 루시용 빌라쥐 카라마니Cote du Roussillon Village Caramany A.O.C. : 카리냥으로 만든 고급 레드 와인이다. 탄산가스 침용 방법으로 만든다.
- 코트 뒤 루시용 빌라쥐 라투르 드 프랑스Cote du Roussillon Village Latour-de-France A.O.C. : 고급 레드 와인이다.
- 바니울스Banyuls A.O.C. : 그르나슈를 주체로 마카베오, 말브와지, 뮈스카로 만든 V.D.N.이다. 레드, 로제, 화이트 와인이 있다.
- 바니울스 랑시오Banyuls Rancio A.O.C. : 바니울스를 산화시킨 것이다.
- 바니울스 그랑 크뤼Banyuls Grand Cru A.O.C. : 그르나슈를 주체로 마카베오, 말브와지, 뮈스카로 만든 레드 V.D.N.이다. 오크통에서 30개월 이상 숙성시킨다.

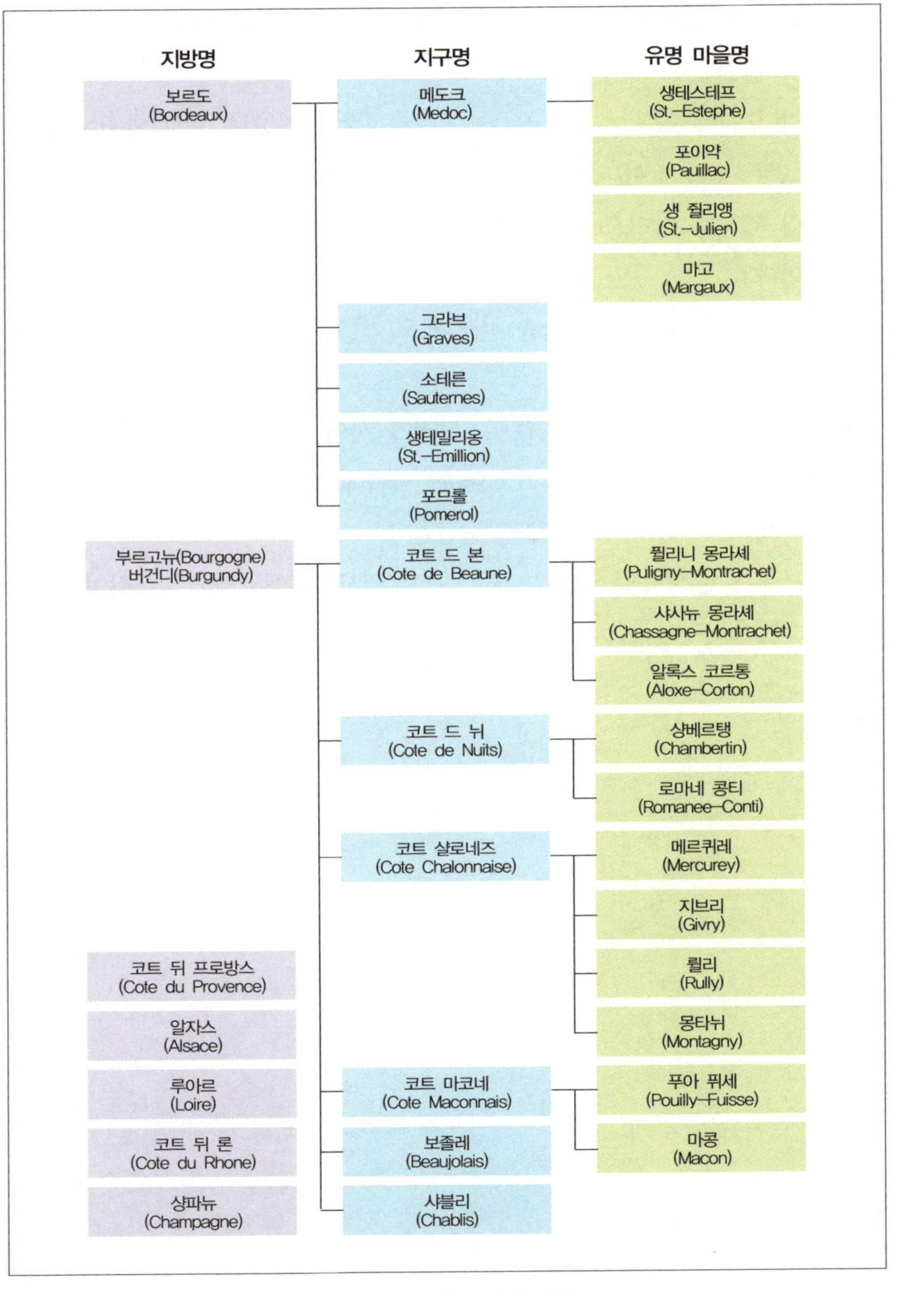

그림 4.8 프랑스 와인 지역

- 바니울스 그랑 크뤼 랑시오Banyuls Grand Cru Rancio A.O.C. : 바니울스 그랑 크뤼를 산화시킨 것이다.
- 그랑 루시용Grand Roussillon A.O.C. : 그르나슈, 마카베오, 말브와지, 뮈스카로 만든 V.D.N.이다. 레드, 로제, 화이트 와인이 있다.
- 그랑 루시용 랑시오Grand Roussillon Rancio A.O.C. : 그랑 루시용을 산화시킨 것이다.
- 모리Maury A.O.C. : 그르나슈, 마카베오, 말브와지, 뮈스카로 만든 V.D.N.이다.
- 모리 랑시오Maury Rancio A.O.C. : 모리를 산화시킨 것이다.
- 리브잘트Rivesaltes A.O.C. : 그르나슈, 마카베오, 말브와지, 뮈스카로 만든 V.D.N.이다. V.D.N.의 1/2을 생산한다.
- 리브잘트 랑시오Rivesaltes Rancio A.O.C. : 리브잘트를 산화시킨 것이다.
- 뮈스카 드 리브잘트Muscat de Rivesaltes A.O.C. : 뮈스카로 만든 V.D.N.이다.

CHAPTER 05 이탈리아 와인

1. 이탈리아 와인의 특징

오늘날 이탈리아 와인업계의 성공은 포도덩굴과 함께 해 온 이탈리아인들의 역사를 말한다. 이탈리아의 자연적 조건과 위치(지중해성 기후와 햇볕, 길게 늘어진 반도와 섬들, 언덕 위로 스치는 매력적인 바람) 등의 조건으로 말미암아 와인 문화가 이탈리아인의 생활에 깊숙이 뿌리를 내리고 있다는 사실은 놀랄 일이 아니다.

이탈리아 와인의 역사는 선사시대까지 4,000여 년을 거슬러 올라간다. 당시 원시인들은 야생포도를 밟아서 과일즙을 짜냈는데, 그것이 마치 마법에라도 걸린 것처럼 발효되면서 와인이 탄생하게 된다. 이탈리아 남부에 정착하기 시작한 그리스인들은 정착지를 외노트리아Oenotria, 즉 '와인의 땅'이라고 명명(命名)했을 정도로 고대 이탈리아 반도에는 와인 문화가 정착(定着)하게 된다. 그리고 이탈리아 중부의 고산지역에 살던 에트루스칸들의 와인 제조술이 매우 섬세하고 세련되었다는 것은 무덤에서 출토된 유물들이 증명하고 있다.

고대 로마인들 사이에서는 술의 신인 '바쿠스'를 숭배하였고, 와인은 로마의 주요 상품으로 유럽 전역에 수출되었다. 로마인들의 발달된 포도재배술과 양조술은 17~18세기의 과학적인 근대 재배술과 양조술에 필적했다.

와인 주조법과 숙성법의 발달 및 코르크 마개를 이용한 포장법의 발달로 19세기 이탈리아 와인산업은 크게 활성화되고, 전 세계로 수출할 수 있는 계기를 맞게 된다. 이 시기에 키안티Chianti, 바롤로Barolo와 마르살라Marsala 등의 와인 제조업체들이 국경을 넘어 멀리 알려지게 되면서 이탈리아산 와인들의 맛과 품질이 세계 최고라고 인정받기 시작했다.

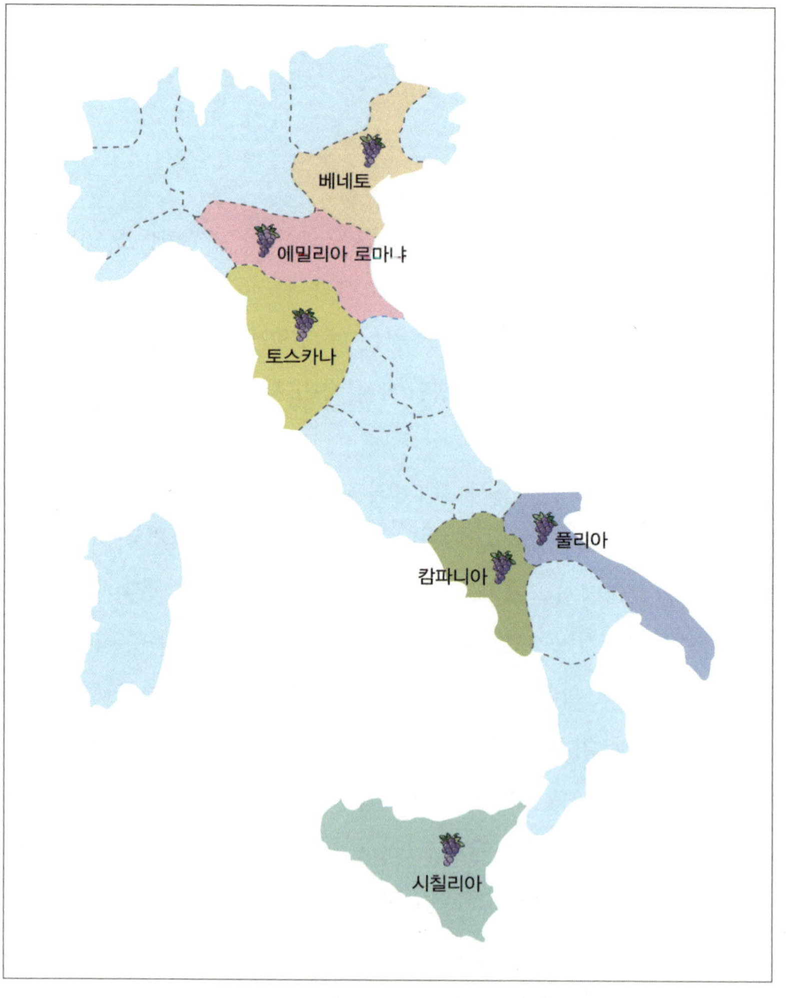

그림 5.1 이탈리아 와인 주요산지

네비올로Nebbiolo종과 산지오베제Sangiovese종 포도로 만든 피에몬테Piemonte와 토스카나Toscana 지방의 레드 와인과 화이트 와인, 거품이 일지 않는 스타일과 발포성 스타일, 담백한 맛과 달콤한 맛 등으로 모든 와인 종류에서 국제적으로 인정받고 있다. 또한 이탈리아인들은 자국의 포도종과 더불어 카베르네Carbernet, 메를로Merlot나 피노Pinot와 같은 외국 포도종의 재배도 시작하였는데, 이는 이탈리아의 다양한 기후 조건이 여러 종류의 포도재배에 알맞기 때문으로 외국 포도종으로 만든 포도주도 유럽과 북미에서 좋은 호응을 얻었다.

19세기 말, 필록세라Phylloxera라는 포도종에 치명적인 뿌리진디가 전 유럽을 강타하여 수많은 이탈리아 포도농장이 황폐화되었다. 이런 상황에 대처하여 농가들은 자국 포도종과 외국 포도종보다 더욱 생산적인 신포도종 개발에 앞장서게 되었다.

그 후 와인업계에서 이윤을 남기려면 양으로 승부를 봐야 한다는 생각으로, 연중 양지바른 날이 많다는 이점을 이용하여 포도생산량을 대량으로 늘리기 시작했다.

이탈리아는 전쟁과 수난의 시대를 지내면서 비교적 값싼 와인의 조달자로 알려지게 되었다. 이 어려운 시기에 와인업체들은 고객들의 눈길을 끌기 위해 특이한 모양과 크기의 술병 만들기에만 주력했지만, 정작 이탈리아 와인 이미지 개선에는 별다른 관심을 보이지 않았다. 오랫동안 와인의 질 향상에 힘써 왔던 와인업자들은 고급 포도주 생산을 위한 제조-유통법 조성에 힘썼다. 하지만 1960년대에 들어서야 'Denominazione d'Origine'이라는 법안이 통과되면서, 높은 수준의 믿을 수 있는 포도주 생산이 활발해졌다. 이때를 소위 이탈리아 와인산업의 '신 르네상스'라고 일컫는다.

산 지미냐노의 베르나치아가 1966년에 처음으로 D.O.C. 등급을 받은 이래로, 오늘날 300여 개가 넘는 와인업체가 D.O.C. 등급의 와인을 생산하고 있다. (※ 자세한 정보는 Denominazione d'Origine Controllata의 분류시스템을 참고한다)

D.O.C./D.O.C.G. 등급의 포도주는 전체 포도주 생산량의 20%에 불과하지

만, 새로운 품질보증 개념의 인디카치오네 제오그라피카 티피카Indicazione Geografica Tipica : I.G.T.도 오늘날 많이 소비되고 있다. I.G.T.는 한 지방의 서민적인 수준에서 국제수준까지 다양한 레벨의 품질을 보유하고 있다.

이탈리아는 '와인박물관'이라는 말에 걸맞게, 금세기 와인 생산량의 감소에도 불구하고, 세계에서 가장 많은 종류의 와인을 생산하고 있다. 토종 포도에서부터 외국 포도까지 사실상 전 세계 모든 종류의 포도종을 생산하고 있다고 할 수 있다. 보통 이탈리아는 오래 숙성시킨 레드 와인으로 유명하지만, 요즘은 수확하자마자 몇 달 만에 마시는 비니 노벨리Vini Novelli도 유행하면서 널리 보급되고 있다.

이탈리아는 주요 백포도주의 원산지이기도 하다. 백포도주는 가볍게 달콤한 것에서부터 떡갈나무통에 담아 발효시킨 깊이 있는 맛까지 다양한 종류가 있다. 그 중 프리잔테Frizzante 와인과 진한 발포성의 와인은 톡 쏘는 맛을 위해 샤르마Charmat라고 하는 봉인된 탱크나 병에 넣어서 전통적인 방식으로 발효시켜 만든다.

오늘날 이탈리아는 이미 세계가 인정하는 고품격 와인의 생산지라 할 수 있다. 하지만 이탈리아 와인업체들은 고급 와인의 계속적인 생산을 위해 끊임없이 새로운 품종개발과 질 향상에 힘쓰고 있다. 또한 이탈리아 양조장들은 고객의 요구에 맞추어 다양한 가격대의 포도주를 생산하고 있다.

주요 포도품종으로는 네비올로Nebbiolo, 돌체토Dolcetto, 바르베라Barbera 등이 있다. 바롤로Barolo와 바르바레스코Barbaresco는 네비올로Nebbiolo 포도품종으로 만든다. 바롤로와 바르바레스코는 포도껍질에 함유된 떫고 껄껄한 듯한 타닌 성분이 많아 강하게 느껴지는데, 일정기간 숙성될수록 이 타닌 성분은 부드러운 실크 촉감으로 바뀌게 된다. 타닌 성분이 많은 와인의 경우 '힘이 있고 조밀한' 맛을 낸다고 한다. 아스티Asti는 모스카토Moscato라는 포도품종으로 만든 스푸만테Spumante로 탄산음료와 같이 달콤하고 신선하다.

2. 이탈리아 와인의 포도품종

(1) 레드 와인 포도품종

- 네비올로Nebbiolo = Spanna : 이탈리아 적포도 중 가장 많이 재배되는 품종으로 당분 함량이 높아, 이것으로 만든 와인은 알코올 함량이 높고 산도도 비교적 높은 편이다. 묵직하고 가득 찬 느낌이 있어 숙성을 잘하면 고급 와인이 된다. 바롤로, 바르바레스코의 와인이 이 품종을 사용한 것이다.
- 바르베라Barbera : 묵직하고 타닌 함량이 많은 적포도로써 피에몬테 지방에서 많이 재배한다. 보통 바르베라 디 피에몬테Barbera di Piemonte라는 이름으로 팔린다.
- 산지오베제Sangiobese = Brunello : 네비올로와 함께 이탈리아의 대표적인 품종이다. 이것으로 만든 와인은 가볍고 신선하다. 키안티는 이것으로 만든 것이다.
- 돌체토Dolcetto : 피에몬테 지방의 적포도로써 부드럽고 풍부한 맛의 와인을 만든다.
- 기타 : 람브루스코Lambrusco, 카나이올로Canaiolo 등 많은 품종이 있다.

(2) 화이트 와인 포도품종

- 말바지아Malvasia : 시칠리아에서 많이 재배

하는 청포도로, 향이 강하고 풍부하다.

- 트레비아노Trebbiano = Ugni Blanc : 이탈리아의 대표적인 청포도로써 뛰어난 맛은 아니지만 보편적으로 많이 재배된다. 다른 나라에서는 위니 블랑Ugni Blanc, 생테밀리옹Saint-Emillion으로 알려진 것이다.

(3) 기타

- 알바나Albana, 베르디키오Verdicchio, 모스카토Moscato = Muscat, 피노 그리조Pinot Grigio = Pinot Gris, 코르테제Cortese, 가르가네가Garganega 등 많은 품종이 있다.

3. 이탈리아 와인의 등급

최근 와인숍이나 이탈리아 레스토랑에서 크게 변화된 심플한 와인 등급과 라벨을 쉽게 볼 수 있다. 먼저 프랑스 와인의 등급을 보았다면 이탈리아 와인 등급의 이해는 어렵지 않을 것이다.

이탈리아도 1904년부터 이러한 법을 제정하려는 움직임이 있었으나, 여러 가지 사정으로 입법화가 늦어져 1963년 7월 12일 프랑스의 A.O.C.를 기본으로 이탈리아의 독자적인 원산지관리법인 Denomi-nazione di Origine CotrollataD.O.C.를 제정하기에 이르고, 3년 후인 1966년부터 D.O.C. 와인이 시판되었다. 이리하여 법에 등록된 와인 생산자를 보호하고 수출을 권장하기 위하여 와인의 가격을 조정하고 오랜 전통을 지닌 수준급 와인으로 분리하였다.

이 법률에 따르면, 이탈리아 와인은 크게 4등급으로 분류한다.

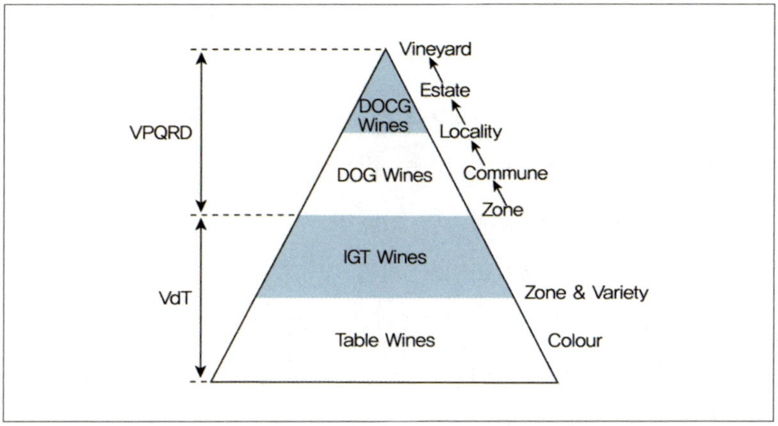

그림 5.2 이탈리아 와인 등급

(1) Vino da Tavola

일상적으로 마시는 와인으로 생산자 무기명 와인이다.

(2) Vino da tavola Con Indicazione Geografica

지리적 유래가 명시되었으나 정해진 규칙은 없다. 포도품종이 명시되어 있는 와인은 그 품종의 원산지도 명시해야 된다.

(3) Vino Tipico

프랑스의 뱅 드 페이Vin de Pays와 독일의 란트바인Landwein에 해당하는 등급으로 EU 공통법으로 정해져 있다. 그러나 현실적으로 아직 한 개도 없다.

(4) Denominazione di Origine CotrollateD.O.C.

법률로 품질 기준을 정하여 그 원산지 내에서 생산된 와인만을 가리키는 통제 명칭으로, 그 기준은 다음과 같다.

- 양질의 와인을 생산하는 인정된 지역 와인으로, 필히 그 D.O.C.를 레벨에 표시할 것
- 법에 규정된 품종의 포도를 사용할 것
- 포도재배 및 와인양조는 규정된 대로 할 것(보당은 허용불가)
- 단위면적당 생산량은 규정범위 이내일 것
- 와인의 숙성기간은 규정범위를 지킬 것
- D.O.C.위원회가 인정하는 품질과 알코올도수일 것
- 양조자의 이름과 양조소의 이름을 명기할 것
- 알코올도수를 명기할 것

이 D.O.C.는 현재 약 200개이나 점점 증가 추세에 있으며, 전체 생산량의 약 11%를 차지하고 있다.

(5) Denominazione di Origine Controllatae Garantita D.O.C.G.

이것은 D.O.C. 인가를 받은 와인들 중에서 농림부의 추천을 받아 법률로 품질 기준을 규정한 우량 와인만으로 선정된 명칭이다. 이탈리아 와인 중 최고등급에 속하는 것으로, 이 기준은 D.O.C.와 같으나 그 외에 다음과 같은 것을 추가로 규정하고 있다.

- 5리터 이상의 용기로 판매를 금지할 것
- 병입은 와인시음위원회의 심사를 통과한 후 할 것

이 D.O.C.G. 법률은 D.O.C.와 같이 1963년에 제정되었으나, 오랫동안 규제가 제대로 이루어지지 않다가 최근에 시행되게 되었는데, D.O.C.G.의 인증을 받은 지역은 다음과 같다.

① D.O.C.G. 와인

- 토스카나Toscana 지방(6개)
  - 키안티Chianti : 레드 와인
  - 키안티 클라시코Chianti Classico : 레드 와인
  - 브루넬로 디 몬탈치노Brunello di Montalcino : 레드 와인
  - 비노 노빌레 디 몬테풀차노Vino Nobile di Montepulciano : 레드 와인
  - 카르미냐노 로소Carmignano Rosso : 레드 와인
  - 베르나차 디 산 지미냐노Vernaccia di San Gimignano : 화이트 와인
- 피에몬테Piemonte 지방(7개)
  - 바롤로Barolo : 레드 와인
  - 바르바레스코Barbaresco : 레드 와인
  - 가티나라Gattinara : 레드 와인
  - 아스티Asti : 스파클링 와인 및 화이트 와인
  - 겜메Ghemme : 레드 와인
  - 코르테제 디 가비Cortese di Gavi : 화이트 와인
  - 브라케토 다퀴Brachetto d'Acqui : 레드 와인
- 베네토Veneto 지방(1개)
  - 레초토 디 소아베Recioto di Soave : 화이트 와인
- 롬바르디아Lombardia 지방(2개)
  - 프란차코르타Franciacorta : 화이트 및 로제 스파클링 와인
  - 발텔리나 수페리오레Valtellina Superiore : 레드 와인
- 움브리아Umbria 지방(2개)
  - 토르자노 로소 리제르바Torgiano Rosso Riserva : 레드 와인
  - 몬테팔코 사그란티노Montefalco Sagrantino : 레드 와인
- 에밀리아로마냐Emilia-Romagna 지방(1개)

- 알바나 디 로마냐Albana di Romagna : 화이트 와인

○ 캄파니아Campania 지방(1개)

- 타우라지Taurasi : 레드 와인

○ 사르데냐Sardegna 지방(1개)

- 베르멘티노 디 갈루라Vermentino di Gallura : 화이트 와인

❶ 생산자 ❷ 제품명

❸ D.O.C.G : Denominazione di Origine Controllata e Garantita의 줄임말로 풀이하면 원산지 명칭 통제 보증이란 뜻을 가지고 있다.

❹ 포도 생산년도 ❺ 생산자 국가이름

❻ 알코올도수 ❼ 용량

그림 5.3 이탈리아 와인 라벨 읽는 법

4. 산지별 와인의 특성

1) 피에몬테Piemonte

피에몬테는 이탈리아에서 가장 훌륭한 레드 와인을 생산하는 지역이다. 피에몬테라는 말은 '알프스의 기슭'이라는 뜻으로, 알프스의 빙하가 흘러 내려와 아름다운 계곡을 이룬다. 피에몬테의 레드 와인은 강하고 진하며 숙성되면서 품질이 더 향상된다. 피에몬테 최고의 레드 와인은 바롤로와 바르바레스코이다.

피에몬테 지방을 대표하는 포도품종은 알바와 아스티의 바르베라Barbera종으로써 피에몬테 지방의 전체 포도밭 가운데 약 절반이 이 품종을 재배하고 있다. 얼마 전까지만 해도 보통 와인에 쓰이는 품종으로 여겨지던 바르베라 포도는 발효기술의 개선과 바리크통 속 숙성을 통해 지나치게 강한 산성을 완화시켜서, 요즘은 이 바르베라 와인을 피에몬테 지방의 두 번째 와인으로 손꼽는다.

- 바롤로Barolo : D.O.C.G. 등급의 와인으로 네비올로 품종으로 양조한다. 최소 알코올 함유량이 13도에서 최고 15도까지 이르는 와인으로, 최소 2년간을 오크통에서 숙성시키며 병 속에서 일정기간 동안 숙성시킨다. 이 와인은 진하고 드라이하며 심오하다. 바롤로는 산딸기, 버섯, 낙엽이 한데 어우러진 듯한 복잡 미묘한 향기를 풍기는데, 이탈리아 와인 중에서 가장 좋은 향기를 낸다. 바롤로는 최고 15년까지 숙성시킬 수 있으며 숙성되면서 벨벳처럼 부드러워진다. 바롤로는 마을 이름인데, 마을을 에워싸고 약 2,000에이커의 면적에 포도나무가 심어져 있다.
- 바르바레스코Barbaresco : D.O.C.G. 등급의 와인으로 바롤로와 동북쪽으로 이웃하고 있으며 네비올로 품종을 재배한다. 이 와인은 타나로강으로부터 가을의 서리에 영향을 받으며 바롤로와 유사한 와인이지만, 전체적으로 볼

때 더 가볍고 섬세한 와인이다. 최고 상태가 될 때까지 부드럽게 해야 할 정도로 지나치게 강하지 않다. 따라서 안전하게 선택할 수 있다.

바롤로(Barolo)	바르바레스코(Barbaresco)
네비올로 포도	네비올로 포도
알코올 12.5% 이상	알코올 12.5% 이상
복합적인 향과 바디가 강함	바롤로보다 가볍지만 세련된 맛
3년 이상 숙성(나무통에서 1년)	2년 이상 숙성(나무통에서 1년)
리제르비(Riserva)는 5년	리제르바(Riserva)는 4년

- 발레 다오스타Valle d'Aosta : 이탈리아 와인지역 중에서 가장 작고 알피네Alpine 산맥의 북서쪽 맨 끝에 위치하고 있으며, 유럽에서 가장 높은 봉우리를 자랑하고 있다. 이곳의 포도재배는 산악 기후의 영향을 받아왔으며 수세기 동안 여러 가지 포도품종을 개발하여 왔다. 이곳에서는 높은 산도High Acidity와 오랜 기간의 숙성을 필요로 하는 레드 와인이 널리 재배되고 있다. 이곳의 와인은 드라이하며 육류 음식에 잘 어울린다. 적어도 3~4년 정도 숙성시켰을 때가 가장 좋다.
- 모스카토 다스티Moscato d'Asti : 모스카토 비앙코Moscato Bianco라는 포도로 만들며, 약한 스파클링 와인으로 알코올 함량이 낮고 스위트하다.

(1) 기타 피에몬테 와인 및 D.O.C.

- 가티나라Gattinara D.O.C.G. : 네비올로로 만든 레드 와인으로 3년 이상 숙성시킨다.
- 리제르바Riserva는 4년 이상 숙성시킨다.
- 겜메Ghemme D.O.C.G. : 네비올로로 만든 레드 와인이다.
- 바르베라 다스티Barbera d'Asti D.O.C. : 바르베라로 만든 레드 와인이다.

- 바르베라 달바Barbera d'Alba D.O.C. : 바르베라로 만든 레드 와인이다.
- 바르베라 델 몬페라토Barbera del Monferrato D.O.C. : 바르베라로 만든 레드 와인이다. 약한 스파클링 와인도 있다.
- 카레마Carema D.O.C. : 네비올로로 만든 레드 와인이다.
- 돌체토 다스티Dolcetto d'Asti D.O.C. : 돌체토로 만든 레드 와인이다.
- 돌체토 달바Dolcetto d'Alba D.O.C. : 돌체토로 만든 부드러운 레드 와인으로 그렇게 유명하지는 않고, 프랑스의 보졸레와 같이 가볍게 마시는 와인이다.
- 그리뇰리노 다스티Grignolino d'Asti D.O.C. : 그리뇰리노로 만든 레드 와인 색깔이 밝고 경쾌한 타입이다.
- 브라케토 다퀴Brachetto d'Acqui D.O.C.G. : 브라케토Brachetto로 만든 레드 와인이다.
- 코르테제 디 가비Cortese di Gavi D.O.C.G. : 코르테제로 만든 화이트 와인이다.
- 브라마테라Bramaterra D.O.C. : 네비올로로 만든 레드 와인이다. 리제르바는 3년 이상 숙성시킨 것이다.
- 콜리 토르토네지Colli Tortonesi D.O.C. : 레드 와인은 바르베라, 화이트 와인은 코르테제로 만든다.
- 콜리네 노바레제Colline Novarese D.O.C. : 화이트 와인은 에르발루체Erbaluce, 레드 와인은 우바 라나Uva Rana, 네비올로, 베스폴리나Vespolina 등으로 만든다.
- 코르테제 델랄토 몬페라토Cortese Dell'Alto Monferrato D.O.C. : 코르테제로 만든 화이트 와인이다.
- 돌체토 델레 란게 몬레갈레지Dolcetto Delle Langhe Monregalesi D.O.C. : 돌체토로 만든 레드 와인이다.
- 돌체토 디 디아노 달바Dolcetto di Diano d'Alba D.O.C. : 돌체토로 만든 레드 와인이다.
- 돌체토 디 돌리아니Dolcetto di Dogliani D.O.C. : 돌체토로 만든 레드 와인이다.
- 에르발루체 디 칼루소Erbaluce di Caluso D.O.C. : 에르발루체로 만든 화이트

와인과 파시토이다.

- 파라Fara D.O.C. : 네비올로로 만든 레드 와인이다.
- 프레이자 다스티Freisa d'Asti D.O.C. : 프레이자로 만든 레드 와인이다. 드라이, 세미 스위트가 있다.
- 프레이자 디 키에리Freisa di Chieri D.O.C. : 프레이자로 만든 레드 와인으로 드라이, 세미 스위트가 있다.
- 가비아노Gabbiano D.O.C. : 바르베라로 만든 레드 와인이다.
- 그리뇰리노 델 몬페라토 카잘레제Grignolino del Monferrato Casalese D.O.C. : 그리뇰리노Grignolino로 만든 레드 와인이다.
- 란게Langhe D.O.C. : 화이트 와인은 아르네이스Arneis, 레드 와인은 네비올로, 돌체토 등으로 만든다.
- 레소나Lessona D.O.C. : 네비올로로 만든 레드 와인이다.
- 로아촐로Loazzolo D.O.C. : 모스카토 비앙코로 만든 스위트 화이트 와인이다.
- 말바지아 디 카소르초 다스티Malvasia di Casorzo d'Asti D.O.C. : 말바지아로 만든 레드 와인이다.
- 말바지아 디 카스텔누오보 돈 보스코Malvasia di Castelnuovo Don Bosco D.O.C. : 말바지아로 만든 가벼운 레드 와인이다. 스위트한 것도 있다.
- 몬페라토Monferrato D.O.C. : 돌체토로 만든 레드 와인과 코르테제로 만든 화이트 와인이 있다.
- 피에몬테Piemonte D.O.C. : 바르베라, 브라케트로 만든 레드 와인과 코르테제, 샤르도네, 모스카토로 만든 화이트 와인과 스파클링 와인, 파시토도 있다.
- 루비노 디 칸타벤나Rubino di Cantavenna D.O.C. : 바르베라로 만든 레드 와인이다.
- 시차노Sizzano D.O.C. : 네비올로로 만든 레드 와인이다.
- 네비올로 달바Nebbiolo d'Alba D.O.C. : 네비올로로 만든 레드 와인이다.

- 로에로 네비올로Roero Nebbiolo D.O.C. : 네비올로로 만든 레드 와인이다.
- 로에로 아르네이스Roero Arneis D.O.C. : 아르네이스로 만든 화이트 와인이다.
- 돌체토 다퀴Dolcetto d'Acqui D.O.C. : 돌체토로 만든 레드 와인이다.

(2) 빈티지

1982, 1985, 1988, 1989, 1990, 1993, 1995, 1996, 1997.

(3) 유명메이커

유명하게 알려진 메이커로는 안젤로 가야Angelo Gaja, 베르사노Bersano, 브루노 자코사Bruno Giacosa, 카 비앙카Ca Bianca, 폰타나프레다Fontanafredda, 파올로 코르데로Paolo Cordero, 피오 체자레Pio Cesare, 빌라 반피Villa Banfi 등이 있다.

안젤로 가야(Angelo Gaja, 1940~)

바르바레스코를 최고의 와인으로 만든 피에몬테의 왕자이다. 1960년대 후반 가족경영의 와이너리를 맡아 잠자고 있던 바르바레스코를 이탈리아 최고의 와인으로 만들고, 네비올로 포도를 유행시켰다. 당시 텁텁하던 와인을 좀더 신선하고 즐겁게 마실 수 있도록 하였으며, 카베르네 소비뇽, 샤르도네 등을 도입하였다. 바롤로에도 포도밭을 구입하고 1996년에는 토스카나까지 진출하였다.

2) 롬바르디아Lombardia

롬바르디아는 세 개의 주요 포도재배 지역으로 나누어지는데, 스위스 알프스에 의해 형성된 북쪽의 호수지역, 피에몬테와 이웃해 있는 남서쪽 지역, 아다강Adda River에 의해 동서로 나누어진 동쪽 지역이다.

이 지역에서 가장 좋은 와인은 아다강이 흘러 내려, 아름다운 발텔리나Valtellina를 형성하고 있는 북쪽에서 생산된다. 발텔리나 위로는 스위스 국경이 있으며 경사가 심하기 때문에 항상 그늘이 진다. 밑에서 보면 거의 수직으로 보이는 포도원에서 발텔리나 와인이 생산된다.

이 지역의 주요 포도품종은 네비올로로서 두세 가지 다른 포도와 혼합하여 키아벤나스카Chiavennasca라는 이름으로 불린다. 롬바르디아 동쪽은 아름다운 가르다Garda 호수가 있는 곳으로, 트레비아노Trebbiano 포도품종으로 만든 루가나Lugana라는 가벼운 화이트 와인이 생산된다. 이 와인은 가르다 호수에서 잡히는 신선한 송어와 잘 어울린다. 롬바르디아 포도재배 기술의 가장 독특한 점은 발포성 와인 생산에 있다. 그러나 레드 와인이 일반적이고 고급 와인의 대부분을 차지한다.

롬바르디아에서는 이탈리아에서 가장 품질 좋은 발포성 와인을 생산하는 프란차코르타Francia Corta가 있다. 롬바르디아 지역에는 현재 20개의 D.O.C.G. 와 12개의 포도원이 있다.

- D.O.C.G. 와인
- 프란차코르타Francia Corta
- 기타
- 루가나Lugana

3) 베네토Veneto

'로미오와 줄리엣'의 무대 베로나를 끼고 있는 베네토는 이탈리아에서도 피에몬테, 토스카나 다음으로 유명한 레드 와인 생산지역이다.

북쪽으로 베로나의 프레-알프스, 비첸사의 돌로 미티로 둘러싸인 베로나 언덕이 서서히 내려오면서 포강과 아드리아해의 끝에 위치한 기름진 평원에 이른다. 이 와인은 모젤 와인처럼 초록색 병에 들어 있는 엷은 색의 드라이 화이트 와인으로, 생선요리에 아주 잘 어울린다. 소아베Soave는 덜 숙성되었을 때 마시며 일반적으로 소아베 클라시코를 선택하는 것이 좋다. 소아베뿐만 아니라 바르돌리노와 발폴리첼라도 클라시코가 더 맛이 좋다.

클라시코 지역은 베네토 지역의 노른자위라고 할 만큼 보다 높은 품질과 알코올 함유량을 지니고 있다. 소아베의 동쪽 감벨라라 지역에는 가르가네가 포도로 만들어지는 가르가네가 디 감벨라라Garganega di Gambellara가 있는데, 드라이 화이트, 스위트, 스파클링이 생산된다. 비앙코Bianco라고 불리는 화이트 와인들은 85%가 토카이Tocai 품종으로 만들어진다. 그러나 역시 이 지역의 명주로는 알코올도수가 높고 드라이한 레드 와인인 아마로네Amarone와 발폴리첼라Valpolicella가 유명하다.

(1) 베네토의 와인 및 D.O.C.G.

- 레초토 디 소아베Recioto di Soave D.O.C.G. : 가르가네가로 만든 스위트 화인트 와인이다.
- 소아베Soave D.O.C. : 베네토의 대표적인 드라이 화이트 와인을 생산하며, 나무통에서 숙성시킨다. 주로 가르가네가Garganega, 트레비아노Trebbiano로 만든다.
- 발폴리첼라Valpolicella D.O.C. : 가볍고 신선한 레드 와인 코르비나Corvina를 주원료로 한 가벼운 레드 와인과 스위트 레드 와인인 레초토Recioto, 드라이 레드 와인인 아마로네Amarone 등이 있다.
- 바르돌리노Bardolino D.O.C. : 코르비나Corvina를 주품종으로 만들며 세미 스파클링 와인과 레드 와인이 있다. 레드 와인은 알코올 함량이 낮고 신선하며 세련된 맛이다. 검은 장밋빛으로 유명하다.
- 프로세코 디 코넬리아노 발도비아데네Prosecco di Conegliano Valdobbiadene D.O.C. : 프로세코로 만든 화이트 와인 및 스파클링 와인이다.
- 비앙코 디 쿠스토차Bianco di Custozza D.O.C. : 트레비아노, 가르가네가, 코르테제로 만든 화이트 와인이다.

- 감벨라라Gambellara D.O.C. : 가르가네가로 만든 화이트 와인 및 스파클링 와인이다.
- 레시니 두렐로Lessini Durello D.O.C. : 두렐라Durella로 만든 화이트 와인 및 스파클링 와인이다.
- 콜리 베리치Colli Berici D.O.C. : 메를로, 카베르네로 만든 레드 와인과 가르가네가, 샤르도네로 만든 화이트 와인이다.
- 콜리 에우가네이Colli Euganei D.O.C. : 메를로로 만든 레드 와인, 가르가네가로 만든 화이트 와인과 스파클링 와인 및 파시토 등이 있다.
- 브레간체Breganze D.O.C. : 메를로로 만든 레드 와인, 토카이Tocai로 만든 화이트 와인이 있다.
- 몬텔로 콜리 아솔라니Montello Colli Asolani D.O.C. : 메를로, 카베르네로 만든 레드 와인, 프로세코, 샤르도네, 피노 비앙코로 만든 화이트 와인 및 스파클링 와인 등이 있다.
- 콜리 디 코넬리아노Colli di Conegliano D.O.C. : 카베르네, 마르체미노Marzemino로 만든 레드 와인, 인크로초Incrocio, 샤르도네로 만든 화이트 와인 및 파시토 등이 있다.
- 비니 델 피아베Vini del Piave D.O.C. : 메를로, 카베르네로 만든 레드 와인, 피노 비앙코, 피노 그리조, 피노 네로로 만든 화이트 와인 등이 있다.
- 리존 프라마조레Lison Pramaggiore D.O.C. : 메를로, 카베르네로 만든 레드 와인, 토카이, 피노 비앙코, 샤르도네로 만든 화이트 와인 등이 있다.
- 바놀리 디 소프라Bagnoli di Sopra D.O.C. : 메를로, 카베르네로 만든 레드 와인, 샤르도네로 만든 화이트 와인 등이 있다.

  (※ 프랑스 품종의 재배가 증가하는 추세이다)
- 유명 생산자 : 볼라Bolla, 마시Masi, 폴로나레Folonare, 산타 소피아Santa Sofia, 알레그리니Allegrini 등이 있다.

아마로네(Amarone)

발폴리첼라는 과거에는 그다지 우수한 품질의 와인은 아니었으나, 아마로네 포도즙을 짜낸 찌꺼기에다 와인을 다시 한 번 발효시키는 리파소(Ripasso)라는 옛날 양조방법을 사용해 풍부한 질감의 레드 와인으로 재탄생되었다. 독일의 트로켄베렌아우스레제, 프랑스의 소테른과 비슷하지만 완전히 발효를 시키기 때문에 드라이하다는 것이 특징이다. 알코올 함량은 14~16% 정도이다. 이탈리아 레드 와인 중 가장 강한 맛이 난다.

4) 트렌티노알토 아디제Trentino-Alto Adige

트렌티노알토 아디제 지역은 이탈리아의 가장 북쪽에 위치해 있으며 오스트리아와 국경을 맞대고 있다. 이곳에서는 프랑스와 독일의 전통적인 레드, 화이트 포도품종들이 재배된다. 이탈리아에서 가장 매력적이고 신뢰할 만한 가벼운 맛의 와인을 생산한다.

이곳은 와인의 품질 향상을 위해 가장 노력한 지역이다. 이탈리아 와인 수출의 절반 정도가 이곳에서 이루어지며 독일과 오스트리아가 주 고객이다. 실바네르, 트라미너, 리슬링, 피노 블랑, 피노 그리조 등이 이곳에서 주로 재배되는 품종들이다. 볼차노와 메라노 사이에 있는 아디제 계곡 윗부분이 화이트 와인을 생산하는 가장 좋은 지역이다. 강 건너 서남쪽을 향한 급경사 지역에서 피노 블랑과 소비뇽 포도가 자라며 숙성되면 와인이 스위트해지고 강건해진다.

피노 블랑은 보다 가볍고 사과 맛이 나며 소비뇽은 강하나 짙은 견과류의 맛이 난다. 알토 아디제의 약간 쓴맛이 이 지역의 독특한 맛이라고 할 수 있다. 볼차노 부근의 알토 아디제에는 라고 디 칼다로Lago di Caldaro와 산타 마달레나Santa Maddalena라는 훌륭한 레드 와인이 있다. 산타 마달레나는 유명하며 포도나무는 눈 덮인 알프스가 보이는 경사가 심한 언덕에서 자란다. 특징은 없으나 색깔과 맛이 진한 레드 와인이다. 칼다로와 마달레나의 혼합용 포도인 라그레인Lagrein이란 포도가 이 계곡의 특징을 이루며 뚜렷한 개성을 가진 로제 와인을 만든다.

- 알토 아디제Alto Adige D.O.C. : 카베르네, 메를로로 만든 로제 및 레드 와인, 피노 그리, 피노 비앙코, 트라미너, 실바네르로 만든 화이트 와인 및 스파클링 와인 등이 있다.
- 트렌티노Trentino D.O.C. : 카베르네, 메를로로 만든 로제 및 레드 와인, 피노 그리조, 피노 비앙코, 트라미너, 실바네르로 만든 화이트 와인 및 비노 산토 등이 있다.
- 카스텔레르Casteller D.O.C. : 스키아바, 람브루스코Lambrusco로 만든 레드 와인이다.
- 라고 디 카르다로Lago di Cardaro D.O.C. : 스키아바로 만든 레드 와인이다.
  - 트렌토Trento D.O.C. : 샤르도네, 피노 비앙코, 피노 네로로 만든 화이트 와인이다.
  - 발다디제Valdadige D.O.C. : 스키아바, 람브루스코, 메를로, 피노 네로로 만든 레드 와인, 피노 비앙코, 피노 그리조, 뮐러 투르가우로 만든 화이트 와인 등이 있다.
  - 테롤데고 로랄리아노Teroldego Roraliano D.O.C. : 테롤데고로 만든 레드 와인이다.

5) 프리울리베네치아줄리아Friuli-Venezia-Giulia

이 지역은 이탈리아의 동북쪽 코네에 위치하고 아드리해 해변 끝으로 약간 경사가 있다. 풍성한 포도재배 지역이지만, 1/4만이 포도재배에 알맞은 언덕에 위치해 있다. 포도재배 지역의 특성은 대부분 베네토 지역과 비슷하다. 양조장의 설비 및 기술이 가장 현대화되어 있는 곳이므로, 세계인의 입맛에 맞는 고품질의 와인을 생산할 수 있는 새로운 지역이라고 볼 수 있다.

이곳의 주요 와인 생산지역은 크게 세 곳으로 나눌 수 있는데, 동쪽 프리울리 언덕의 콜리 오리엔탈리 델 프리울리Colli Orientali del Friuli, 서쪽 프리울리 언덕의 콜리 그라베 델 프리울리Colli Grave del Friuli, 그리고 고리치아노 언덕의 콜리 고리치아노Colli Goriziano이다. 이들보다 약간 뒤떨어지는 것으로 이손초Isonzo, 아퀼레이아Aquileia, 라티자나Latisana가 있다.

- 콜리 오리엔탈리 델 프리울리Colli Orientali del Friuli D.O.C. : 카베르네, 메를로, 레포스코Refosco 등으로 만든 로제와 레드 와인, 피콜리트Picolit로 만든 세미스위트 및 스위트 와인, 그리고 피노 비앙코, 리볼라Ribolla, 토카이 프리울라노Tocai Friulano, 베르두초Verduzzo 등으로 만든 화이트 와인 등이 있다.
- 콜리오 고리치아노 콜리오Collio Goriziano Collio D.O.C. : 카베르네 프랑, 피노 네로, 메를로 등으로 만든 레드 와인, 토카이 프리울라노, 레포스코, 베르두초 등으로 만든 화이트 와인 등이 있다.
- 카르소Carso D.O.C. : 테라노Terrano = Refosco로 만든 레드 와인이다.
- 프리울리 아퀼레이아Friuli Aquileia D.O.C. : 카베르네, 메를로로 만든 레드 와인, 메를로로 만든 로제, 피노 비앙코, 피노 그리조, 토카이 프리울라노로 만든 화이트 와인 등이 있다.
- 프리울리 이손초Friuli Isonzo D.O.C. : 메를로로 만든 레드 와인, 토카이 프리울라노로 만든 레드 와인 등이 있다.
- 프리울리 라티사나Friuli Latisana D.O.C. : 메를로, 카베르네로 만든 로제, 스파클링 와인이다.

7) 발레 다오스타Valle d'Aosta

- 스위스, 프랑스 국경지대인 산악지역으로 전체가 하나의 D.O.C.이다.

- 발레 다오스타Valle d'Aosta D.O.C. : 네비올로, 모스카토, 피노 그리조 등의 품종으로 20여 개의 다른 타입의 와인을 만든다. 로제, 화이트, 레드 와인이 있다.

7) 리구리아Liguria

리구리아는 이탈리아 와인지역 중에서 가장 작은 면적을 가진 지역의 하나이다. 그러나 이곳은 진정한 포도 연구의 낙원으로 이 지역의 오랜 역사를 지닌 고대 포도원에서는 100여 종이 넘는 포도나무를 볼 수 있다. 리구리아에는 단지 7개의 D.O.C. 와인이 있다.

라 스페치아La Spezia는 북쪽 해안을 따라서 드라이 화이트 와인인 친퀘 테레Cinque Terre와 스키아케트라Sciacchetra라고 알려진 같은 지역 포도로 만든 리큐어 와인이다. 건포도로 만든 새케트는 디저트 와인으로 유명하며 드라이한 것은 호박색의 아페리티프이다.

- 리비에라 리구레 디 포넨테Riviera Ligure di Ponente D.O.C. : 돌체토로 만든 레드 와인이다. 피가토Pigato, 베르멘티노Vermentino로 만든 화이트 와인 등이 있다.
- 로세제 디 돌체아콰Rossese di Dolceacqua D.O.C. : 로세제Rossese로 만든 레드 와인이다.
- 친퀘 테레Cinque Terre D.O.C. : 보스코Bosco, 베르멘티노Vermentino, 알바롤라Albarola로 만든 화이트 와인이다.

8) 에밀리아로마냐Emillia-Romagna

이탈리아의 중동부에 위치한 에밀리아로마냐는 포 강변의 오른쪽으로부터 산기슭까지 이르고, 아펜니노산맥과 이어지는 광대하고 기름진 평야지대이다.

이 지역은 포도재배뿐만 아니라 와인연구 지역으로도 유명하다. 기름진 땅은 포도의 산출을 늘려 주는데, 이 지역에서 가장 많이 재배되는 세 가지 포도품종은 람브루스코Lambrusco, 트레비아노Trebbiano, 알바나Albana이다. 모데나Modena는 람브루스코 와인의 중심지인데, 여러 종류의 람브루스코 포도품종이 이곳에서 재배되고 있다. 이들 품종들은 싱싱하고 세미-드라이한 인기 있는 람브루스코 와인을 생산한다. 이 와인은 알코올 함유량이 10.5~11도로 낮은 편이며, 신선하고 마시기 쉽고, 향기와 맛이 상쾌하다.

모데나의 인근에는 파르마Parma가 있는데, 이 지역은 와인뿐만 아니라 파르마산 치즈Parmasan Cheese로 유명하다. 레드 와인에 파르마산 치즈는 매우 잘 어울린다. 에밀리아로마냐의 중심지인 볼로냐Bologna는 이탈리아 중부에 위치한 미식가의 본고장이다.

- 알바나 디 로마냐Alvana di Romagna D.O.C.G. : 이탈리아 최초의 화이트 와인이다.
- 콜리 피아첸티니Colli Piacentini D.O.C. : 바르베라, 보나르다Bonarda로 만든 로제 및 레드 와인이다. 말바지아, 피노 그리조로 만든 화이트 와인 등이 있다.
- 람브루스코 디 소르바라Lambrusco di Sorbara D.O.C. : 람브루스코로 만든 드라이 세미 스위트 레드 와인 및 스파클링 와인이다.
- 산지오베제 디 로마냐Sangiovese di Romagna D.O.C. : 산지오베제로 만든 레드 와인이다.
- 트레비아노 디 로마냐Trebbiano di Romagna D.O.C. : 트레비아노로 만든 드라이 및 세미 스위트 화이트 와인이다.
- 보스코 엘리체오Bosco Eliceo D.O.C. : 트레비아노로 만든 레드 와인이다.
- 카니나 디 로마냐Cagnina di Romagna D.O.C. : 레포스코로 만든 스위트 레드

와인이다.

- 콜리 볼로녜지Colli Bolognesi D.O.C. : 알바나, 트리비아노로 만든 화이트 와인 및 스파클링 와인이다.
- 람브루스코 그라스파로사 디 카스텔베트로Lambrusco Grasparossa di Castelvetro D.O.C. : 람브루스코 그라스파로사로 만든 로제와 레드 와인이다.
- 람브루스코 살라미노 디 산타 크로체Lambrusco Salamino di Santa Croce D.O.C. : 람브루스코 살라미노로 만든 로제 및 레드 와인이다.
- 파가데비트 디 로마냐Pagadebit di Romagna D.O.C. : 봄비노 비앙코Bombino Bianco로 만든 화이트 와인 및 스파클링 와인이다.

9) 토스카나Toscana

토스카나는 이탈리아 와인의 본고장이며, 짚으로 싼 키안티는 세계인들의 뇌리 속에 이탈리아 와인을 생각나게 한다. 이러한 형태의 포장법은 유리가 비쌌던 시절에 병이 깨져 나가는 것을 막기 위해 개발되었으나, 오늘날에는 많이 쓰이지 않는다. 포장하기 힘들고 볏짚 확보가 어려울 뿐만 아니라 곰팡이가 쉽게 피고, 원가가 많이 들기 때문이다.

- 키안티Chianti : 키안티는 지역의 한계, 포도품종, 생산방법 등 D.O.C.법에 규정되어 있는 사항들을 정확히 지켜왔다. 키안티는 서로 다른 여러 종류의 포도를 혼합하여 만든다. 주요 품종은 산지오베제Sangiovese로서 전체의 50~80%, 카나이올로 네로Canaiolo Nero가 10~30%, 화이트 트레비아노 토스카노Trebbiano Toscano, 말바지아 델 키안티Malvasia del Chianti가 10~30%를 차지하며, 나머지 5% 정도는 이 지역 토종포도를 사용한다. 키안티의 대표적인 양조방법은 발효가 끝난 후 감미가 있는 포도즙을 첨가함으로써 와인에 활력을 불어넣는 것이다. 6개월에서 1년 정도 숙성시키는, 신선하면서도

과일 맛이 강한 가벼운 와인으로, 기름진 음식에 잘 어울린다. 와인에 포함된 산도가 음식의 소화를 도와주기 때문이다.

- 키안티 클라시코Chianti Classico : 최소 2년을 오크 숙성시키며, D.O.C. 법에 의해 엄격하게 모든 과정이 통제되는 고품질 와인이다.
- 키안티 클라시코 리제르바Chianti Classico Riserva : 병입되기 전 오크통에서 3년간 숙성시킨다. 이 와인은 키안티의 트레이드 마크인 짚으로 싸지 않으며 보르도 타입의 병을 사용한다. 이 와인은 여러 가지 면에서 보르도의 샤토 와인을 연상케 한다. 병 모양, 품질, 전통 있는 개인회사 소유 포도원에서 포도가 재배되고 병입되는 것까지 비슷하다. 리제르바는 산도와 타닌이 조화를 이룬 강건하면서도 부드러운 맛을 낸다. 이 와인은 보다 우아하고 섬세한 음식에 잘 어울린다.
- 브루넬로 디 몬탈치노Brunello di Montalcino : D.O.C.G. 와인으로 강건하고 맛이 깊으며 진한 향기를 발한다. 이 와인은 생산량이 적고, 품질이 높으며 오래 보관할 수 있어 국제적인 명성을 얻고 있다. D.O.C. 법은 이 와인을 최소 4년간 오크 숙성시키도록 하고 있다.
- 비노 노빌레 디 몬테풀차노Vino Nobile di Montepulciano : 브루넬로 디 몬탈치노의 동쪽에 위치해 있다. 이 와인은 4개의 포도품종을 혼합하여 만든다. 2년 이상 오크 숙성시키며, 리제르바는 3년, 리제르바 스페샬레는 4년간 숙성시킨다. 향기와 스타일이 키안티 클라시코와 비슷하다.

이외에도 D.O.C. 등급에 속하면서도 세계 100대 와인 중 하나인 슈퍼 토스카나 사시카이아가 있다.

- 토스카나에 있는 D.O.C.G.급 와인 지역
  - 브루넬로 디 몬탈치노Brunello di Montalcino
  - 카르미냐노Carmignano

- 키안티 클라시코Chianti Classico
- 콜리 피오렌티니Colli Fiorentini
- 루피나 몬탈바노Rufina Montalbano
- 콜리 세네시Colli Senesi
- 콜리 아레티니Colli Aretini
- 콜리네 피사네Colline Pisane
- 베르나차 디 산 지미냐노Vernaccia di San Gimignano
- 비노 노빌레 디 몬테풀차노Vino Nobile di Montepulciano

(1) 슈퍼 투스칸Super Tuscans 와인

영어로 'Super Tuscans'라고 부르는 토스카나 지방의 이 독특한 와인들은 토스카나 지방에서 만들어지는 보르도적 레드 와인을 말한다.

1948년 인치자 델라 로케타Incisa Della Rochetta가 샤토 라피트 로칠드의 카베르네 소비뇽 묘목을 들여와 여기에서 얻은 수확으로 첫 사시카이아Sassicaia를 만들면서 '슈퍼 투스칸Super Tuscan' 와인이 탄생하게 된다.

이후 1971년 피에로 안티노리Piero Antinori가 카베르네 소비뇽과 산지오베제를 성공적으로 블렌딩하여 티냐넬로Tignanello를 생산함으로써 제2의 슈퍼 투스칸 와인의 선풍을 일으켰다. 평소 보르도 레드 와인의 신봉자였던 피에로 안티노리는 자존심이 지극히 강하고 배타적인 이탈리아의 풍토에서 이러한 혁신의 선봉에 서서 그 당시 금기시되던 보르도 품종인 카베르네 소비뇽을 산지오베제에 블렌딩하고, 프랑스 오크통에 와인을 숙성시킨 것이다.

품질 면에서 매우 뛰어났던 이 와인들은 지역의 포도를 사용해야 D.O.C.급으로 인정받을 수 있는 법 조항으로 인해 '비노 다 타볼라Vino da Tavola' 등급이란 초라한 옷을 입고 세상에 나왔다. 그러나 품질과 가격 면에서는 D.O.C.G.급을 넘어서는 이 와인은 이른바 '슈퍼 투스칸'의 효시가 되었고, 그 후로 고품질, 고가의 이탈리아산 카베르네 소비뇽 또는 카베르네 소비뇽과 산지오베제

블렌딩 와인 등을 '슈퍼 투스칸 와인'이라고 부르게 되었다.

슈퍼 투스칸 와인의 영향력이 증대하자, 일부는 D.O.C. 또는 I.G.T. 등급으로 상향 조정되어 사시카이아는 현재 D.O.C. 등급을 받고 있다. 끊임없는 노력과 혁신적인 시도, 그리고 애호가들의 열광이 법 테두리를 바꾸게 한 것이다.

슈퍼 투스칸 와인으로 가장 중요한 몇 가지를 소개하면 티냐넬로Tignanello, 사시카이아Sassicaia, 솔라이아Solaia, 오르넬라이아Ornellaia, 라 조이아La Gioia, 마세토Masseto 등이 있다.

사시카이아가 프랑스 와인의 이탈리아화라면, 티냐넬로는 이탈리아와 프랑스의 접목으로 평가되는데, 최근에는 다시 토종 품종인 산지오베제만으로 만드는 고품질 와인에 대한 연구를 통해 '산지오베제 슈퍼 투스칸' 와인도 생산되고 있다.

- 사시카이아Sassicaia : 인치자 델라 로케타Incisa Della Rochetta가 1948년 보르도의 샤토 라피트 로칠드에서 카베르네 소비뇽 묘목을 가져와 만든 최고급 와인으로 값이 비싸다(1994년 D.O.C.로 승격).
- 티냐넬로Tignanello : 피에로 안티노리Piero Antinori가 1971년 산지오베제와 카베르네 소비뇽(20%)을 섞어서 만든 고급 와인으로 보르도 스타일I.G.T.이다.

- 오르넬라이아Ornellaia : 카베르네 소비뇽을 주품종으로 메를로, 카베르네 프랑을 섞어 만든 와인이다.
- 솔라이아Solaia : 카베르네 소비뇽(80%), 산지오베제를 섞어 만든 와인I.G.T.이다.
- 마세토Masseto : 다른 슈퍼 투스칸과는 달리 메를로 100%로 만든 오르넬리아사의 와인이다.

(2) 기타 토스카나 와인 및 D.O.C.

- 카르미냐노Carmignano D.O.C.G. : 주로 산지오베제와 카베르네 소비뇽(6~10%)으로 와인을 만든다. 나무통에서 오래 숙성시켜 키안티보다 더 무겁고 텁텁한 맛을 낸다. 로제는 D.O.C.급이다.
- 베르나차 디 산 지미냐노Vernaccia di san Gimignano D.O.C.G. : 베르나차로 만든 화이트 와인이다. 이탈리아 최초의 D.O.C. 와인이다.
- 콜리네 루케지Coline Lucchesi D.O.C. : 산지오베제로 만든 레드 와인과 트레비아노로 만든 화이트 와인이다.
- 모스카델로 디 몬탈치노Moscadello di Montalcino D.O.C. : 모스카토 비앙코로 만든 스위트 화이트 와인이다.
- 로소 디 몬탈치노Rosso di Montalcino D.O.C. : 브루넬로로 만든 레드 와인이다.
- 안소니카 코스타 델라르젠타리오Ansonica Costa dell'Argentario D.O.C. : 안소니카로 만든 화이트 와인이다.
- 비앙코 델렘폴레제Bianco dell'Empolese D.O.C. : 트레비아노로 만든 화이트 와인과 비노 산토Vino Santo이다.
- 비앙코 델라 발디니에볼레Bianco della Valdinievole D.O.C. : 트레비아노로 만든 화이트 와인과 비노 산토이다.
- 비앙코 디 피틸리아노Bianco di Pitigliano D.O.C. : 트레비아노로 만든 화이트 와인이다.

- 비앙코 피사노 디 산 토르페Bianco Pisano di San Torpe D.O.C. : 트레비아노로 만든 화이트 와인과 비노 산토이다.
- 비앙코 베르지네 발디키아나Bianco Vergine Valdichiana D.O.C. : 트레비아노로 만든 화이트 와인 및 스파클링 와인이다.
- 볼게리Bolgheri D.O.C. : 산지오베제로 만든 로제와 트레비아노로 만든 화이트 와인이다.
- 칸디아 데이 콜리 아푸아니Candia dei Colli Apuani D.O.C. : 트레비아노로 만든 화이트 와인이다.
- 콜리 델레트루리아 첸트랄레Colli dell'Etruria Centrale D.O.C. : 산지오베제로 로제와 레드 와인을 만들고, 트레비아노로 화이트 와인을 만든다. 비노 산토도 있다.
- 엘바Elba D.O.C. : 레드 와인은 산지오베제, 화이트 와인은 트레비아노로 만든다.
- 몬테카를로Montecarlo D.O.C. : 레드 와인은 산지오베제, 화이트 와인은 트레비아노로 만든다.
- 몬테레조 디 마사 마리티마Monteregio di Massa Marittima D.O.C. : 산지오베제로 로제와 레드 와인을 만들고, 트레비아노로 화이트 와인을 만든다.
- 몬테스쿠다이오Montescudaio D.O.C. : 레드 와인은 산지오베제, 화이트 와인은 트레비아노로 만든다. 비노 산토도 있다.
- 모렐리노 디 스칸사노Morellino di Scansano D.O.C. : 산지오베제로 만든 레드 와인이다.
- 파리나Parrina D.O.C. : 로제와 레드 와인은 산지오베제, 화이트 와인은 트레비아노로 만든다.
- 포미노Pomino D.O.C. : 레드 와인은 산지오베제, 화이트 와인은 피노 블랑, 샤르도네, 트레비아노로 만든다.
- 로소 디 몬테풀차노Rosso di Montepulciano D.O.C. : 산지오베제로 만든 레드

와인이다.

- 발 다르비아Val d'Arbia D.O.C. : 트레비아노로 만든 화이트 와인과 비노 산토이다.
- 발 디 코르니아Val di Cornia D.O.C. : 로제와 레드 와인은 산지오베제, 화이트 와인은 트레비아노로 만든다.

(3) 유명 메이커

안티노리Antinori, 바로네 리카솔리Barone Ricasoli, 비욘디 산티Biondi-Santi, 이탈리아에서 가장 비싼 와인 중 하나, 브롤리오Brolio, 카스텔로 비키오마조Castello Vicchiomaggio, 파사티Fassati, 프레스코발디Frescobaldi, 멜리니Melini, 루피노Ruffino, 사시카이아Sassicaia, 카스텔로 반피Castello Banfi 등이 있다.

① 피에로 안티노리(Piero Antinori, 1939~)

이탈리아 와인을 이야기할 때 빼놓을 수 없는 와인 명가이다. 슈퍼 투스칸 3총사인 솔라이아 · 티냐넬로를 생산하는 피에로 안티노리와, 오르넬라이아 · 마세토를 생산하는 로도비코 안티노리는 형제 간이며, 사시카이아의 소유주 인치사 델라 로케타와는 친척 간으로, 〈와인 스펙테이터〉, 〈디캔터〉 등 전 세계 와인 전문지는 물론 로버트 파커, 휴 존슨 등 세계적인 와인 전문가들이 현대 이탈리아 와인의 아버지라 부르는 인물이 피에로 안티노리다. 그는 이탈리아 와인의 품질을 부활시킨 가족(1375년부터)의 일원으로 슈퍼 투스칸 티냐넬로Tignanello, 솔라이아Solaia를 소개하였다.

현재는 캘리포니아, 워싱턴, 헝가리, 카자흐스탄에서도 와인을 제조하고 있다. 헝가리에서는 오크통도 만든다. 현재 세 딸 Albiera, Allegra, Alessia와 함께 일하고 있다.

② **에치오 리벨라**(Ezio Rivella, 1933~)

토스카나의 와인을 세계적 수준으로 끌어올린 사람으로 D.O.C. 및 Alba Institute in Piemonte 회장을 하면서 화이트 와인에 주력하여 1961년부터 몬탈치노Montalcino의 카스텔로 반피Castello Banfi에서 컨설팅하면서 1977년 시라와 카베르네를 도입하여 전통적인 브루넬로에 새바람을 일으켰다. 1999년에 은퇴하였지만, 여전히 와인제조 컨설팅을 하고 있다.

10) 움브리아Umbria

이탈리아 중부지역에 위치한 움브리아에는 아시시Assisi, 페루자Perugia, 오르비에토Orvieto가 있다. 이곳은 기후가 온화하고 티베르Tiber강이 완만한 언덕 사이로 흐르는 아름다운 고장이다. 배수가 잘되는 토양은 특히 화이트 와인의 포도품종에 매우 알맞다.

이탈리아의 심장부라 불리는 움브리아는 양질의 포도를 대량 수확할 수 있는 자연적인 조건이 잘 갖추어져 있다. 오르비에토Orvieto는 이곳의 대표적인 와인으로 국제적인 명성을 얻고 있으며 소아베, 프라스카티와 더불어 가장 인기 있는 이탈리아 화이트 와인이다. 미묘하고 섬세한 맛의 오르비에토는 이 지역의 전통적인 방법으로 만들어진다. 오르비에토는 세코Secco : 드라이와 아보카토Abboccato : 세미 드라이, 두 가지 타입으로 만들어진다. 둘 다 엷은 황금색에 과일향의 신선함을 느낄 수 있고 뒷맛이 오래 간다. 오르비에토 클라시코는 이 지역의 중심지에서 수확한 포도로 만든 고품질 와인이다.

- 토르자노Torgiano D.O.C.G. : 산지오베제를 주원료로 만든 레드 와인, 트레비아노로 만든 화이트 와인이 있다. 토르자노 리제르바Torgiano Riserva만 D.O.C.G.이다.
- 몬테팔코 사그란티노Montefalco Sagrantino D.O.C.G. : 사그란티노 등으로 만

든 레드 와인이다.

- 오르비에토Orvieto D.O.C. : 트레비아노 등으로 만든 화이트 와인이다. 클라시코Classico가 있으며 라치오까지 퍼져 있다. 이탈리아에서 가장 유명한 화이트 와인이며, 세미 스위트에는 보트리티스 포도가 섞인다. 순수한 보트리티스 와인을 무파토Muffato라고 하는데 드물다.
- 콜리 알토티베리니Colli Altotiberini D.O.C. : 산지오베제로 만든 로제 및 레드 와인이다. 트리비아노로 만든 화이트 와인도 있다.
- 콜리 아메리니Colli Amerini D.O.C. : 산지오베제로 만든 레드 와인, 트레비아노로 만든 화이트 와인이 있다.
- 콜리 델 트라시메노Colli del Trasimeno D.O.C. : 산지오베제로 만든 레드 와인, 트레비아노로 만든 화이트 와인이 있다.
- 콜리 마르타니Colli Martani D.O.C. : 산지오베제로 만든 레드 와인, 트레비아노 · 그레케토Grechetto로 만든 화이트 와인이 있다.
- 콜리 페루지니Colli Perugini D.O.C. : 산지오베제로 만든 레드 와인, 트레비아노로 만든 화이트 와인이 있다.
- 몬테팔코Montefalco D.O.C. : 산지오베제, 사그란티노로 만든 레드 와인, 그레케토, 트레비아노로 만든 화이트 와인이 있다.

11) 마르케March

이탈리아의 중동부, 아드리아해를 향하고 있는 마르케는 훌륭한 와인들이 생산되는 곳이다. 이 지역의 베르디키오 데이 카스텔리 디 예지Verdicchio dei Castelli di Jesi 와인은 화이트 와인 중에서도 뚜렷한 개성을 지닌, 매우 드라이한 와인이다. 이 와인은 엷은 초록색을 띠며 섬세하고 우아한 향기를 풍기는데, 마신 후에 약간의 산도를 감지할 수 있다.

아브루초Abruzzo 지역은 마르케보다 산이 더 많은 지역으로 아드리아해의 해안선을 따라 위치한 곳으로, 두 가지 타입의 와인을 생산하고 있다. 아브루초 몬테풀차노 다브루초Montepulciano d'Abruzzo는 언제나 특성 있는 잘 만들어진 와인으로, 숙성되었을 때 더 강하며 미묘한 뒷맛이 있다. 이 와인은 이탈리아 최상급 레드 와인 중의 하나이다. 몬테풀차노는 포도품종 이름이며 토스카나에 있는 몬테풀차노는 마을 이름이다.

아브루초와 마르케 레드 와인은 야외용으로, 바비큐나 사냥한 조류 · 육류와 잘 어울린다. 화려하기보다는 상쾌한 편이다.

- 로소 코네로Rosso Conero D.O.C. : 몬테풀차노Montepulciano로 만든 레드 와인이다.
- 로소 피체노Rosso Piceno D.O.C. : 산지오베제, 몬테풀차노로 만든 레드 와인이다.
- 베르디키오 디 마텔리카Verdicchio di Matelica D.O.C. : 베르디키오로 만든 화이트 와인이다.
- 비앙켈로 델 메타우로Bianchello del Metauro D.O.C. : 비앙켈로로 만든 화이트 와인이다.
- 콜리 마체라테지Colli Maceratesi D.O.C. : 트레비아노 토스카노로 만든 화이트 와인이다.
- 팔레리오 데이 콜리 아스콜라니Falerio dei Colli Ascolani D.O.C. : 트레비아노 토스카노로 만든 화이트 와인이다.
- 라크리마 디 모로Lacrima di Morro D.O.C. : 라크리마로 만든 레드 와인이다.

12) 몰리제Molise

1983년 처음으로 포도 수확을 통해 D.O.C. 와인을 만들기 시작했으며 비페르노Biferno와 펜트로 디 이제르니아Pentro di Isernia가 있다. 포도재배의 구조는 아직 고대 조직의 영향을 받고 있음을 알 수 있다. 그러나 이 지역에서는 최근 새로운 품종인 트레비아노Trebbiano로 바꿔 심고 있다.

13) 라치오Lazio

이탈리아의 중부 로마를 감싸는 지역으로서 이 지역은 2,000년 전부터 와인을 만들어 왔다. 라치오에서는 주로 화이트 와인이 생산되며, 레드 와인은 거의 생산되지 않는다. 토양과 기후 조건이 화이트 와인의 포도품종에 알맞기 때문이다. 가볍고 신선한 프라스카티Frascati, 마리노Marino, 카스텔리 로마니Castelli Romani가 유명하다. 이들 와인들은 신선한 상태에서 마시는 것이 좋다.

- 에스트 에스트 에스트 디 몬테피아스코네Est! Est! Est! di Montefiascone D.O.C. : 트레비아노, 말바지아로 만든 화이트 와인이다.
- 프라스카티Frascati D.O.C. : 말바지아, 트레비아노로 만든 화이트 와인이다.
- 알레아티코 디 그라돌리Aleatico di Gradoli D.O.C. : 알레아티코Aleatico로 만든 스위트 레드 와인이다.
- 아프릴리아Aprilia D.O.C. : 메를로, 산지오베제로 만든 레드 와인, 트레비아노로 만든 화이트 와인이 있다.
- 비앙코 디 카페나Bianco di Capena D.O.C. : 말바지아, 트레비아노로 만든 드라이, 세미 스위트 화이트 와인이다.
- 체르베테리Cerveteri D.O.C. : 산지오베제, 몬테풀차노로 만든 레드 와인, 트레비아노로 만든 화이트 와인이 있다.
- 콜리 알바니Colli Albani D.O.C. : 말바지아, 트레비아노로 만든 드라이, 세미 스위트 화이트 와인이다.
- 콜리 라누비니Colli Lanuvini D.O.C. : 말바지아, 트레비아노로 만든 드라이, 세미 스위트 화이트 와인이다.

- 코리Cori D.O.C. : 몬테풀차노로 만든 레드 와인, 말바지아로 만든 드라이, 세미 스위트 화이트 와인이다.
- 제나차노Genazzano D.O.C. : 산지오베제로 만든 레드 와인, 말바지아로 만든 화이트 와인이 있다. 비노 노벨로Vino Novello로 팔린다.
- 마리노Marino D.O.C. : 말바지아, 트레비아노로 만든 드라이, 세미 스위트 와인이다.
- 몬테콤파트리 콜론나Montecompatri Colonna D.O.C. : 말바지아로 만든 드라이, 세미 스위트 화이트 와인 스파클링 와인도 있다.
- 벨레트리Velletri D.O.C. : 산지오베제, 몬테풀차노로 만든 레드 와인, 말바지아로 만든 화이트 와인이 있다.
- 비냐넬로Vignanello D.O.C. : 산지오베제로 만든 로제 및 레드 와인, 트레비아노로 만든 화이트 와인이 있다.
- 차가롤로Zagarolo D.O.C. : 말바지아로 만든 드라이, 세미 스위트 화이트 와인이다.

14) 풀리아Puglia

풀리아는 와인 생산에 있어서 다른 지역을 주도해 왔는데, 현재는 블렌딩 와인의 주요 공급원으로서의 옛 명성을 버리고 레드 와인뿐만 아니라 화이트 와인과 로제 와인도 생산하기 시작했다.

이곳에서 생산되는 레드 와인은 색깔이 검붉고 산도가 거의 없고, 몇몇 지역에서는 균형 잡힌 와인들을 생산하는데 카스텔 델 몬테Castel del Monte, 산 세베로San Severo는 레드, 화이트, 로제로 만들어진다. 특히 로제는 인기가 있다. 시칠리아와 더불어 생산량이 가장 많으며 주로 색깔이 진한 블렌딩용 와인을 생산한다.

- 카스텔 델 몬테Castel del Monte D.O.C. : 우바 디 트로이아Uva di Troia 등으로 만든 로제 및 레드 와인, 팜파누토Pampanuto 등으로 만든 화이트 와인 등이 있다.
- 스퀸차노Squinzano D.O.C. : 네그로아마로Negroamaro로 만든 로제 및 레드 와인이다.
- 코페르티노Copertino D.O.C. : 네그로아마로로 만든 로제 및 레드 와인이다.
- 알레아티코 디 풀리아Aleatico di Puglia D.O.C. : 알레아티코로 만든 스위트 레드 와인이다.
- 알레치오Alezio D.O.C. : 네그로아마로로 만든 로제 및 레드 와인이다.
- 브린디지Brindisi D.O.C. : 네그로아마로로 만든 로제 및 레드 와인이다.
- 카체미테 디 루체라Cacc'emmittee di Lucera D.O.C. : 수수마니엘로Susumaniello 등으로 만든 레드 와인이다.
- 조이아 델 콜레Gioia del Colle D.O.C. : 프리미티보Primitivo로 만든 로제 및 레드 와인, 드레비아노로 만든 화이트 와인 등이 있다.
- 그라비나Gravina D.O.C. : 말바지아, 그레코 등으로 만든 화이트 와인 및 스파클링 와인이다.
- 레베라노Leverano D.O.C. : 네그로아마로로 만든 로제 및 레드 와인, 말바지아로 만든 화이트 와인 등이 있다.
- 리차노Lizzano D.O.C. : 네그로아마로로 만든 스파클링, 로제 및 레드 와인, 트레비아노로 만든 화이트 와인 등이 있다.
- 로코로톤도Locorotondo D.O.C. : 베르데카Verdeca로 만든 화이트 와인이다.
- 마르티나 프란카Martina Franca D.O.C. : 베르데카로 만든 화이트 와인이다.
- 모스카토 디 트라니Moscato di Trani D.O.C. : 모스카토 비앙코로 만든 스위트 화이트 와인이다.
- 나르도Nardo D.O.C. : 네그로아마로로 만든 로제 및 레드 와인이다.
- 오르타 노바Orta Nova D.O.C. : 산지오베제로 만든 로제 및 레드 와인이다.

- 오스투니Ostuni D.O.C. : 오타비아넬로Ottavianello = Cinsault로 만든 레드 와인, 임피뇨Impigno로 만든 화이트 와인 등이 있다.
- 프리미티보 디 만두리아Primitivo di Manduria D.O.C. : 프리미티보로 만든 드라이, 세미 드라이 레드 와인이다. 리큐어 타입도 있다.
- 로소 바를레타Rosso Barletta D.O.C. : 우바 디 트로이아Uva di Troia로 만든 레드 와인이다.
- 로소 카노사Rosso Canosa D.O.C. : 우바 디 트로이아로 만든 레드 와인이다.
- 로소 디 체리뇰라Rosso di Cerignola D.O.C. : 우바 디 트로이아로 만든 레드 와인이다.
- 살리체 살렌티노Salice Salentino D.O.C. : 네그로아마로 등으로 만든 로제 및 레드 와인이다. 샤르도네, 피노 비앙코 등으로 화이트 스파클링 와인을 만든다.
- 산 세베로San Severo D.O.C. : 몬테풀차노로 만든 레드 와인이다. 봄비노Bombino, 트레비아노로 만든 화이트 와인, 스파클링 와인도 있다.

15) 캄파니아Campania

이탈리아 남서부, 나폴리 동쪽 베수비우스Vesuvius산이 우뚝 솟아 있는 캄파니아는 화산이 폭발하여 생긴 섬으로 현무암의 기름진 토양이다. 기후는 이상적이며 모든 작물이 잘 자라 일년에 3모작을 할 수 있다. 포도나무는 왕성하게 자란다. 라크리마 크리스티Lacrima Christi는 캄파니아에서 가장 유명한 와인이다. 이것은 베수비우스 산 근처의 낮은 산등성 포도원에서 만들어지는 것으로 너무 드라이하지 않고 부드러우며 우아하고 향기가 좋은 황금색 와인이다. 이것은 뜨거운 화산 토양에서 얻어지는 특질일 것이다. 소량의 레드 와인과 로제 라크리마도 생산된다.

- 타우라지Taurasi D.O.C. : 알리아니코Aglianico를 주원료로 한 레드 와인으로, 리제르바는 4년 이상 숙성시킨 것이다.
- 베수비오Vesuvio D.O.C. : 피에디로소Piedirosso, 알리아니코 등으로 만든 로제와 레드 와인, 코다 디 볼페Coda di Volpe, 베르데카Verdeca 등으로 만든 화이트 와인 등이 있다. 알코올 농도가 12% 이상인 경우는 '라크리마 크리스티 델 베수비오Lacryma Christi del Vesuvio'로 표기할 수 있다.
- 피아노 디 아벨리노Fiano di Avellino D.O.C. : 피아노Fiano로 만든 화이트 와인이다.
- 그레코 디 투포노Greco di Tufono D.O.C. : 그레코로 만든 화이트 와인이다.
- 알리아니코 델 타부르노Aglianico del Taburno D.O.C. : 알리아니코로 만든 레드 와인, 트레비아노로 만든 화이트 와인이 있다.
- 아베르사Aversa D.O.C. : 아스프리니오Asprinio로 만든 화이트 와인, 스파클링 와인도 만든다.
- 캄피 플레고레이Campi Flegorei D.O.C. : 피에디로소 등으로 만든 레드 와인, 팔란기나Falanghina로 만든 화이트 와인이 있다. 스파클링 와인도 있다.
- 카프리Capri D.O.C. : 피에디로소로 만든 레드 와인, 그레코 비앙코Greco Bianco, 팔란기나Falanghina로 만든 화이트 와인이 있다.
- 카스텔 산 로렌초Castel San Lorenzo D.O.C. : 바르베라 등으로 만든 로제 및 레드 와인, 트레비아노로 만든 화이트 와인, 모스카텔로 만든 스위트 스파클링 와인 등이 있다.
- 칠렌토Cilento D.O.C. : 알리아니코로 만든 레드 와인, 산지오베제로 만든 로제, 피아노로 만든 화이트 와인 등이 있다.
- 코스타 다말피Costa d'Amalfi D.O.C. : 피에디로소로 만든 로제 및 레드 와인, 팔란기나 비앙코렐라Biancolella로 만든 화이트 와인이 있다.
- 팔레르노 델 마시코Falerno del Massico D.O.C. : 알리아니코로 만든 레드 와인(리제르바는 2년 이상 숙성), 팔란기나로 만든 화이트 와인이 있다.

- 과르디아 산프라몬디/과르디올로Guardia Sanframondi/Guardiolo D.O.C. : 산지오베제 등으로 만든 로제 및 레드 와인, 말바지아로 만든 화이트 와인, 팔란기나로 만든 스파클링 와인 등이 있다.
- 이스키아Ischia D.O.C. : 피에디로소로 만든 레드 와인, 포라스테라Forastera, 비앙코렐라로 만든 화이트 와인이 있다.
- 페니솔라 소렌티나Penisola Sorrentina D.O.C. : 피에디로소, 알리아니코로 만든 레드 와인, 팔란기나, 비앙코렐라, 그레코 비앙코로 만든 화이트 와인 등이 있다.
- 산타가타 데 고티Sant'Agata d'e Goti D.O.C. : 알리아니코, 피에디로소로 만든 레드 와인, 팔란기나, 그레코 비앙코로 만든 화이트 와인, 팔란기나로 만든 스파클링 와인이 있다.
- 솔로파카Solopaca D.O.C. : 산지오베제로 만든 로제 및 레드 와인, 트레비아노로 만든 화이트 와인, 팔란기나로 만든 스파클링 와인이 있다.

16) 바실리카타Basilicata

이탈리아 와인 생산지역 중에서는 그리 명성은 얻지 못하는 지역이나, 이곳에서 생산되는 알리아니코 델 불투레Aglianico del Vulture는 수준급이다. 이 와인은 남부 이탈리아 지역의 와인 중에서는 최상급이다. 숙성을 오래하면 진한 향기를 풍긴다. 이 와인은 어떤 종류의 육류요리에도 잘 어울린다.

- 알리아니코 델 불투레Aglianico del Vulture D.O.C. : 알리아니코로 만든 드라이, 세미 드라이 레드 와인이다. 리제르바는 5년 이상 숙성시킨다.

17) 칼라브리아Calabria

이탈리아 서남부 가장자리에 위치한 칼라브리아는 높은 산과 기름진 계곡,

황무지, 차가운 바람과 열대성 해안으로 서로 상반된 자연조건을 지니고 있다. 포도를 재배할 수 있는 땅이 많지 않고 대부분이 레드와 로제를 생산하고 있다.

- 치로Ciro D.O.C. : 갈리오포Gaglioppo로 만든 로제 및 레드 와인, 그레코 비앙코로 만든 화이트 와인이 있다.
- 돈니크Donnich D.O.C. : 갈리오포로 만든 로제 및 레드 와인이다.
- 그레코 디 비앙코Greco di Bianco D.O.C. : 그레코 비앙코로 만든 스위트 화이트 와인이다.
- 라메치아Lamezia D.O.C. : 네렐로Nerello로 만든 레드 와인, 그레코 비앙코, 트레비아노로 만든 화이트 와인이 있다.
- 멜리사Melissa D.O.C. : 갈리오포로 만든 레드 와인, 그레코 비앙코로 만든 화이트 와인이 있다.
- 폴리노Pollino D.O.C. : 갈리오포로 만든 레드 와인이다.
- 산타나 디 이졸라 카포 리추토Sant'Anna di Isola Capo Rizzuto D.O.C. : 갈리오포로 만든 레드 와인이다.
- 산 비토 디 루치San Vito di Luzzi D.O.C. : 갈리오포로 만든 레드 와인, 말바지아로 만든 화이트 와인이 있다.
- 사부토Savuto D.O.C. : 갈리오포로 만든 레드 와인이다.
- 스카비냐Scavigna D.O.C. : 갈리오포, 네렐로로 만든 레드 와인, 트레비아노, 샤르도네로 만든 화이트 와인이 있다.

18) 시칠리아Sicilia

마피아와 마르살라로 유명한 시칠리아는 이탈리아 반도 남서쪽에 위치한 큰 섬으로, 모든 유형의 와인이 이곳에서 생산된다. 평범한 테이블 와인부터 알코올 함량이 많은 디저트 와인에 이르기까지 150여 종에 이른다.

(1) 마르살라Masala 와인

마르살라는 카타라토Catarrato, 그릴로Grillo, 인촐리아Inzolia 품종으로 만든 와인에 알코올을 강화시킨 것이다. 마살라는 트라파니Trapani, 팔레르모Palermo, 아그리젠토Agrigento 지역에서 주로 생산된다. 이 와인은 드라이, 세미 드라이, 스위트, 매우 스위트하게 만들어진다. 이 지역의 화산토는 마르살라에 마데라와 비슷한 산도를 만들어 준다.

(2) 마르살라Marsala D.O.C.

시칠리아를 대표하는 유명한 강화 와인이다. 18세기 말 영국의 상인 존 우드하우스가 스페인의 셰리나 포르투갈의 포트와인의 값이 오르자, 시칠리아 와인에 여러 가지를 첨가하여 셰리나 포트의 대용품으로 개발하여 판매한 것이 그 시초이다. 드라이 와인에 포도 농축주스, 알코올 발효를 중단시킨 와인, 고농도 알코올 등을 첨가하여 만든다. 알코올 농도는 17~19%이며 호박색으로 드라이 타입과 스위트 타입이 있다. 사용하는 품종은 그릴로Grillo, 카타라토Catarratto 등 여러 가지가 있다.

- 피네Fine, 보통 : 가열한 농축주스를 첨가하여 만든 것으로 I.P.Italian Particular라고 한다. 1년 이상 숙성시킨 것이다.
- 수페리오레Superiore, 고급 : 알코올 발효를 중단시킨 머스트Must를 첨가하여 2년 숙성시킨 것으로, L.P.London Particular라고 한다. 리제르바는 4년 이상 숙성시킨 것이다.
- 베르지네Vergine, 특급 : 고농도 알코올을 첨가하여 5년 이상 숙성시킨 것을 솔레라스Soleras, 10년 이상 숙성시킨 것을 솔레라스 스트라베키오Soleras Stravecchio라고 하며, 베르지네 전체를 G.D.Gariboldi Dolce라고도 한다. 솔레라 시스템으로 숙성시킨다.
- 모스카토 디 판텔레리아Moscato di Pantelleria D.O.C. : 판텔레리아 섬에서 모

스카토로 만든 세미 스위트, 스위트 화이트 와인 및 강화 와인이다.

- 에트나Etna D.O.C. : 네렐로로 만든 로제 및 레드 와인, 카타라토Catarratto로 만든 화이트 와인이 있다.
- 말바지아 델레 리파리Malvasia delle Lipari D.O.C. : 파시토, 스위트 화이트 와인이 있다.
- 알카모/비앙코 디 알카모Alcamo/Bianco di Alcamo D.O.C. : 카타라토 등으로 만든 화이트 와인이다.
- 체라수올로 디 비토리아Cerasuolo di Vittoria D.O.C. : 칼라브레제Calabrese, 프라파토Frappato 등으로 만든 레드 와인이다.
- 콘테사 엔텔리나Contessa Entellina D.O.C. : 인촐리아Inzolia = Ansolia = Ansonica 등으로 만든 화이트 와인이다.
- 엘로로Eloro D.O.C. : 네로 다볼라Nero d'Avola = Calabrese, 프라파토 등으로 만든 로제 및 레드 와인이다.
- 파로Faro D.O.C. : 네렐로Nerello 등으로 만든 레드 와인이다.
- 멘피Menfi D.O.C. : 네로 다볼라로 만든 레드 와인, 인촐리아 등으로 만든 화이트 와인이다.
- 모스카토 디 노토Moscato di Noto D.O.C. : 모스카토로 만든 화이트 와인으로, 스파클링, 세미 스위트, 강화 와인의 세 가지가 있다.
- 모스카토 디 시라쿠사Moscato di Siracusa D.O.C. : 모스카토를 약간 건조시킨 파시토 포도로 만든 스위트 화이트 와인이다.
- 모스카토 파시토 디 판텔레리아Moscato Passito di Pantelleria D.O.C. : 파시토 와인이다.

19) 사르데냐Sardegna

이탈리아 본토에서 서쪽으로 멀리 떨어져 있는 사르데냐는 코르크, 올리브,

포도나무가 무성하게 잘 자라는 섬이다. 사르데나는 디저트 와인으로 잘 알려져 있으나 현대적 방법을 이용한 훌륭한 테이블 와인도 생산된다.

이 지역의 위대한 두 와인은 섬의 남쪽, 찌는 듯한 평원에서 생산되는 누라구스Nuragus 화이트 와인과 북쪽에서 생산되는 카노나우Cannonau이다. 가장 유명한 와인으로는 베르나차Vernaccia가 있는데, 강한 맛의 화이트 와인이다. 누라구스 디 칼리아리Nuragus di Cagliari는 일반 대중에게 판매되는 것은 알코올 함유량이 12도 정도로 부드럽다. 화이트 와인 중에서 가장 잘 알려져 있다.

- 베르멘티노 디 갈루라Vermentino di Gallura D.O.C.G. : 베르멘티노로 만든 화이트 와인이다.
- 말바지아 디 칼리아리Malvsia di Cagliari D.O.C. : 말바지아로 만든 드라이, 스위트 화이트 와인이다. 알코올 농도가 짙다.
- 베르나차 디 오리스타노Vernaccia di Oristano D.O.C. : 베르나차로 만든 화이트 와인이다. 알코올 농도가 짙다.
- 카노나우 디 사르데냐Cannonau di Sardegna D.O.C. : 카노나우Cannonau로 만든 드라이, 스위트 로제 및 레드 와인이다. 알코올 농도가 짙다.
- 알게로Alghero D.O.C. : 산지오베제, 카베르네로 만든 레드 와인, 토르바토Torbato, 샤르도네로 만든 화이트 와인이 있다.
- 아르보레아Arborea D.O.C. : 산지오베제 등으로 만든 로제 및 레드 와인, 트레비아노 등으로 만든 화이트 와인이 있다.
- 카리냐노 델 술치스Carignano del Sulcis D.O.C. : 카리냐노Carignano 등으로 만든 로제 및 레드 와인이다.
- 지로 디 칼리아리Giro di Cagliari D.O.C. : 지로Giro로 만든 레드 와인이다.
- 말바지아 디 보자Malvasia di Bosa D.O.C. : 말바지아로 만든 드라이, 스위트

화이트 와인이다.

- 만드롤리자이Mandrolisai D.O.C. : 보발레Bovale, 카노나우, 모니카Monica로 만든 레드 와인이다.
- 모니카 디 칼리아리Monica di Cagliari D.O.C. : 모니카로 만든 드라이, 스위트 레드 와인이다.
- 모스카토 디 칼리아리Moscato di Cagliari D.O.C. : 모스카토로 만든 스위트 화이트 와인이다.
- 모스카토 디 사르데냐Moscato di Sardegna D.O.C. : 모스카토로 만든 스위트 화이트 와인이다.
- 모스카토 디 소르소 센노리Moscato di Sorso Sennori D.O.C. : 모스카토로 만든 스위트 화이트 와인이다.
- 나스코 디 칼리아리Nasco di Cagliari D.O.C. : 나스코Nasco로 만든 드라이, 스위트 화이트 와인이다.
- 누라구스 디 칼리아리Nuragus di Cagliari D.O.C. : 누라구스Nuragus로 만든 화이트 와인이다.
- 베르멘티노 디 사르데냐Vermentino di Sardegna D.O.C. : 베르멘티노로 만든 드라이, 스위트 스파클링 와인이다.

(1) 베르무트Vermouth

세계에서 가장 많이 애용되는 식전주Aperitif로서 이탈리아 특유의 강화 와인이다. 화이트 와인에 여러 가지 향신료가 들어 있는 식물을 넣어서 와인 고유의 맛에 향신료 성분이 추가되어 특별한 맛과 향을 갖추고 알코올을 강화하여 만든 강화 와인이다. 알코올 함량은 16% 가량 되고, 스위트 타입은 옅은 갈색으로 당분이 12~15% 정도이며, 드라이 타입은 색깔이 옅고 당분이 2~4% 정도이다. 베르무트의 향료는 한 가지만 쓰는 것이 아니고 50~60가지의 향료를 첨가하므로 향료 냄새가 잘 조화되어야 한다. 맨해튼, 마티니 등 칵테일 원료로 많이 사용된다.

베르무트란 말은 허브 중 하나인 웜우드Wormwood의 독일어인 베르무트Wermut에서 유래된 것이다.

(2) 이탈리아 와인 용어

흔히 이탈리아 와인의 라벨에는 클라시코, 리제르바, 돌체 등의 표기가 있다.

- 클라시코 : 역사가 깊은 특정 포도원에서 만들어진 와인이라는 뜻으로, 오크통에서 숙성시켰음을 뜻한다.
- 리제르바 : 규정된 알코올도수와 숙성기간을 상회한 와인이다.
- 슈페리올 : 알코올도수가 규정보다 0.5도 이상 높은 것이라는 규정이다.

(3) 와인 용어

- 안나타Annata : 수확, 수확연도
- 칸티나Cantina : 와인 만드는 곳, 와인 저장고
- 카사 비니콜라Casa Vinicola : 와인 상인
- 키아레토Chiaretto : 색깔이 진한 로제
- 클라시코Classico : 오래 전부터 조성된 포도밭에서 나오는 특정 와인
- 콘소로치오Consorzio : 품질보호협회
- 돌체Dolce : 아주 단
- 에티케타Etichetta : 상표
- 프리찬테Frizzante : 세미 스파클링Semi Sparkling
- 메토도 클라시코Metodo Classico : 샴페인 방식
- 파시토Passito : 그늘에서 몇 주 동안 말린 포도로 만든 와인
- 레초토Recioto : 그늘에서 2~3개월 말린 포도로 만든 스위트 와인

- 리파소Ripasso : 레초토(예 아마로네)를 발효한 후 남은 껍질을 이미 완성된 와인에 첨가하여 색깔과 향미를 더해 주는 방법
- 리제르바Riserva : 최저 숙성기간을 초과하는 규정을 만족시킨 와인
- 세코Secco : 드라이

CHAPTER 06 독일 와인

1. 독일 와인의 특징

독일은 북위 48도에 위치하고 있어 기후적 특성으로 말미암아 와인 생산의 85% 이상이 화이트 와인이며, 알코올도수는 평균 8~10%로 다른 나라에서 생산되는 와인에 비해 낮은 편이다. 독일의 화이트 와인은 신선하고 순하며 포도의 신맛과 천연의 단맛이 서로 균형을 이루면서 어우러져 있다. 특히 천연의 단맛으로 인해 와인을 처음 접하는 사람이나 여성들이 선호한다. 그러나 최근에는 레드 와인을 더욱 선호하는 국제 추세에 맞추어 독일 남부지역을 중심으로 레드 와인의 생산도 서서히 늘고 있다.

와인 생산지역 13개 중 11개소는 독일의 동서부에 모여 있고, 나머지 2개소는 구동독에 있다. 위도는 북위 50도로 일본 북해도의 가라후도 지방과 거의 같다. 포도밭은 남향 급경사면에 만들어져 있다. 계곡과 강줄기가 내려다보이는 지역에 2~3군데 있지만, 대부분 강 주변에 있다. 또한 강의 물이 근처의 기후를 온화하게 만들고 있다. 즉 열의 반사로 주야간의 안정된 온도를 유지하게 하는 역할을 한다. 가을에는 수면에서 일어나는 노을이나 안개가 겨울이 닥쳐옴을 예고로 하여 최초의 한파로부터 포도를 보호해 준다.

이와 같은 일반적 기상에다 여기저기 흩어져 있는 포도밭들의 미기후Micro-climate 특유의 기상조건을 고려하지 않으면 안 된다. 또한 북쪽으로 치우친 독일의 위치는 온화한 기후를 보이며, 포도들은 남쪽 지역보다 성숙기간이 더 길다. 이것이 다른 곳에서는 수확이 끝난 지 오래된 10월과 11월에 독일에서 포도 수확을 하는 이유이다.

포도는 나무에 오래 머물수록 더욱 성숙된다. 그것은 더 많은 향취와 더 많은 맛을 의미한다. 이렇듯 느린 성숙기는 포도가 산미를 유지하는 것을 가능하게 하고, 이로 인해 독일 포도주는 자극적이고 신선한 상쾌함을 준다. 독일 포도주들은 대체로 천연적인 특성이 있는 산미와 상쾌한 맛 때문에 지방과 단백질 및 강한 맛 등을 조화시키는 효과가 있다. 그리고 미각을 새롭게 하며 식욕을 돋우어 주기도 한다. 음식이 강한 맛을 가졌다면, 강한 맛과 체질의 독

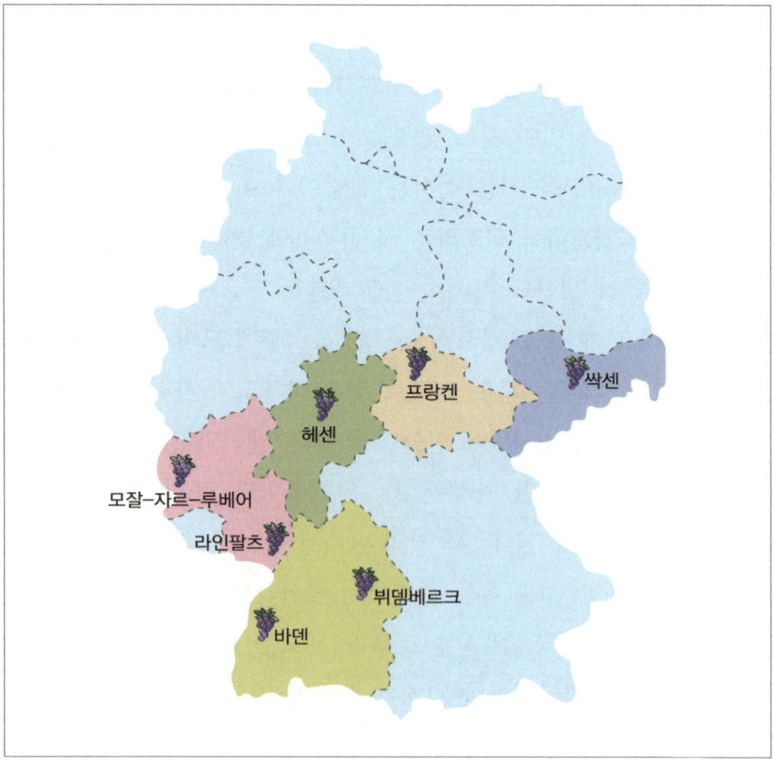

그림 6.1 독일 와인 주요산지

일 포도주가 음식의 맛을 조화시켜 준다. 또한 음식의 맛이 섬세하고 부드럽다면 포도주도 거기에 걸맞게 부드럽고 섬세한 독일 포도주가 잘 조화될 것이다.

독일 와인은 라인, 모젤이 유명하지만, 주요 와인 생산국이나 와인을 마시는 나라라고 할 수는 없다. 면적은 프랑스의 1/10, 1인당 소비량은 이탈리아의 1/3로서 총 11만ha의 포도밭에서 연간 8,500만~1억 리터의 와인을 생산한다. 독일은 포도를 재배할 수 있는 지역 중 가장 북쪽에 위치(북위 52° 부근)하고 있어 여름이 짧으며 기온이 비교적 낮고 일조량이 많지 않기 때문에, 강이나 호수의 온실 효과와 햇볕의 반사를 받기 위해서 강가의 가파른 언덕(경사 45도 이상)에 포도밭이 조성되어 있다. 그래서 80% 이상이 화이트 와인이며, 옛날부터 이 와인은 유명하여 라인과 모젤 와인은 세계적으로 정평이 나있다.

2. 독일 와인의 포도품종

화이트 와인 포도품종은 다음과 같다.

- 리슬링Riesling : 독일 최고의 화이트 와인용 품종이다. 독일 전체 포도의 20%를 차지한다.
- 질바너Silvaner : 리슬링보다 가볍고 부드러운 맛으로 약 10%를 차지한다.
- 뮐러 투르가우Müller Thurgau : 독일에서 가장 많이 재배되는 품종(25% 차지)으로 산도가 약하고 덤덤한 맛이 나기 때문에, 다른 품종과 블렌딩용으로 많이 쓰인다.
- 게뷔르츠트라미너Gewürztraminer : 좋아하는

사람과 싫어하는 사람이 확실히 구분될 정도로 독특한 개성을 가진 품종이다.

- 케르너Kerner : 신품종으로서 리슬링과 트롤링거의 잡종이다. 1970년대부터 라인헤센과 팔츠에서 재배하기 시작했다.
- 기타 : 루랜더Ruländer = Pinot Gris, 바이스부르군더Weissburgunder = Pinot Blanc, 구테델Gutedel = Chasselas, 엘블링Elbling, 쇼이레베Scheurebe, 모리오무스카트Morio-Muscat, 바쿠스Bacchus 등이 있다.

레드 와인 포도품종은 다음과 같다.

- 슈패트부르군더Spätburgunder/피노 누아Pinot Noir : 독일산 레드 와인 피노 누아는 프랑스산과 비교해 좀더 가볍고 상쾌한 맛이 난다. 결론적으로, 향기롭고 진하지 않은 특성으로 여러 음식들과 잘 어울린다.
- 포르투기저Portugieser : 가벼운 스타일의 빨리 숙성하는 레드 와인이다. 여러 가지 음식들과 쉽게 마실 수 있는 포도맛이 강한 와인이다. 부드러운 맛의 소시지와 돼지고기, 가벼운 소스가 곁들여진 송아지요리와 부드러운 맛의 치즈류가 잘 어울린다.
- 트롤링거Trollinger : 산뜻함이 잘 깔려 있고 신선한 과일향이 나는 풍미 있는 와인이다. 순한 소고기요리나 양고기요리와 잘 어울린다.
- 렘베르거Lemberger : 포도맛이 강한 중간 바디

의 레드 와인으로 적당한 산미와 중간 정도의 타닌이 있다. 닭고기구이, 그릴에 구운 소고기요리와 송아지요리에 잘 어울린다.

3. 독일 와인의 등급

독일 와인의 품질 등급은 프랑스 와인과는 다르게 단위 면적당 수확량과 수확 시기, 그에 따른 천연당도 함유량을 등급기준으로 정하고 있다. 특히 독일의 와인은 포도 수확 시기에 따라서 와인의 품질이 정해진다. 수확 시기가 늦은 순으로 카비네트, 슈패트레제, 아우스레제, 베렌아우스레제, 아이스바인, 트로켄베렌아우스레제가 있다. 이 가운데 아이스바인과 트로켄베렌아우스레제는 품질 면에서 독일 와인의 대명사로 알려져 있다.

1) 타펠바인Tafelwein

일상적으로 소비되는 평범한 식탁용 포도주를 말한다. 여러 품종을 섞어서 만든 블렌디드 와인Blended Wine이다. 발효과정에서 당분을 첨가한 와인으로 유럽경제동맹기구E.E.C.에서 수입한 와인과 혼합하는 것이 허용된다. 또한 75% 이상이 어느 일정한 지역산일 경우 지명 표시가 허용되고 있다. 독일에서 생산된 와인에는 상표에 'Deutche'라는 표현이 있다.

2) 크발리태츠바인 베슈팀터 안바우게비트Qualitätswein bestimmter Anbaugebiet

특정지역에서 생산되는 질 좋은 와인은 알코올 농도가 8.5% 이상 되어야 하며, 당분 함량 등을 규정하고 있다. 타펠바인보다는 고급 와인이기 때문에 정부와 지역 심판관이 통제한다.

독일에서 가장 많은 생산량이 바로 쿠베아QbA 등급이고, 독일 전역에 걸쳐서 발달된 11개의 지역산지에 국한하여 이 등급이 주어진다. 생산지의 특성과 맛을 잘 살리고 보장할 수 있을 만큼 제대로 숙성되고 인정된 포도로 만들어지고 있다. 와인의 라벨에는 QbA라고 약칭하여 표기되어 있다.

- 아르Ahr
- 미텔라인Mittelrhein
- 나에Nahe
- 헤시셰 베르그슈트라세Hessische Bergstrasse
- 라인가우Rheingau
- 라인헤센Rheinhessen
- 라인팔츠Rheinfalz
- 프라넨Franen
- 뷔르템베르크Württemberg
- 바덴Baden

3) 크발리태츠바인 미트 프래디카트Qualitätswein mit Prädikat

질 좋은 우수한 와인이라는 의미로 독일산 최고급 와인을 말하는데, 약칭 'QmP' 와인이라 한다. 이 품질 등급은 포도 수확 시 성숙도에 따라 6개의 특이한 품질 등급표Prädikar 중 하나를 붙이게 되는데, 이는 다음과 같다.

- 카비네트Kabinett : 당도가 가장 낮으며 섬세하고 충분히 익은 포도로 만들어진 가벼운 와인으로, Prädikat 와인들 중 가장 가볍다. 보통 식사와 함께 아니면 식사 없이 마시기에도 적합하다.

- 슈패트레제Spätlese : 뜻 그대로 늦게 수확해서 만든 와인을 말한다. 적어도 7일 정도는 정상적인 수확보다 늦게 거두어진 포도로 만든 우등품질의 와인이다. 이 와인은 맛과 농도에 있어 더 강렬하나 꼭 달콤하지는 않다. 한층 풍부한 향이 있는 음식과 함께 또는 그 자체만으로도 훌륭하다.
- 아우스레제Auslese : 익은 포도송이만으로 만든 와인을 뜻하며, 품위 있는 와인으로 주로 맛이 강렬하나 달지 않은 와인이다.
- 베렌아우스레제Beerenauslese : 아주 잘 익은 포도송이만 골라서 만들어진 와인이다. 최고 품질의 원숙미와 진한 맛을 가진 디저트용 와인으로, 아주 특별한 모임에는 이 와인 하나만 즐길 수도 있는 이상적인 와인으로 알려져 있다.
- 트로켄베렌아우스레제Trockenbeerenauslese : 건포도에 가까운 포도송이에서 한 알씩 골라 따서 만든 와인으로, 향기가 풍부하고 벌꿀과 같은 진한 맛이 있는 와인 중 최고의 와인으로 알려져 있다.
- 아이스바인Eiswein : 베렌아우스레제Beerenauslese와 같은 급의 포도를 포도밭에서 언 상태의 포도송이를 착즙하여 만든 와인이다. 포도에 있는 산미와 감미가 잘 농축된 아주 독특한 와인으로서 최고급 품종 중 하나이다.

4) 드라이 와인의 등급(2000년 지정) : 클라식 & 셀렉숀Classic & Seletion

2000년 빈티지부터 고급 드라이 와인에 대한 새로운 등급이 도입되었다. 이제까지 사용되었던 '트로켄Trocken', '할프트로켄Halbtrocken'을 대신하여 생산된 것으로 2003년까지는 'Trocken', 'Halbtrocken'이란 용어를 사용할 수 있지만, 클라식Classic, 셀렉숀Seletion과 병용할 수는 없다. 단일 포도품종으로 화이트, 로제, 레드 와인에 적용되며, 클라식은 아로마가 풍부하고 균형 잡힌 맛이라야 하며, 셀렉숀은 단일 포도밭의 포도로 만든 고급 드라이 와인이다.

(1) 클라식Classic

- 생산지 : 13개 지정된 지역 중 하나에서 나온 것으로, 각 주(州)에서 정한 지명을 표시하지만, 마을 명칭과 포도밭 명칭은 상표에 표기하지 않는다.
- 포도품종 : 전통적인 각 지역의 특징을 대표할 수 있는 단일품종을 원칙으로 하지만, 뷔르템베르크의 트롤링거Trollonger와 렘베르거Lemberger 블렌딩은 예외로 한다.
- 알코올 농도 : 12% 이상이지만, 모젤 자르 루베르는 11.5%이다.
- 스타일 : 잔당의 양은 산 함량의 두 배이지만, 1.5% 이하로 한다.
- 상표 : 생산지역, 포도품종, 'Classic', 빈티지를 표시한다.

(2) 셀렉숀Selection

- 생산지 : 지정된 13개 지역 내에서 단일 포도밭이다.
- 포도품종 : 전통적인 각 지역의 특징을 대표할 수 있는 단일품종을 원칙으로 한다.
- 알코올 농도 : 12.2% 이상이다.
- 수율 : 6,000L/ha 이하로, 반드시 손으로 수확한다.
- 스타일 : 잔당 0.9% 이하이다. 단, 리슬링은 산 함량의 1.5배로서 1.2% 이하로 한다.
- 상표 : 생산지역, 단일포도밭의 명칭, 'Selection', 빈티지를 표시한다.

(3) 지정 생산지역Anbaugebiete, 현재 13개

크발리태츠바인 13개 지역을 '안바우게비테Anbaugebiete'라고 하며, 이것은 다시 40개 지구로 나누어 '베라이히Bereich'라고 한다. 이 베라이히를 1,400개의 마을로 나누어 '게마인데Gemeinde'라고 한다. 그리고 포도밭의 집합체인 넓은 지역을 표시하는 '그로스라게Grosslage' 명칭이 163개가 있으며, 더욱 작은 단일 포도밭은 '아인첼라게Einzellage'라고 하며 2,715개의 명칭이 있다. 상표에는 게마인데Gemeinde에 그로스라게Grosslage, 아인첼라게Einzellage가 구분 없이 붙어서 와인 명칭으로 사용된다.

별도로, 유명한 포도밭으로 분류된 곳을 '오르트슈타일라게Ortsteilage'라고 하는데, 이 와인은 상표에 마을 명칭은 표기하지 않고 포도밭 명칭만 표기한다. 예를 들면, 라인가우의 슐로스 요하니스베르크Schloss Johannisberg, 슐로스 폴라츠Schloss Vollrads, 슈타인베르크Steinberg, 모젤 자르 루베르의 샤르츠호프베르크Scharzhofberg 등을 들 수 있다. 즉 안바우게비테Anbaugebiete 〉 베라이히Bereich 〉 게마인데Gemeinde 순으로 되며, 1971년 법으로 25,000여 개의 아인첼라게Einzellage를 2,700여 개로 줄인 것이다. 예외는 있지만 아인첼라게Einzellage의 최고 면적은 5ha이다. 그러나 이 합병으로 유명한 포도밭 주변의 와인이 고급으로 둔갑하는 부작용도 있었다.

(4) 아르Ahr

- 면접 및 수율 : 632ha, 74hl/ha
- 비율 : 레드 와인 80%, 화이트 와인 20%
- 품종 : 슈패트부르군더Spätburgunder 55%, 포르투기저Portugieser 15%, 리슬링Riesling 9%
- Bereich : 발포르츠하임/아르탈Walporzheim/Ahrtal

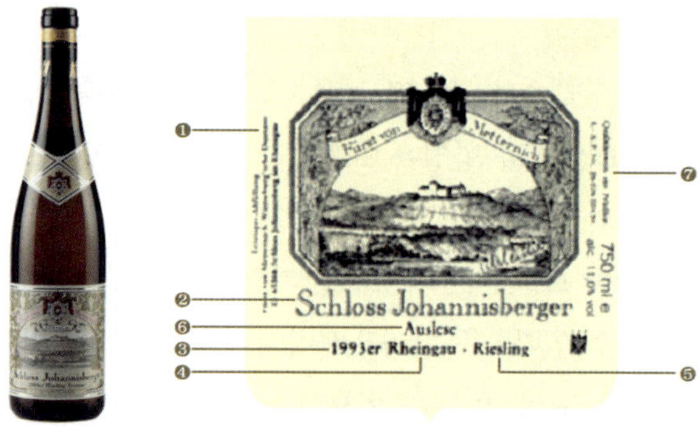

❶ 생산자 명칭과 주소 ❷ 포도주 이름 ❸ 생산연도
❹ 생산지 ❺ 포도품종
❻ 와인의 스타일 : Auslese는 완숙한 송이만을 수확하여 별도로 즙을 내어 만든 기품 있고 아름다운 향기가 풍부한 와인이다.
❼ 와인의 등급

(5) 독일 와인에서 자주 볼 수 있는 용어

- 트로켄Trocken : 단맛이 없는
- 할프트로켄Halbtrocken : 단맛이 약간 있는
- 밀트Mild : 단맛이 많은
- 쉬스Süss : 단맛이 많은
- 리블리히Lieblich : 단맛이 많은
- 바이스Weiss : 화이트 와인
- 로트Rot : 레드 와인

- 로트바인Rotwein : 레드 와인
- 바인구트Weingut : 자체 농장이 있는 와인공장
- 바인켈러라이Weinkellerei : 자체 농장이 없이 다른 와인공장에서 와인을 구입하여 팔거나 병입하여 파는 회사
- 젝트Sekt : 스파클링 와인
- 복스보이텔Bocksbeuel : 프랑켄 지방에서 사용하는 둥근 병
- 에티케트Etikett : 상표
- 퓌어 디아베티커 게아이그네트Für Diabetiker Geeignet : 당뇨병 환자용 와인
- 야르강Jahrgang : 빈티지
- 켈러Keller : 와인 저장고
- 슐로스Schloss : 와인 만드는 곳이다. '성(城)'이란 뜻
- 바인구트Weingut : 포도재배 겸 양조업자(회사)
- 바인켈러라이Weinkellerei : 와인 만드는 곳
- 바이스바인Weisswein : 화이트 와인

4. 산지별 와인의 특성

1) 모젤 자르 루베르Mosel-Saar-Ruwer

트리어Trier라는 고대 로마도시 남쪽으로부터 라인으로 들어가는 코블렌츠Koblenz 북쪽 지역까지 연결된 모젤강은 험준하고 비탈진 경사면으로 연결된 곳으로, 전 세계에서 최고의 품질을 인정해 주는 유명한 와인들이 생산되는 포도원들이 모여 있다.

포도생산 면적은 12,809ha이고, 포도품종으로는 리슬링Riesling 54%, 뮐러 투

르가우Müller Thurgau 22%, 엘블링Elbling 9% 정도이다. 세계 최고의 화이트 와인을 생산하는 이 지역은 모젤강을 따라 트리어 시와 코블렌츠 시 사이에 걸쳐 있으며 신선하고 가벼운 맛이 난다. 모젤강과 그 지류인 자르와 루버강 유역 지대의 와인은 향기가 매우 짙으며, 색이 엷고 과실 풍미가 있으며 산미가 강한 것이 특징이다.

라인과 모젤은 독일의 전형적인 두 가지 타입의 와인을 대표한다. 이들의 구분은 병의 색깔과 이름으로 알 수 있다. 병의 특색은 라인 와인은 병이 갈색이고, 모젤은 짙은 녹색이며 병목이 길다. 그리고 라인 와인에는 마을 이름 끝에 '하임'이라는 말이 반드시 온다. 그러나 모젤은 어쩌다 간혹 붙는 경우를 제외하고는 그렇지 않다. 모젤 와인의 특징은 풍부한 향기, 독특한 산미, 자극성, 상품의 과실맛, 섬세한 맛을 내며, 숙성이 빨라 알코올도수가 낮기 때문에 생산된 지 1~2년 안에 마시는 것이 좋다. 또한 류머티즘 환자가 약용으로 마시기도 한다.

유명한 생산지로는 에르덴Erden, 첼팅엔Zeltingen, 베른카스텔Bernkastel, 리저Lieser 등이 있으며, 유명한 와인으로는 베레너 존넨우어Wehlener Sonnenuhr, 젤러 슈바르체 카츠Zeller Schwarze Katz, 젤팅거 로틀라이Zeltinger Rotlay 등이 있다.

2) 라인가우Rheingau

모젤 지역과 함께 라인가우는 독일 와인 중에 가장 고급 와인의 생산지이며, 세계 최고의 화이트 와인 생산지역 중 하나이다. 라인강에 접해 있으며, 로르쉬하우젠에서 호어하임에 걸쳐 있다. 라인가우 와인은 모젤 와인보다 알코올 함량이 높고 원숙한 맛이며, 독일 와인의 3%를 생산하고 갈색병을 사용한다.

라인가우는 전체가 하나의 긴 언덕으로 되어 있어, 북쪽은 산림으로 덮인

타우누스 산줄기에 가려져 있고, 남쪽으로는 라인강에 접해 있다. 토양은 중생대 퇴적토양으로 진흙 · 모래 · 자갈 · 황토로 이루어져 있다. 포도품종은 리슬링이 80%, 뮐러 투르가우 7%, 실바네르가 1% 비율로 재배되고 있고, 적포도주 품종인 슈패트부르군더 품종이 라인가우 서쪽 끝의 아스만스하우젠에서 5% 정도 재배되고 있는데, 독일의 레드 와인으로는 가장 높은 평가를 받고 있다.

라인가우의 포도생산 면적은 3,288ha이고, 여기에는 약 2,250명의 포도 재배자가 있다. 이 중에 84%가 대부분 소규모로 와인을 생산한다. 이러한 작은 포도원에서 세계 최고품질의 와인들이 탄생된다. 생산량이 약 400병 정도밖에 안되지만 값은 엄청나게 비싸다. 이러한 최상품의 와인들이 라인가우의 와인을 빛내고 있는 것이다.

유명한 와인으로는 슐로스 폴라츠Schloss Vollrads, 슐로스 요하니스베르크Schloss Johannisberg 등이 있다. 포도품종으로는 리슬링 81%, 슈패트부르군더 8%이다.

라인가우 지역의 리슬링은 기후에 대한 독특한 감수성과 토양 변화에 대한 반응으로 라인가우에 가장 잘 맞는 품종이다. 라인가우 와인은 세련된 방향, 독특한 산미, 기품이 넘치는 최고급품이다. 어떤 와인은 봄철의 꽃향기가 나고, 어떤 와인은 열대 정원의 재스민 향기를 풍긴다.

유명 와인 산지로는 뤼데스하임Rüdesheim, 호크하임Hochheim, 엘트빌레Eltville, 라우엔탈Rauenthal, 할가르텐Hallgarten, 하텐하임Hattenheim, 외스트리히Oestrich, 빙켈Winkel, 요하니스베르크Johannisberg, 가이젠하임Geisenheim 등이 있다.

포도품종은 리슬링Riesling 81%, 슈패트부르군더Spätburgunder 8%이다.

3) 라인헤센Rheinhessen

나에강과 라인강을 경계로 하여 언덕으로 조용히 둘러싸인 깊은 계곡 안에 놓여 있는 라인헤센 지역은 독일에서 가장 큰 규모로 포도가 재배되는 지역이다. 와인 생산 11개 지역 중 두 번째로 생산량이 많으며, 약 25%의 와인을 생

산하고 있다. 포도생산 면적은 16,372ha이고, 포도품종으로는 리슬링 9%, 뮐러 투르가우Müller Thurgau 23%, 케르너Kerner 8%, 실바네르Silvaner 13%, 바쿠스Bacchus 8%이다. 라인란트팔츠주의 수도인 마인츠Mainz는 독일에서 두 번째로 오래되고 마틴 루터가 종교재판을 받았던 보름스Worms 시와 빙겐Bingen의 삼각지를 이루는 지역으로, 유명한 와인은 라인 유역을 따라 걸쳐 있다.

와인 산지로는 보름스Worms, 잉겔하임Ingelheim, 니어슈타인Nierstein 등이 있다. 유명한 와인으로는 니어슈타이너 아우프랑겐Niersteiner Auflangen, 오펜하이머 크뢰텐브룬넨Oppenheimer Kroetenbrunnen, 군터스블루머 포겔스게르텐Guntersblumer Vogelsgerten, 나켄하이머 엥겔스베르크Nackenheimer Engelsberg, 니어슈타이너 돔탈Niersteiner Domtal, 알스하이머 존넨베르크Alsheimer Sonnenberg 등이 있다.

4) 라인팔츠Rheinpfalz

팔츠 지역은 독일에서 가장 많은 양의 와인을 생산하는 곳으로, 독일 와인의 35%를 생산하고 있다. 그리고 많은 소규모의 양조업자들이 품질에 힘을 쏟기 시작하여 뛰어난 품질의 와인을 생산하는 지역으로 새롭게 변신하기 시작했다.

포도생산 면적은 23,804ha(ca. 53,000acres)이고, 포도품종은 리슬링Riesling 21%, 뮐러 투르가우Müller Thurgau 21%, 케르너Kerner 10%, 포르투기저Portugieser 9%, 실바네르Silvaner 8%, 슈레베Schurebe 6% 정도이다. 유명한 생산지로는 포이어베르크Feuerberg, 파펜그룬트Pfaffengrund, 슈네펜플루크Schnepfenflug, 휄렌파트Hoellenpfad 등이 있다.

유명한 와인으로는 하일리겐베르크Herxheimer Heiligenberg, 다이데스하이머 라인스휄레Deidesheimer Leinshoehle, 뒤르크하이머 슈네켄뵐Dürkheimer Schneckenboehl, 헤르스하이머 등이 있다.

5) 아르Ahr

아르강은 독일의 북서쪽에 있는 작은 강으로, 본Bonn 시 남쪽의 라인강으로 흘러들어가는 좌우로 험하게 경사진 곳에 퍼져 있다. 포도원은 약 25km에 걸쳐 아르 계곡 주변에 펼쳐져 있다. 계곡이 좁아지고 가파르게 솟은 바위를 휘돌아 아르의 하류에서부터 중간 지점까지 마치 정원처럼 포도나무들이 심어져 있다. 생산되는 와인은 거의 전량이 그 지역에서 소비된다. 아르 지방의 와인은 슈패트부르군더의 부드러운 것에서 거센 것까지 있다. 가볍고 싱거운 포르투기저도 아르의 특산 와인이고, 또한 산뜻하고 신선한 화이트 와인도 생산한다.

포도생산 면적은 632ha(ca. 1,400acres)이고, 독일에서 가장 큰 레드 와인의 생산지역이다. 재배되는 포도품종은 슈패트부르군더와 포르투기저의 레드 와인으로 가볍고 독특한 과실맛이 나는 레드 와인이다. 화이트 와인용 품종으로는 강한 리슬링과 뮐러투르가우가 재배되고 있다. 포도품종으로는 슈패트부르군더Spätburgunder 52%, 포르투기저Portugieser 18%, 뮐러투르가우Müller Thurgau 11%, 리슬링Riesling 9%가 있다. 위치는 노이엔 아르Neuen Ahr와 알텐 아르Alten Ahr 사이이다.

포도품종은 슈패트부르군더Spätburgunder 52%, 포르투기저Portugieser 18%, 뮐러투르가우Müller Thurgau 11%, 리슬링Riesling 9%이다.

6) 나에Nahe

포도생산 면적은 4,665ha(ca, 10,250acres)이고, 포도품종으로는 리슬링Riesling 26%, 뮐러투르가우Müller Thurgau 23%, 실바네르Silvaner 11%가 있다.

화이트 와인의 생산지로 유명한 이 지역은 라인강과 모젤강 사이에 있다. 유명 생산지로는 크론넨베르크Kronnenberg, 존넨보른Sonnenborn, 크로이첸나흐

Kreuzeunach, 로젠가르텐Rosengarten 등이 있다. 유명한 와인으로는 크로이첸나허 힝켈슈타인Kreuzenacher Hinkelstein과 크로이첸나허 발스베르크Kreuzennacher Wahlsberg가 있다.

그 외에 바덴Baden, 프랑켄Franken, 뷔르템베르크Württemberg, 미텔라인Mittelrhein, 헤시셰 베르그슈트라세Hessische Bergstrasse 등이 있다.

7) 헤시셰 베르그슈트라세Hessische Bergstrasse

이곳은 오덴발트Odenwald 언덕을 따라 펼쳐진 작은 재배지역으로 거의 화이트 와인을 생산하고 있다. 재배포도는 리슬링이 대부분을 차지한다. 주요 생산지로는 움슈타트Umstadt 지구와 슈타르켄부르크Starkenburg 2개 지구이다.

8) 프랑켄Franken

독일 와인 중 가장 남성적인 힘이 있으면서도 부드러운 독일 와인들을 프랑켄 지역에서 발견할 수 있다. 뷔르츠부르크Würzburg가 가장 대표적인 도시인데, 프랑켄 와인의 대명사가 되는 슈타인바인Steinwein이 생산되는 유명한 포도원이 있는 도시이다.

프랑켄은 독일 최대 포도재배 지역이었으나, 현재는 그 면적이 5%도 안 된다. 동부는 적색 점토이고, 중부는 조개껍질이 많이 섞인 화석토양, 서부는 잡색사암의 토양 위에 뮐러 투르가우와 실바네르를 재배하여 활기 있는 신선한 신맛의 와인이 만들어지고 있다.

'Frankenwein-Krankenwein' 즉 "프랑켄 와인은 병자에게도 좋은 와인"이라고도 불리며, 단맛의 독일 와인 중에서도 진한 맛의 와인으로 유명하다. 이 와인들은 복스보이텔Bocksbeutel이라고 하는 둥근 모양의 녹색 포도주병을 쓰며, 힘이 있는 남성적인 와인으로서의 명성을 얻었다.

생산지로는 뷔르츠부르크Würzburg, 에세른도르프Escherndorf, 란더자커Randersacker, 할부르크Hallburg, 이포펜Iphofen, 카스텔Castell 등이 있다. 포도생산 면적은 6,078ha (ca. 13,300acres)이고, 포도품종은 뮐러 투르가우Müller Thurgau 46%, 실바네르Silvaner 20%, 바쿠스Bacchus 11%이다.

9) 미텔라인Mittelrhein

중유럽 최북단에 위치하고 있는 포도재배 지역으로 빙게르브루크Bingerbruck : 나일강과 라인강의 합류지점에서부터 본 시의 옆 지벵게비르게Siebengebirge까지의 라인강을 따라 135km의 좁고 긴 지역이다.

라인강 좌 · 우 강변의 급경사면의 황토가 섞인 점토판 토양층은 향기가 강하고 신맛이 강한 리슬링 와인을 만들어 낸다. 관광객이 많은 지역이나 와인 생산량은 적어 수출 여력이 아직은 없다. 베라이히는 지벵게비르게Siebengebirge, 라인부르겐가우Rheinburgengau, 바하라흐Bachrach의 3지구이다.

포도생산 면적은 662ha(ca. 1,500acres)이고, 포도품종은 리슬링Riesling 75%, 뮐러 투르가우Müller Thurgau 8%이다.

10) 뷔르템베르크Württemberg

뷔르템베르크 지역주민들은 오랜 기간 그들만의 와인을 비밀처럼 지녀왔다. 자신들의 와인을 외부로 나누어 주기보다는 대부분을 자신들을 위해 소비해 왔다. 그 지역에 가보면 과일 맛이 강하고 독특한 레드 와인과 힘 있고 풍부한 맛의 화이트 와인들을 경험할 수 있다.

슈바르츠발트와 슈바벤알프스에 둘러싸인 네카강의 상류지역에 펼쳐진 와인 산지가 뷔르템베르크이다. 지역 내에 변화가 많아 동일한 베라이히라도 와인은 다양하다.

네카강을 따라 약 64㎢ 면적의 재배지에 트롤링거라고 불리는 적포도주용 포도품종을 중심으로 포르투기저, 슈패트부르군더, 뮐러레베Müllerrebe : 슈발츠 리슬링이라고도 함 등의 레드 와인용 포도를 재배하는 독일 최대의 레드 와인 생산지역이다.

실러바인은 화이트 와인과 레드 와인을 혼합해 만든 로트링 QbA 클라스 와인으로 뷔르템베르크산에 붙여진 이름이다. 바덴과 같이 140개의 협동조합이 와인 생산의 80%를 차지하고 있고, 지역 내 와인 소비도 활성화되어 있다.

포도생산 면적은 11,204ha(ca. 24,650acres)이고, 레드 와인 포도품종은 트롤링거Trollinger 22%, 검은 리슬링Schwarzriesling 16%, 렘베르거Lemberger 6%이고, 화이트 와인 포도품종은 리슬링Riesling 24%, 케르너Kerner 9%, 뮐러 투르가우Müller Thurgau 9%이다.

11) 바덴Baden

라인강의 최상류 지역으로 스위스와 독일 국경에 있는 보덴 호수에서 하이델베르크Heidelberg 북쪽까지 라인강의 동쪽으로 펼쳐진 언덕지대로 거의 남북으로 100㎢에 이르는 넓은 지역이다. 협동조합이 발달해 있어 전체의 80%를 차지하고 있다.

'검은 숲'으로 유명한 바덴 지역은 독일에서 3번째로 큰 와인 생산지역이며, 인기 있는 로제 와인 슈패트부르군더 바이스헤르프스트Spätburgunder Weissherbst의 본고장이기도 하다.

자갈과 석회암 그리고 진흙에서 화산석까지 다양한 토양은 다양한 향기가 있는 포도가 자라도록 도와준다. 바덴의 따뜻한 기후와 토양은 독일 그 어떤 지역보다도 더 국제적인 와인을 생산하게 하는 것이다. 특히 화산석은 레드 와인 슈패트부르군더(피노 누아)를 꽉 찬 바디와 다른 곳에서는 경험할 수 없는 짜릿한 맛을 준다. 한 가지 재미있는 것은 독일에서 1인당 1년 와인 소비량은 평균 32병 정도인데, 바덴지역의 주민들은 1년에 평균 53병 정도를 마신다.

포도생산 면적은 16,371ha(ca. 36,000acres)이고, 유명 산지로는 이링겐Ihringen, 비쇼핑겐Bischoffingen, 뷜Bühl, 하이델베르크Heidelberg 등이 있다.

포도품종은 뮐러 투르가우Müller Thurgau 33%, 슈패트부르군더와 피노 누아Spätburgunder & Pinot Noir 26%, 그라우부르군더와 피노 그리Grauburgunder & Pinot Gris 9%, 구테델Gutedel 9%, 리슬링과 클링겔베르거Riesling & Klingelberger 8%이다.

(1) 독일의 늦따기Spätlese 와인

독일인들은 양질의 와인을 만들려고 오랜 기간에 걸쳐 무던히도 애를 써왔다. 그러나 이탈리아, 스페인, 프랑스 등 지중해 연안국에 비해 기후가 한랭하고 음습하여 포도의 질이나 수확이 별로 좋지 않았다. 그래서 그들은 특별한 포도재배 기술과 수확 방법을 연구했다. 그 결과 오늘날에는 라인가우Rheingau 지역과 모젤 자르 루베르Mosel Saar Ruwer 지역의 특수 와인이 당당히 세계의 최고급 와인 대열에 자리를 차지하고 있다.

독일의 라인 계곡에서는 겨울인데도 주렁주렁 열린 포도송이가 하얀 눈으로 뒤덮여 있는 풍경을 흔히 볼 수 있다. 이것은 바로 포도의 늦따기Spätlese 기법으로서, 이 기법은 발견된 후 최고급 스위트 와인을 만드는 고전적인 포도 수확 방법으로 자리 잡았다. 보통의 포도는 풋포도에서 나오는 시고 약간 떫은맛이 포도가 익어감에 따라 사라지는데, 이 늦따기 포도로 제조한 와인은 당도가 높으면서도 동시에 곰팡이로부터 유래된 향긋한 신맛이 그대로 남아 있었다. 한마디로 지극히 이상적인 와인이 만들어진 것이다. 이 밖에 잘 익은 포도송이만을 골라 따서 와인과 건포도 상태로 만든 와인, 그리고 포도송이가 얼어버린 다음에 수확하여 만든 와인이 있다.

- 페어베서테바인(개량된 포도주) : 일조량 부족으로 포도 수확이 좋지 않을 때에는 설탕을 첨가한다.

- 나투어바인(천연 포도주) : 포도 수확이 좋을 때 설탕을 첨가하지 않은 포도주이다.
- 아이스바인 : 늦가을 영하의 기온에서 얼어버린 포도로 만든 포도주이다.

나이아가라의 아이스 와인은 제조법이 엄격하게 규제되어 있다. 기온이 섭씨 영하 10도 이하로 내려간 날이 3일 이상 지속되었을 때 포도를 수확해야 한다. 한겨울에 수확한 포도는 냉동 건조되어 당도가 보통 포도보다 2~3배나 높고 향이 아주 풍부하다. 그래서 아이스 와인은 나이아가라 지역의 특산품이 되었고 가격도 다른 와인의 3~5배 이상 비싼 것이다. 그런데도 품질이 워낙 좋아 공급이 달릴 정도다.

양조과정에서 밝혀진 늦따기 기법은 두 가지 면에서 매우 과학적이라는 것이 밝혀졌다. 첫째는, 포도송이가 자연 상태에서 얼고 녹으면서 바람으로 인한 수분의 증발이 일어나 냉동건조 효과로 인해 당도가 높아진다는 것이다. 둘째는, 포도 맛이 미묘하게 변화되고 발효에 참여하는 미생물 집단이 다양해진다는 것이다.

결과적으로, 이 미생물들은 와인에 섬세한 맛과 향을 내게 한다. 이러한 현상을 가리켜 프랑스어로는 푸리튀르 노블레Pourriture Noble, 독일어로는 에델포일레Edelfaule, 영어로는 노블 롯Noble Rot이라고 부른다.

CHAPTER 07 스페인 와인

1. 스페인 와인의 특징

스페인은 무더운 기후와 건조한 산악국가로 세계에서 가장 포도농장이 많은 나라이다. 포도재배 면적이 120만 ha 정도로 세계에서 가장 넓은 지역에서

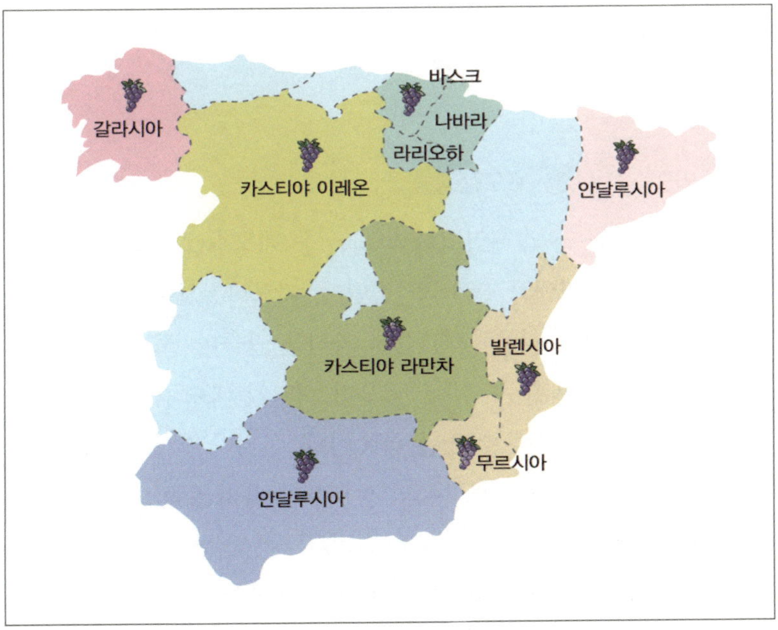

그림 7.1 스페인 와인 주요산지

포도를 생산하고 있지만, 주로 고산지대에서 생산되기 때문에 단위면적당 생산량이 적어서 실제 와인 생산량은 34억 리터로 이탈리아 · 프랑스의 절반 정도로 세계 3위를 차지하고 있다.

카스티야 이레온스페인의 포도재배는 BC 1,000년경 페니키아 사람들에 의해 시작되었지만, 로마시대에 새로운 기술이 보급되었고, 이탈리아와 마찬가지로 기후와 토양 조건이 적절하여 전국적으로 포도가 재배되며, 테이블 와인에서 강화 와인, 스파클링 와인(에스프모소)까지 다양한 와인을 생산하고 있다.

주요산지로는 스페인의 가장 우수한 와인을 생산하는 지역으로 널리 알려진 리오하Rioja와 스페인 북동쪽에 위치한 카탈로니아 지역, 리베라 델 두에로 Ribera del Duero, 헤레델라 프론테라Jere dl la Frontera 지역으로 구분하는데, 온화한 지중해성 기후를 유지하나, 서쪽으로 이동하면서 여름은 덥고 겨울은 추운 대륙성 기후로 변한다.

2. 스페인 와인의 포도품종

(1) 레드 와인Red Wine용 포도품종

- 템프라니요Tempranillo : 스페인 고유의 조생종 레드 와인 포도품종으로는 템플라노Temprano란 영어로 'Early'란 뜻이다. 가르나차보다 2주 전에 수확되며 색깔이 짙고 부드러운 균형 잡힌 와인을 만들며, 포도 자체에 산화요소가 적어 오래 보관할 수 있다. 리오하 지역의 대표 품종으로 오랜 기간 동안(4~10년) 숙성시킬 수 있는 품종이다. 산티아고 데 콤포스텔라의 순례길에 올랐던 프랑스 부르고뉴의 수도승이 옮겨온 피노 누아의 변종으로 알려지고 있다.
- 가르나차Garnacha : 스페인에서 가장 비싼 적포도로 수확량이 많으며 당분 함량이 높다. 이 포도에 다른 품종을 섞어 만든다.

- 마수엘로Mazuelo : 색깔이 짙고 타닌이 풍부하다.

(2) 화이트 와인White Wine용 포도품종

- 비우라Viura : 스페인 고유의 청포도로 고급 화이트 와인을 만들며, 낮은 온도에서 발효시키고 숙성기간을 줄이면 신선한 화이트 와인이 된다. 특히 갈리시아에서 유명한 화이트 와인용 알바리뇨Albariño라는 품종이 있다. 갈리시아 곳은 풍부한 각종 해산물로 유명한 곳인데, 이 해산물과 잘 어울린다. 이 품종은 12세기 독일 시토회 소속 수사가 성지순례 길에 옮겨 심었다고 한다.

3. 스페인 와인의 등급과 라벨

(1) 스페인의 와인 등급

스페인에서는 옛날부터 와인의 원산지를 명확히 하는 개념이 있어서 법적

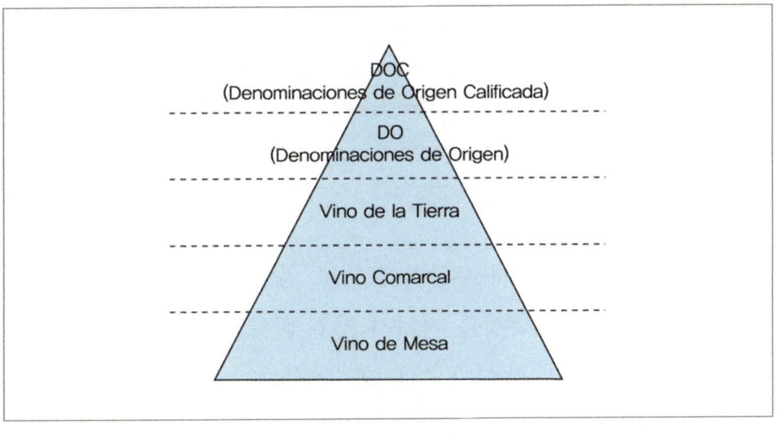

그림 7.2 D.O.C.(Denominaciones de Origen Calificada)

인 규제의 역사도 오래되었다. 30여 년 전인 1970년에야 이와 같은 등급 구분이 시작되기는 했지만, 1988년에 개정되어 현재는 위와 같은 체계를 갖추게 되었다. 원산지 통제 명칭 와인은 엄격한 각종 기준을 충족시켜야 하는 최고 등급의 D.O.C.를 획득하고 있는 곳은 리오하 지역뿐이다.

(2) D.O.Denominaciones de Origen

원산지 명칭 와인은 지정된 와인산지 표시이다. 일정 지역에서 인가된 품종을 사용해 각종 규정을 충족시킨 와인이다. 프랑스 A.O.C.급 와인에 해당하는 산지로서 현재 69개의 D.O.C.가 있으며 다음과 같이 숙성조건에 따라 다르게 표기된다. 그러나 프랑스의 A.O.C.와는 달리 지정지역이 광범위하기 때문에 고급와인과 일반와인이 혼재하고 있다.

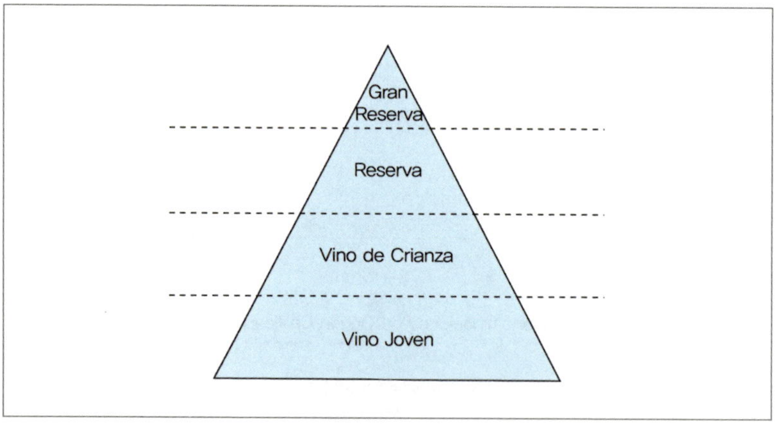

- 비노 호벤Vino Joven : 그 해 수확한 포도로 와인을 양조한 후 그 이듬해에 판매한다. 즉 오크통 숙성을 거치지 않고 바로 마시는 와인이다. 호벤은 영Young, 즉 젊은이란 뜻이다. '신 크리안사Sin Crianza'라고도 한다.
- 비노 데 크리안사Vino de Crianza : 레드 와인의 경우, 오크통 숙성기간 6개월

을 포함하여 총 2년의 숙성을 거친 와인이다. 예를 들어, 2000년에 수확한 포도를 원료로 레드 와인을 만들 경우, 비노 데 크리안사는 2년 동안 숙성을 거쳐 2003년부터 출하할 수 있다. 화이트와 로제 와인의 오크통 숙성기간은 6개월로 같으나 총 숙성기간은 1년이다.

- 레세르바Reserva : 레드 와인의 경우, 오크통 숙성기간 1년을 포함하여 총 3년의 숙성을 거쳐야만 출하가 허가된다. 화이트나 로제 와인은 오크통 숙성기간 6개월을 포함하여 총 2년이다.
- 그란 레세르바Gran Reserva : 레드 와인의 경우, 오크통 2년을 포함하여 총 5년간 숙성을 거쳐야만 라벨에 표기할 수 있다. 화이트와 로제 와인은 오크통 숙성기간 6개월을 포함하여 총 4년이다.

(3) 비노 데 라 티에라Vino de la Tierra

D.O.급 와인보다 한 단계 낮은 와인 품계이다. 프랑스의 VDQS와 동일한 수준이라고 말할 수 있다.

- 비노 코마르칼Vino Comarcal : 프랑스의 뱅 드 페이Vin de Pays와 동일한 수준이다. 산지 이름을 표시할 수 있다. 승인된 지역 안에서 생산되는 포도를 60% 이상 사용한 와인이다.
- 비노 데 메사Vino de Mesa : 프랑스의 뱅 드 타블Vin de Table과 같은 수준이다. 일상적으로 마시는 와인으로 스페인 와인 연간 생산량의 75%를 차지한다. 와인에 대한 기준이 거의 없는 수준의 와인이다.

❶ 생산국
❷ 제품명 및 회사명
❸ 생산지
❹ D.O.C. 등급
❺ 그란 레세르바(GRAN RESERVA : 적어도 2년 이상 오크통에서 숙성되거나 병입 된 후 3년 넘게 숙성된 와인에 붙여짐)
❻ 생산연도(빈티지)
❼ 병입
❽ 생산자 이름과 주소
❾ 원산지 보증마크
❿ 알코올 함량
⓫ 용량

(4) 보관 및 숙성기간의 표시

- 호벤Joven/신 크리안사Sin Crianza : 전혀 숙성하지 않은 와인이다. 프랑스의 보졸레 누보 와인과 비슷하다.
- 크리안사Crianza : 레드 와인은 오크통이나 병에서 출하하기까지 최저 24개월 숙성된다. 그 중 오크통에서 최저 6개월(리오하는 12개월) 숙성, 화이트 와인과 로제는 12개월 숙성기간 중 6개월 이상은 오크통에서 숙성된다.
- 레세르바Reserva : 레드 와인은 총 36개월 이상 숙성된다. 그 중에서 12개월은 오크통에서 숙성, 화이트와 로제 와인은 총 숙성기간 24개월 중 오크통에서 6개월 이상 숙성된다.
- 그란 레세르바Gran Reserva : 좋은 빈티지로 레드 와인은 24개월 이상 오크통에서 숙성시킨 후 36개월 이상 병 내에서 숙성된다. 화이트와 로제 와인은 48개월 이상 숙성시키되 그 중 6개월 이상은 오크통에서 숙성된다.

각 단계에서 모두 처음 20일간 발효하며 각 단계별 숙성기간은 지역마다 조금씩 다를 수 있다. 스페인은 오래 숙성된 와인을 고급 와인으로 평가하므로 세계에서 가장 오래 숙성시키는 나라이다. 프랑스 최고급 와인의 숙성기간이 2~3년인데 비해 스페인은 4~10년이다. 숙성을 오래 시키면 포도 고유의 향이 사라진다는 단점 때문에 반대하는 사람들도 있으나, 여러 가지 풍미와 깊은 맛, 부드러운 맛을 내는 점 때문에 오래 숙성시키는 것이다.

와인을 살 때 라벨에 표시된 단어들을 보고 숙성기간을 아는 것이 중요하다.

4. 산지별 와인의 특성

스페인의 유명 와인 산지로는 리오하Rioja, 페네데스Penedes, 헤레스Jerez, 카탈루냐Cataluña 지방이 있다.

1) 리오하Rioja

스페인 북부에 에브로Ebro강 지류에 위치한 가장 유명한 와인 생산지역이다. 최고 등급인 D.O.C.급의 와인을 가장 많이 생산하고 있다. 레드 와인이 유명하며 나무통에 숙성시킨다. 포도품종은 스페인 최고의 레드 와인 포도품종인 템프라니요와 가르나차가 주로 재배되고 있다.

최근 들어, 보르도의 양조업자들이 이곳으로 이주하여 프랑스의 양조기술이 도입되었으며, 프랑스의 대표품종인 카베르네 소비뇽Cabernet Sauvignon이 많이 재배되고 있다.

2) 페네데스Penedes

이곳은 카바Cava가 유명한 곳이다. 카바란 스페인의 스파클링 와인으로 맛과 제조방법이 샴페인과 비슷하며, 가격이 저렴하여 많은 사람들에게 사랑받고 있다.

3) 헤레스Jerez

헤레스는 우리가 흔히 알고 있는 셰리Sherry로 널리 알려진 곳이다. 셰리는 이곳 지명을 헤레스로 발음하는데, 영어화해서 'Sherry'로 부르게 되었다.

(1) 셰리 와인Sherry Wine의 제조방법

발효된 와인을 솔레라Solera식이라 하며 블렌딩Blending을 시키는데, 잘된 것과 잘 안된 것을 분리시켜 놓는다. 그리고 라이트Light한 것과 전체가 감칠맛 있는

Full Bodied 것을 분리시켜 놓는다. 묵은 와인과 새로운 와인을 혼합시키는데, 그것은 묵은 통에다 새로운 와인을 섞는 것이다. 이렇게 하여 혼합한 와인을 사는 사람이 요구하는 상표를 붙이는데, 대개 화주 혹은 회사 명칭을 사용한다. 셰리 와인Sherry Wine은 드라이Dry한 것이 제일 많이 팔리고 있으므로, 드라이 셰리Dry Sherry를 가장 많이 만들고 있다. 스위트Sweet한 것과 미디엄 스위트Medium Sweet한 것은 필요에 따라 만들고 있다.

(2) 셰리 와인Sherry Wine의 분류

셰리 와인은 그 품질의 특성 및 질에 따라 다음과 같이 분류한다.

- 피노Fino : 영 셰리 와인Young Sherry Wine으로 연한 빛깔에 단맛이 없으면서도 방향이 좋은 상급품이다.
- 만자니아Manzanilla : 피노Fino와 동급으로 자국 내에서 거의 소비하며 아주 드라이Dry하다.
- 아몬티라도Amontillado : 피노Fino를 묵힌 것으로 질은 피노와 비슷하며 드라이한 것과 미디엄 드라이Medium Dry한 2급품이다.
- 몬틸라도Montillado : 코르도바Cordoba 지역에서 생산하는 와인이다. 연하면서도 단맛이 없는 것으로 피노Fino와 아몬티라도Amontillado의 중간급이다.
- 오로로소Oloroso : 농도가 짙으면서도 단맛이 나며 마시기가 부드러워 디저트로 마시기 좋다. 3급품이다.
- 아모로소Amoroso : 오로로소Oloroso와 비슷하며 단맛이 약간 적다. 3급품이다.
- 리오하Rioja : 아라곤Aragon 지역에서 생산하는 레드 와인Red Wine으로 테이블 와인Table Wine으로 적합하다.

- 크림 셰리Cream Sherry : 스위트Sweet하며 3급품이다.
- B개주 셰리Sherry : 적갈색으로 스위트Sweet하며 짙은 맛이 있다. 3급품이다.

4) 카탈루냐Cataluña

바르셀로나 인근에 위치하며, 점점 높은 지역으로 올라가면서 포도원이 자리 잡고 있다. 시간이 지나면서 점점 포도밭을 확장하면서 스페인의 지도를 변경할 정도로 리오하Rioja 지역과 비슷하게 유명한 지역으로 만들었다.

파레야다 발포성 와인, 사렐로 발포성 와인, 마카베오 발포성 와인, 그 외에도 루에다, 두에로, 몬티야, 말라가 등의 와인이 생산되고 있다.

와인에 관련된 스페인어

- 비노(Vino) : 와인
- 비노 블랑코(Vinos Blancos) : 화이트 와인
- 비노 틴토(Vinos Tintos) : 레드 와인
- 비노 로사도(Vinos Rosados) : 로제 와인
- 헤레스(Jerez) : 셰리 와인
- 카바(Cava) : 발포성 와인, 샴페인 방식
- 에스푸모소(Espumoso) : 발포성 와인의 일종
- 둘체(Dulce) : 스위트(Sweet)
- 세코(Seco) : 드라이(Dry)
- 무이(Muy) : 베리(Very)
- 아녜호(Anejo) : 숙성시킨
- 비에호(Viejo) : 오래된
- 세파(Cepa) : 포도품종
- 코세차(Cosecha) : 빈티지
- 벤디미아(Vendimia) : 수확
- 비노 코리엔테(Vino Corriente) : 테이블 와인
- 보데가(Bodega) : 지상에 있는 와인 저장고 혹은 와인 제조회사

CHAPTER 08 포르투갈 와인

1. 포트 와인Port Wine

포트 와인Port Wine은 포도즙이 통 속에서 발효하는 동안에 브랜디를 넣어 발

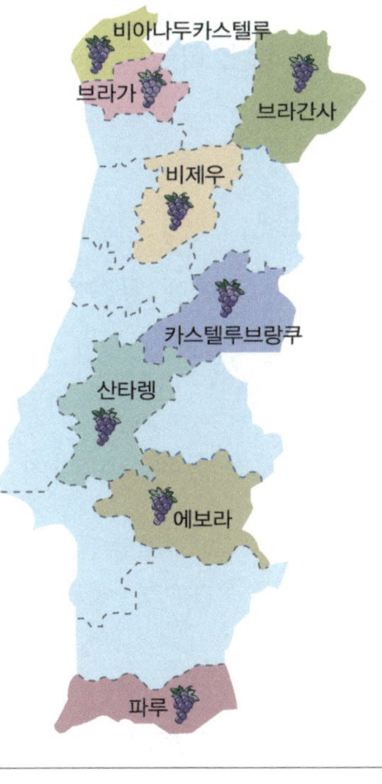

그림 8.1 포르투갈 와인 주요산지

효를 중지시켜 당분이 남게 하여 달콤하고 강하게 한 와인인데, 일반적인 와인은 발효하는 동안에 포도껍질에서 색소를 덜어내지만, 포트 와인은 발효기간이 짧기 때문에 인공적으로 미리 색소와 타닌을 얻어낸다. 즉 쑥돌로 만든 통속에 포도를 넣고 10여 명의 남녀가 신을 벗고 통속에 들어가 포도를 밟는다. 약 4시간 정도 밟으면 색소와 타닌Tannin 물질이 포도껍질에서 추출되어 포도즙의 색소와 타닌이 얻어지는 것이다. 포트 와인은 포르투갈의 도우로Douro 지방에서 나는데, 도우로Douro란 '밟는다'는 뜻의 단어라 한다.

(1) 빈티지 포트Vintage Port

특별한 해의 와인으로 일찍 병에 담아서 저장한 와인이다.

(2) 레이트 바틀드 빈티지 포트Late-Bottled Vintage Port

빈티지 포트Vintage Port와 비슷하나, 라이트 바디Light Body하며 통 속에서 성숙된 다음에 병에 담는 와인이다.

(3) 토니 포트Tawny Port

술통 속에서 약 5년을 묵히는 동안에 황갈색으로 착색된 와인이다.

(4) 루비 포트Ruby Port

장기간 술통에 저장하면서 비교적 짙은 색이 나며 거친 맛이 나는 와인이다.

2. 로제 와인Rose Wine

프랑스의 레드 와인Red Wine, 독일의 화이트 와인White Wine과 더불어 나란히 세계를 대표하는 것이 포르투갈의 로제 와인Rose Wine이다. 스페인에 가까운 도우로Douro강 지류인 Pinhel에서 생산된다.

(1) 마테우스 로제, 화이트Mateus Rose, White

17C에 미뉴Minho현의 비아레알에 세워진 마테우스Mateus성의 포도원 산으로 로제, 화이트 모두 가볍게 발효하며, 로제는 은은한 감미가 있다.

(2) 랜서즈 빈 로제Lancers Vin Rose

미국을 비롯하여 세계 각국에서 사랑받는 약 발포성 와인으로 도기 비슷한 소박한 병으로 인기가 높다.

3. 마데이라 와인Madeira Wine

마데이라Madeira는 모로코Moroco 연안에서 약 400km 떨어진 곳에 있는 화산성 섬이다. 와인은 약 400년 전부터 만들어지기 시작한 것으로 알려져 있는데, 와인을 만들게 된 동기는 뱃사람들이 이 섬의 야생포도를 따서 배에 싣고 돌아가는 길에 풍랑을 만나 다시 섬으로 되돌아가 풍랑을 피하고 있는 동안 배 밑 창고에 두었던 포도가 자연 발효되어 와인이 된 것을 브랜디를 섞어 마시게 된 것에서부터 마데이라 와인Madeira Wine이 시작되었다고 한다. 이곳에서도 셰리 와인Sherry Wine처럼 솔레라Solera식을 사용한다. 그리고 발효를 정지시킬 때 브랜디를 사용한다.

와인의 단맛은 포도의 품종으로 정해지는 것이 아니고, 발효 진행 중에 브랜디의 첨가량에 의해서 정해진다. 처음의 마데이라 와인은 배 밑의 더운 창고에서 발효됐으나, 나중에 섬의 움막에 불을 때서 약 49℃의 열로 4~5개월간 둔다. 불을 때는 기구는 에스투파Estufas라고 하는 난초 같은 것이다. 이렇게 만든 와인은 캐러멜Caramel 풍미가 나는 독특한 것이다.

CHAPTER 09 미국 와인

1. 미국 와인의 특징

미국은 프랑스, 이탈리아, 스페인과 더불어 최고 와인 생산국가 중의 하나이다. 미국 대부분의 주에서 와인이 조금씩 생산되는데, 주된 와인 생산지는 역시 서부이다. 캘리포니아의 생산량이 전체의 90%를 넘고, '퍼시픽 노스웨스트'라 불리는 워싱턴과 오리건도 주요 와인 생산지역이다.

특히 캘리포니아는 좋은 유럽 포도품종으로 높은 품질의 레드와 화이트 와

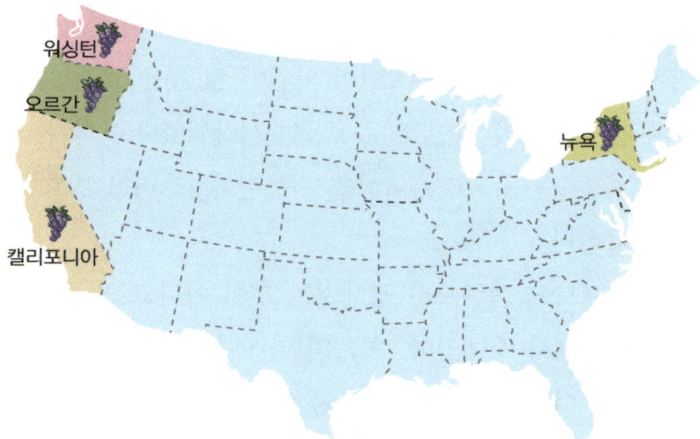

그림 9.1 미국 와인 주요산지

인을 재배할 수 있는 이상적인 기후와 토양을 갖고 있다. 나파 밸리Napa Valley, 소노마 컨추리Sonoma County, 그리고 다른 좀더 추운 지역인 북부 해안지역에서 최고의 와인들이 생산된다. 카베르네 소비뇽과 샤르도네가 가장 유명하고, 그 다음으로 소비뇽 블랑, 피노 누아가 유명하다. 캘리포니아에서 거의 독점적으로 생산되는 진판델은 유럽의 전통 포도들과 대등하게 생산된다.

캘리포니아 와인들은 좀더 높은 알코올을 함유하고 있고, 유럽 지역의 와인들에 비해 포도품종에 따른 향과 맛이 좀더 뚜렷하게 표현되는 경향이 있다. 이는 미국의 동부는 대륙성 기후로서 겨울이 너무 추워 포도재배에는 그다지 적합하지 않은 데 비하여, 서부 해안지방은 포도재배에 이상적인 기후로 와인

❶ 포도주 상태
❷ 포도 생산연도(빈티지)
❸ 와인 생산자(회사명)
❹ 와인 생산지
❺ 포도품종
❻ 알코올 도수와 함량

의 맛에 일조하기 때문이며, 풍부한 일조량 때문으로 보인다.

미국 와인의 특징은 Fruit Forward(살아 숨 쉬는 듯한 과일향의 선점)와 Constant Quality(일정한 수준의 품질을 보증한다. 이는 풍부한 자금력과 최첨단 기술혁신의 산물임)인데, 여기에 한 지역 내에서 다양한 와인을 생산함으로써 신세계 및 구세계 와인의 시장을 주도하고 있다.

2. 미국 와인의 상표 표기법

미국 와인의 상표를 이해하는 데는 그다지 어려움이 많지 않을 것이다. 모든 표기가 영어로 되어 있고, 고른 기후 탓에 생산지역이나 빈티지가 유럽보다 중요한 의미를 지니지 않기 때문이다. 따라서 '로버트 몬다비'처럼 와인 제조자의 이름이나 포도품종 이름이 와인의 이름인 경우가 많다.

(1) 품종 표기에 대한 규정

미국의 경우, 고급 와인은 버라이어탈Varietal, 품종 와인 와인으로 분류되는데, 원료가 된 포도품종 자체를 상표로 사용하고 있으며, 그 품종은 반드시 75% 이상 와인 생산에 사용되어야 한다.

버라이어탈 와인과 구별되는 고급 와인으로 메리티지Meritage 와인이 있는데, 카베르네 소비뇽이나 메를로 같은 프랑스 보르도 지방산 포도를 적당한 비율로 섞어 만드는 것이 특징이다. 값싼 와인은 여러 품종을 섞어 만든 제네릭Generic, 일반 와인 와인으로 분류되고 있다.

① 버라이어탈 와인Varietal Wine

포도품종 명을 와인 명으로 하는 것으로, 크게 미국의 야생 자생종Vitis Labrusca과 유럽에서 건너온 품종Vitis Vinifera과 그 잡종Hybrid으로 구분된다.

- 미국종Vitis Labrusca : 콩코드, 카토바, 델라웨어 등으로 추운 날씨에 강하고 Fixy Grape라는 독특한 냄새를 갖고 있다.
- 유럽종Vitis Vinifera : 샤르도네, 리슬링, 카베르네 소비뇽, 메를로 등으로 미국 와인의 품질을 한 등급 올렸으며, 상품명에 사용한 원료 포도품종이 75%를 넘을 경우 사용한다.
- 잡종Hybrid : 세이블 블랑Seyval Blanc, 라바트Ravat, 바코 누아Baco Noir 등이 있다.

② 제네릭 와인Generic Wine

유럽의 와인 산지명을 쓰는 와인은 버건디Burgundy, 샤블리Chablis 등으로 발음상 영어식으로 해야만 한다. 나머지는 상표에 써있는 대로 이해할 수 있다.

(2) 지역 명칭의 표기에 대한 규정

1978년 포도재배의 지리적 · 기후적 특성을 바탕으로 포도재배의 원산지를 통제하는 A.V.A.Approved Viticultural Areas라는 제도를 도입했지만, 보통 와인 라벨에는 등급 표시를 하지 않는다. 명칭이 나라 혹은 주State가 된다면 적어도 사용된 포도의 75%가 그 지역에서 생산된 것이어야 한다. 승인된 포도재배 지역A.V.A.의 명칭을 명기하려면 생산포도의 85% 이상이 그곳에서 재배되어야 한다.

(3) 빈티지 표기에 대한 규정

빈티지(수확연도)를 표기할 경우에는 적어도 95% 이상의 포도들이 그 빈티지 해에 수확된 것이어야 한다.

그 외에도 라벨에는 병입자 이름과 용량, 알코올도수 등이 표시되어 있는데, 와인에 대한 정보를 솔직하게 많이 표시할수록 그만큼 내보일 것이 많은 자신감 넘치는 고급 와인이라 할 수 있다.

3. 산지별 와인의 특성

1) 캘리포니아California

미국에서 본격적으로 유럽식 포도재배를 시작한 것은 200여 년 전 멕시코를 통해 프란체스코 선교사들에 의해 시작되었다. 미국 와인은 처음에 뉴욕주에서 제조되기 시작했으나, 사람들이 황금을 찾아 서부로 이동하면서 캘리포니아에 정착하게 되었고, 특히 금을 찾아 프랑스, 영국, 이탈리아 등지에서 많은 이민자가 캘리포니아로 오면서 미국 와인산업이 발달하기 시작했다.

1919년에서 1933년 사이의 금주령 등 많은 어려운 시기를 겪었으나, 20세기 중반부터 본격적으로 시작된 미국 와인산업은 최근 30년 사이에 비약적으로 성장했다.

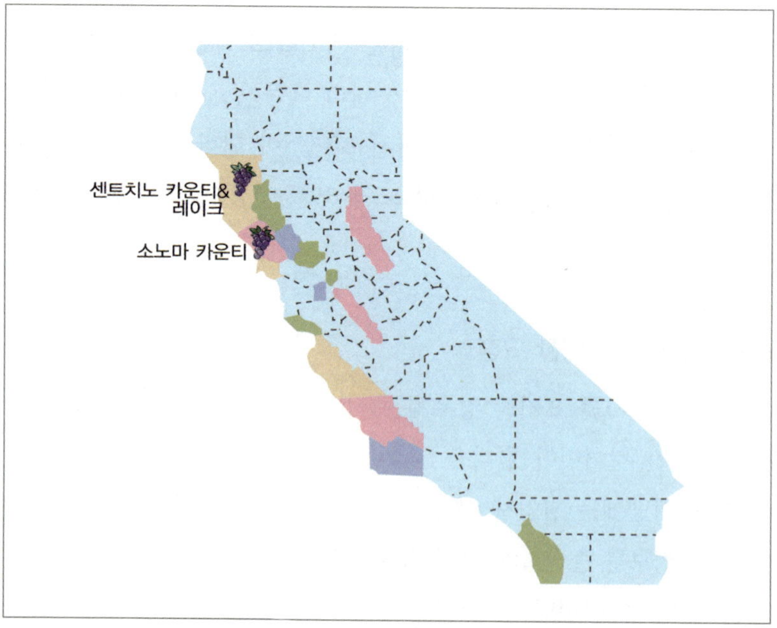

그림 9.2 캘리포니아 와인 주요산지

1976년 파리에서 열린 '와인 비교 시음회'에서 화이트와 레드 와인 모두 미국의 캘리포니아 와인이 1위를 차지하면서 세계 와인시장에 이변이 생겼다. 캘리포니아 와인이 프랑스 최고급 와인을 누르고 세계 최고의 와인으로 뽑히자, 캘리포니아는 세계적인 와인 생산지역으로 인정받게 됐다.

미국 와인을 보통 캘리포니아 와인이라고 부르는 것은, 이 지역에서 미국 전체 와인의 90% 이상을 생산하기 때문이다. 미국은 프랑스, 이탈리아, 스페인에 이어 세계에서 네 번째로 큰 와인 생산국가이다.

미국의 토종 포도(콩코드, 카토바, 델라웨어)는 추운 날씨에는 강하나, 이상한 냄새가 나 와인 제조용으로는 부적합하다. 또한 유럽 포도 중 피노 누아Pinot Noir 등 일부도 미국의 기후와 토양에 맞지 않은 단점이 있다. 미국 와인 제조업자들은 이런 문제점을 해결하기 위해 미국 토종포도와 유럽의 포도를 접붙여서 미국의 기후와 토양에 맞는 양질의 포도로 만들어 냈다. 품질이 뛰어난 캘리포니아의 프리미엄급 와인은 유럽 대륙의 그랑 크뤼Grand Cru들과 경쟁할 정도로 성장했다.

캘리포니아의 주요 포도재배 지역은 나파 밸리Napa Valley, 소노마 카운티Sonoma County, 멘도시노 카운티Mendosino County, 샌와킨 밸리San Joaquin Valley 등이다. 미국에서 생산되는 와인 중 약 10% 정도가 나파 밸리와 소노마 카운티에서 생산되는데, 대부분 고급 와인이다. 샌와킨 밸리에서는 주로 테이블 와인이 생산된다.

현재 캘리포니아에는 800여 곳의 와인 양조장이 있으며, 놀라울 정도로 균일한 품질의 와인을 생산해 내고 있다. 유럽은 전통적으로 포도밭에 등급이 있고, 제조방법 또한 법으로 규제하고 있어 새로운 시도가 불가능하지만, 미국은 현대적인 포도재배 및 양조기술을 최대한 활용할 수 있고, 다양한 실험을 통해서 품질 좋은 와인을 생산하고 있다.

미국에서 고급 와인은 버라이어탈Varietal 와인으로 분류되는데, 원료가 된 포도품종 자체를 상표로 사용하는 것이 특징이다. 다만, 그 품종이 반드시 75%(1983년 이전에는 51%) 이상 와인 생산에 사용되어야 한다.

버라이어탈 와인과 구별되는 고급 와인으로 메리티지Meritage 와인이 있다. 이 와인은 카베르네 소비뇽이나 메를로 같은 프랑스 보르도 지방의 품종만을 적당한 비율로 섞어서 만든다. 한 품종의 사용 비율이 75%를 넘지 않기 때문에 포도품종을 상표로 사용하지 못한다.

이 와인은 미국의 유명한 와인 생산업체들이 프랑스 보르도 지방의 특급 와인에 도전하기 위해 만들기 시작했는데, 각 업체별로 연간 30만 병 이상을 생산하지 않는다. 일부 회사의 경우 '리저브Reserve'라는 단어를 라벨에 표기하는데, 법적 구속력은 없지만 오랜 숙성을 거친 프리미엄급 와인임을 뜻한다. 값싼 일반 와인은 제네릭Generic 와인으로 분류한다. 이 와인은 부르고뉴, 샤블리와 같은 프랑스의 유명한 와인 생산지 명칭을 상표에 그대로 사용해 그 곳 스타일과 비슷한 와인이란 이미지를 준다.

미국에서 재배되는 포도는 카베르네 소비뇽Cabernet Sauvignon, 메를로Merlot, 피노 누아Pinot Noir, 샤르도네Chardonnay, 소비뇽 블랑Sauvignon Blanc 등 대부분 프랑스 포도품종이다. 캘리포니아를 대표하는 고유 품종은 진판델Zinfandel로서 다양한 스타일의 와인을 만들 수 있으며, 미국산 와인의 개성을 잘 나타낸다. 진판델Zinfandel은 캘리포니아 고유 품종으로 처음에는 대중적인 저그Jug 와인용으로 만들어지다가 품종을 꾸준히 개량해 지금은 고급 레드 와인용으로 쓰인다.

(1) 북부 해안지역Northern California Coast

레이크카운티Lake County는 대양으로부터 내륙의 위쪽에 위치하고 있으며 3,000에이커의 포도재배 지역이 있다. 카베르네 소비뇽 종류가 1,500에이커로 제일 넓은 지역을 차지하고 있으며, 레이크 지역에는 'Clear Lake'와 이보다 훨씬 적은 규모인 'Guenoc Vally' 등 2개의 AVAs(포도재배 허가지역)가 있다.

(2) 소노마 밸리Sonoma Valley

소노마는 캘리포니아에서 가장 역사가 깊은 와인 고장이다. 이 지역은 미국 와인의 본고장으로서 기후와 토양은 세계적 품질의 와인을 만드는데 이상적이다. 서늘한 안개와 바닷바람이 융화되는 따뜻한 여름은 성장기를 길게 하며, 품종 특성을 향상시킨다. 소노마 계곡의 풍부하고 독특한 토양은 와인에 매우 특별한 특성을 부여한다.

1973년 소노마에는 20여 개의 양조장이 있었으나, 5년 후인 1978년에는 55개로 늘었고, 지금은 130여 개로 늘었다. 새로운 포도원이 생겨나면서 최상급 와인의 판도가 변화되고 있다. 우아하고 균형이 잡혀 있으며 복잡 미묘함을 지닌 뛰어난 와인에 대한 요구는 상급 와인에 더 현저하게 나타나고 있다.

소노마 밸리에는 모두 8개의 와인 생산지역이 있으며, 기후와 토양에 따라 모두 조금씩 차이가 나는 와인을 생산하고 있다. 8개의 생산지역은 소노마 마운틴Sonoma Mountain, 드라이 크릭 밸리Dry Creek Valley, 알렉산더 밸리Alexander Valley, 나이츠 밸리Knights Valley, 러시안 리버 밸리Russian River Valley, 초크 힐Chalk Hill, 소노마 카운티Sonoma County, 카네로스Caneros 등이다.

(3) 나파 밸리Napa Valley

나파는 남쪽의 샌패블로만San Pablo Bay에서 북쪽의 칼리스토가Calistoga까지 길이 30마일, 폭 3마일에 걸쳐 펼쳐져 있다. 동쪽은 가파르고 울퉁불퉁한 지형의 능선으로 되어 있어 강한 햇볕을 받는다. 그러나 서쪽은 산으로 둘러싸인 서늘한 삼림지대로 되어 있다.

나파는 미기후Micro Climate의 대표적인 곳이다. 이상하게도 이 지역에서는 북쪽으로 갈수록 더 따뜻해진다. 이러한 현상은 샌패블로만에서 오는 해양기후의 영향이다. 나파의 카네로스Carneros와 욘트빌Yountville에는 서늘한 기후에 적합한 샤르도네와 피노 누아가 재배된다.

욘트빌에서 세인트 헬레나까지는 매우 중요한 포도원들이 밀집되어 있다. 이곳에서 나파의 가장 훌륭한 카베르네 소비뇽이 생산된다. 나파 밸리의 포도 생산지역은 모두 10개 지역이다. 이곳 역시 지역에 따라 와인의 맛과 향이 조금씩 차이가 난다. 이 지역은 다음과 같다.

나파 밸리Napa Valley, 카네로스Caneros, 스프링 마운틴 디스트릭트Spring Mountain District, 마운틴 비더Mountain Veeders, 러더퍼드Rutherford, 오크빌Oakville, 하웰 마운틴Howell Mountain, 스택스 립 디스트릭트Stag's Leap District, 아틀라스 피크Atlas Peak, 와일드 호스 밸리Wild Horse Valley 등이다.

- 카네로스Carneros; 스페인어로 '양' : 소금기가 있는 해풍과 안개로 인해 여름에 서늘하기 때문에 나파의 부르고뉴라고 불린다. 샤르도네와 피노 누아 같은 부르고뉴 포도품종이 이곳에 적합하다. 카베르네 소비뇽은 이곳에서 좋은 품질의 포도가 생산되지 않는다.
- 마운트 비더Mount Veeder : 욘트빌의 왼쪽, 나파의 서쪽 측면에 위치하고 있으며 나파에서 가장 높은 지대로 독특한 와인을 생산해 낸다. 45에이커의 마야카마스Mayacamas 포도원은 계단식으로 되어 있고 안개조차 포도원에 미치지 못한다. 포도는 계곡에 있는 것보다 일주일 먼저 익으며 산도가 강하다. 카베르네 소비뇽이 특히 뛰어나며 샤르도네, 소비뇽 블랑도 훌륭하다. 마야카마스에서 멀리 떨어지지 않은 곳에 새로 조성된 헤스 콜렉션Hess Collection 포도원이 있다.

(4) 멘도시노Mendocino

이곳은 캘리포니아에서도 가장 최북단에 있는 포도재배 지역이며, 언덕이 계곡보다 높기 때문에 언덕 아래의 계곡은 더 건조하고 따뜻하다. 이곳의 와인은 진하며 레드 와인인 카리냥, 카베르네 소비뇽, 피노 누아, 진판델, 프티 시라는 오히려 부드럽다. 이곳에서 가장 오래되고 유명한 포도원은 파르두치Parducci이며, 켄달 잭슨Kendall-Jackson은 현재 멘도시노 뿐만 아니라 캘리포니아 전체에서도 가장 주목받는 양조장 중 하나이다.

(5) 남부 센트럴 연안South Central Coast

북쪽에서 남쪽으로 내려오면서 파소 로블레스Paso Robles, 에드나 밸리Edna Valley, 산타 마리아 밸리Santa Maria Valley, 그리고 산타 이네즈 밸리Santa Ynez Valley가 위치해 있다.

(6) 북부 센트럴 연안North Central Coast

샌프란시스코만에서 몬트레이에 이르는 지역으로, 주요 생산지로는 몬트레이Monterey와 리버모어 밸리Livermore Valley가 있다. 이곳은 일반적으로 따뜻한 기후이지만, 포도재배에 적합한 마이크로 클라이미트 지역이다. 이 지역 와인의 특징은 몇몇 메이저 회사가 생산시설을 기계화 · 대량화함으로써 저렴한 가격대의 품질이 괜찮은 와인을 생산하고 있다.

이곳에서 주로 재배되는 포도품종은 바르베라, 카베르네 소비뇽, 카리냥, 샤르도네 등 주로 프랑스 품종이다.

(7) 몬트레이Monterey

몬트레이는 1960년대까지 와인 생산지로 인식되지 못했다. 1960년대에 들어서 U.C. Davis 대학의 연구 결과, 이 지역이 다양한 포도품종을 재배할 수 있고, 프리미엄급의 와인을 생산해 낼 수 있는 지역임을 밝혀 냄으로써 그때부터 이 지역에 와인 회사와 양조장이 들어서게 되었다.

현재, 몬트레이 카운티는 북미 최대의 프리미엄 와인 생산지 중 하나로 손꼽히고 있다. 몬트레이 지역 내에서도 다양한 기후 변화가 일어나 여러 가지 포도품종이 자랄 수 있는 지역이다. 특히 몬트레이Monterey A.V.A.American Viticultural Area는 마이크로 클라이미트의 영향으로 부드럽고 마시기 좋은 레드 와인이 많이 생산된다. 이 지역의 주요 메이저 생산회사로는 델리카토Delicato, 켄달 잭슨Kendall-Jackson, 웬티Wente, 몬테라Montera 등이 있다.

(8) 중앙 내륙지역Central Valley

이 광대한 지역은 길이 654km, 폭 150km에 이르며 무기질의 풍부한 토양을 갖고 있다. 미국 내에서 부담 없이 매일 마실 수 있는 와인들이 이곳에서 생산된다. 캘리포니아 와인의 80%를 이곳에서 생산하며 토양은 매우 비옥하고 평지로 되어 있다. 과수원들은 포도나무로 가득하고 식용과 건포도용, 그리고 와인용이 있다. 이들 포도는 만약의 경우에 어느 용도로든 쓰일 수 있다. 기후는 항상 무더우며 태평양의 어떠한 영향도 이곳에는 미치지 못한다. 이러한 기후로 인해 자연적으로 생산되는 포도는 당분 함유량이 높고 산도가 거의 없다.

① 컬트 와인과 부티크 와인

1981년 미국 캘리포니아 나파 밸리의 와인 경매장에서 미국과 프랑스의 합작으로 첫 선을 보인 컬트 와인 '오퍼스 원Opus One'을 사기 위해 산매업자와 브로커들 사이에 일대 전쟁이 벌어진다. 관련 있는 와인 메이커 외에는 맛을 보지 못했지만, 이 와인은 당시 한 병에 2,000달러라는 경이적인 기록을 남기며 세기의 명품으로 떠올랐다. 지금도 미국의 최고 와인 하면 오퍼스 원을 꼽는다. 그렇다면 미국 고급 와인의 대명사인 컬트 와인Cult Wine과 부티크 와인Boutique Wine이란 무엇인가?

컬트 와인은 소량 고품질의 카베르네 소비뇽을 생산하여 경매에서 고가에 팔리는 와인을 일컫는다. 9곳의 톱Top 컬트 와인이 있고, 그레이스 패밀리 빈야드Grace Family Vineyard의 경우, 1994년에 겨우 48상자(1상자 12병)만을 생산하는 등 많아야 최고 2,000상자를 넘지 않는다. 1970년대에는 미국 내에서도 와이너리 밖까지 줄을 서서 테이스팅 하며 구매할 정도로 인기가 높았다.

부티크 와인도 비슷한 개념이다. 미국 비어앤드와인서비스사의 사장 안드레 앤더슨은 "실제 정의는 없다"고 잘라 말하며 "대부분 큰 와이너리들이 1년에 수십만 병의 와인을 생산하는데 비해 부티크 와이너리는 1만 병 정도만 생산해 낸다"고 설명한다. 돈이 많이 드는 어려운 작업으로 정열과 사랑 없이는 불가능하다는 것이다. 프렌치 오크통을 사용하고 제조과정을 엄격히 관리하는 만큼 높은 은행이자도 소비자가 부담하게 된다. 오크냄새가 진하고 알코올 농도도 높아 테이스팅 대회에서 늘 우승을 차지하곤 한다.

최근 한국에도 톱은 아니지만, 컬트 혹은 부티크 와인 그룹에 속하는 와인이 어렵게 수입되어 관심을 끌고 있다. 사실 이러한 와인들은 값도 비싸지만 자체 소비로도 부족하기 때문에 'Sold Out'을 내걸고 잘 내주지 않는 것으로 유명하다. 그간 몇몇 국내 수입업체들이 시도했으나 얻지 못했다. 그런데 와인을 사랑하는 한 재미교포 2세의 노력으로 현지에서도 맛보기 쉽지 않은 8종이 한정 수량 국내에 들어왔다. 특히 미국에서 한국의 창고까지 냉장 컨테이너로 운반되어 통관 관계자들도 처음이라며 깜짝 놀랐다는 후문이다.

그중 카베르네 소비뇽 100%로 만드는 실버 오크Silver Oak; 나파 밸리산는 뉴욕 맨해튼에서 백만장자들이 마신다는 콧대 높은 와인으로 유명하다. 또 내면에 깔린 장미의 잔향이 이지적인 바넷Barnett과 카베르네 소비뇽·메를로의 조화로 과일 맛이 애교스럽게 요동치는 침니 락Chimney Rock, 달콤한 바닐라향이 벨벳처럼 우아한 러더퍼드 힐Rutherford Hill; 메를로이 눈길을 끈다.

2) 뉴욕New York

캘리포니아 다음으로 와인을 많이 생산하고 있으며, 자극적인 향이 있는 자생종인 라브루스카종을 재배했었는데, 프랑스 포도와의 교배종인 하이브리드가 많이 보급되었다. 이 품종은 자극적인 향이 좀 약하다. 1970년대 이후에는 유럽 포도품종을 재배해서 와인을 만들고 있다.

3) 워싱턴Washington

워싱턴주 동쪽의 야키마 밸리에서 포도를 많이 재배하는데, 이 지역은 강우량이 극히 적어 인근 콜롬비아강에서 강물을 끌어다 포도를 생산하고 있다.

4) 오리건Oregan

최근 들어 와인을 재배하기 시작했으며, 규모 면에서 작다. 오리건주에서는 일반 와인을 금하고 있으며 품종와인도 그 품종이 90% 이상이어야 하는 엄격한 규정을 적용하고 있다.

그 밖의 미국 와인 생산지역으로는 오리건Pinot Noir, Pinot Gris를 성공적으로 재배, 워싱턴(일교차가 심하기 때문에 한낮의 햇볕으로 당분이 생성되고, 밤의 서늘한 기온으로 신맛이 강하고 생동감 있는 와인 생산), 뉴욕(유럽종 재배가 까다로움), 텍사스, 버지니아 외 41개 주에서 와인이 생산되고 있다.

CHAPTER 10 호주 와인

1. 호주 와인의 특징

호주에서는 1820~1830년경부터 와인을 생산하기 시작했다. 이는 스코틀랜드 출신 제임스 버스비James Busby가 호주로 이주해 헌터 밸리의 주민들에게 포

그림 10.1 호주 와인 주요산지

도재배 방법과 와인 만드는 법을 전파하면서부터였다. 제임스 버스비는 '호주 와인의 아버지'로 불린다.

그는 1824년 스코틀랜드에서 이주하여 주민들에게 포도의 재배와 와인 양조법을 전파하였으며 프랑스, 스페인 등 유럽에서 678종의 다양한 포도나무를 들여와 심었다. 1800년대 유럽에서 온 정착민들은 남부 호주 전역에 걸쳐 영역을 넓혀 가면서 포도를 재배했다. 1800년대부터 1960년대까지 생산된 대부분의 호주 와인은 가정에서 마시거나 영국에 수출하기 위해 만든 포트와 같은 알코올 강화 와인이었다. 1970년 이후 유럽 국가에서 온 전후 이주민들이 테이블 와인의 맛을 전파시키면서 호주 와인산업은 본격적인 성장을 시작하였다.

호주 와인은 대부분 상표에 포도품종을 표시하나, 다른 품종끼리 블렌딩한 와인도 많다. 호주의 와인 제조용 포도에는 다양한 품종들이 있으며, 주로 재배되는 것은 화이트용으로 샤르도네, 리슬링, 트라미너, 뮈스카, 세미용, 트레비아노, 소비뇽 블랑 등이 있고, 레드용으로는 프랑스에서 시라로 알려져 있는 쉬라즈, 카베르네 소비뇽, 메를로, 피노 누아, 말벡 등이 있다.

이들 포도품종들은 유럽에서 건너왔으나 호주의 자연환경에 융화되어 독특한 개성을 지닌 새로운 품종으로 재탄생되고 있다. 예를 들어, 호주산 라인 리슬링은 독일산과는 매우 다른, 세계에서도 정상급에 속하는 호주 고유의 특성을 갖는 포도품종의 하나로 인정받고 있다. 쉬라즈는 프랑스 론Rhone의 시라Syrah 품종에서 파생된 것으로, 호주에서는 카베르네 소비뇽과 더불어 레드 와인 품종의 양대 산맥을 이루고 있다. 호주의 카베르네 소비뇽과 쉬라즈는 서로 혼합되거나 다른 품종과 결합되어 독특한 맛을 창출해 낸다.

호주에는 약 300여 개의 개인 소유와 네 개의 큰 그룹이 운영하는 와인 양조장이 있다. 그러나 대부분은 메이저 그룹이 전체 생산량의 77%(1993년 기준)를 차지하며 수출을 주도하고 있다. 선두는 SA 브루잉SA Brewing으로 펜폴즈Penfolds, BRL 하디BRL Hardy, 호튼Houghton, 노티지 힐Nottage Hill, 리징엄Leasingham, 스탠리Stanley, 오를란도Orlando 등을 꼽을 수 있다.

호주는 지역상 7개의 주로 나뉘어 있다. 그러나 와인은 주로 사우스 호주, 웨스트 호주, 뉴사우스웨일스, 빅토리아 등 4개의 주에서 생산되고 있다. 퀸즐랜드와 태즈메이니아에서도 생산되지만 그 규모가 작고, 북부 호주인 노던 테리토리에서는 아예 생산되지 않는다.

재배되는 포도품종은 시라와 카베르네 소비뇽과 같은 포도품종으로 훌륭한 레드 와인들을 만들고, 세미용과 샤르도네와 같은 탁월한 화이트 와인들, 그리고 머스캣과 다른 포도품종으로 달콤한 디저트 와인들을 주로 생산한다.

2. 호주 와인의 등급과 라벨

1) 호주 와인의 등급

호주 와인은 크게 제너릭 와인Generic Wine, 버라이어탈 와인Varietal Wine, 버라이어탈 블렌드 와인Varietal Blend Wine의 세 등급으로 분류한다.

(1) 호주 명품 와인의 등급 분류 : Langton's Classification

세계적 클래식 와인산지인 보르도에는 명품 와인을 생산하는 샤토들의 등급이 분류되어 있다. 특히 메도크Medoc 지방의 명품 와인들에 대한 이른바 '1855년 등급 분류The 1855 Classification'는 150년이 경과한 현재까지도 와인 가격의 책정과 거래 형성에 일정한 영향력을 행사하고 있다.

물론 오늘날 시장에서 거래되는 가격과 품질을 놓고 볼 때 일부 샤토의 등급 분류가 과연 타당한지에 대한 의문이 제기되기도 하지만, 등급 분류체계의 유효성 자체를 부정하는 것은 아니다. 샤토의 명예를 지키고자 하는 소유주의 품질향상 노력과 실제 와인에 대한 전문가 및 일반 소비자들의 판단 사이에서 등급 분류체계는 참조할 만한 가이드의 역할을 하고 있기 때문이다.

세계의 여러 와인 생산국 중에서 이처럼 명품 와인의 등급 분류를 공식적으로 제도화한 사례는 드물다. 호주의 경우도 공식적인 등급 분류제도는 없다. 그러나 호주의 명품 와인을 대상으로 품질 등급을 평가하고 있는 '랭턴즈 등급 분류Langton's Classification'는 몇 가지 점에서 주목할 가치가 있다고 본다.

첫째, '랭턴즈 등급 분류'는 보르도처럼 공적 기구가 평가를 주도하는 것은 아니고, 와인경매회사Langton's Wine Auctions & Exchange가 비공식적으로 등급을 분류하여 2차 시장에서 와인의 거래와 투자를 매개한다는 점이 특징이다. 그렇지만 지역별로 평가하는 프랑스의 경우와 달리 호주의 명품 와인 전체를 평가 대상으로 삼으며 5년을 주기로 재평가 작업을 통해 시장 현실을 최대한 반영하고 있다.

둘째, 와인의 등급을 평가하고 분류하는 전체적인 체제가 매우 정교하다는 점이다. 먼저, '랭턴즈 등급 분류'는 최소한 10개 빈티지 이상의 생산실적이 있는 명품 와인들을 대상으로 4가지 등급으로 구분한다.

2005년에 개정된 '랭턴즈 등급 분류' 제4판은 101개의 와인을 선정하여 4개 등급으로 분류하고 있다. 또한 랭턴즈에서는 '등급와인Classified Wines'과 별도로 '컬트 와인Cult Wines' 및 '신흥 명품와인Emerging Wines'이라는 두 가지 범주를 추가로 설정해 놓고 있다. 아직 '등급와인' 리스트에는 포함되지 못했지만 시장의 평가가 더 높아진다면 '등급와인'으로 편입될 수 있는 후보그룹을 운용한다는 취지다. 이러한 검증장치는 랭턴즈 등급 분류의 설득력과 신뢰도를 제고하는 데 기여하고 있다.

실제로 2005년 개정판 등급 분류에는 종전에 '컬트 와인' 또는 '신흥 명품와인'으로 분류되었다가 새로 '등급와인'에 포함된 사례가 많이 있다. Bass Phillip Reserve Pinot Noir가 1등급Exceptional으로, Chris Ringland Shiraz종전의 Three Rivers, Clarendon Hills Astralis Syrah, Grant Burge Meshach Shiraz, Kay Brother's Amery Block 6 Shiraz 등이 2등급Outstanding으로, Fox Creek Reserve Shiraz, Greenock Creek Roennfeldt Road Shiraz, Noon Reserve Shiraz, Veritas Hanisch

Vineyard Shiraz, Torbreck Run Rig Shiraz 등이 3등급Excellent으로, Leasingham Classic Clare Shiraz, Majella Cabernet Sauvignon 등이 4등급Distinguished으로 새로 포함되었다.

랭턴즈 경매회사는 1988년 스튜어트 랭턴Stewart Langton에 의해 멜버른에서 창립되었다. 이듬해 호주 출신의 마스터 오브 와인M.W.이며 와인 저술가인 앤드루 카이아드Andrew Caillard가 합류하면서 랭턴즈 경매회사는 2차 시장을 본거지로 하는 호주의 고급 와인시장의 새로운 리더로 부상했다.

'랭턴즈 등급 분류'는 호주의 34개 명품 와인을 선정하여 1991년에 제1판이 나온 이후 1996년(64개 와인), 2000년(89개 와인), 2005년(101개 와인) 등 등급 재분류에 따른 개정판을 내면서 시장의 평가에 기초한 호주 명품 와인의 위계질서를 새롭게 구축하고 있다.

2005년의 등급 분류에 나타난 1등급Exceptional 와인 11개는 9개의 레드 와인과 2개의 화이트 와인으로 구성되어 있다. Penfolds Bin 95 Grange를 필두로 Henschke Hill of Grace, Rockford Basket Press Shiraz, Wendouree Shiraz 등 쉬라즈가 4개, Cullen Diana Madeline Cabernet-Merlot, Moss Wood Cabernet Sauvignon, Mount Mary Quintet Cabernet Blend, Penfolds Bin 707 Cabernet Sauvignon 등 카베르네 소비뇽과 블렌드 와인이 4개, 피노 누아는 처음으로 1등급에 포함된 Bass Phillip Reserve Pinot Noir, 화이트 와인은 Leeuwin Estate Art Series Chardonnay, Giaconda Chardonnay로 샤르도네만 2개가 선정되었다.

(2) 호주 와인의 라벨

❶ 회사명　❷ 제품명
❸ 생산연도(빈티지)　❹ 포도품종　❺ 국가명

그림 10.2 호주 와인 라벨 읽는 법

3. 산지별 와인의 특성

1) 빅토리아

빅토리아는 호주의 남동부 멜버른 근처에 위치한 오랜 전통을 지닌 와인 생산지역이다. 빅토리아의 기후와 토양은 유럽과 비슷하여 호주에서 두 번째로 많은 126개소의 양조장이 있다. 빅토리아 지역의 와인산업은 급속히 성장하고 있으며 뛰어난 레드, 화이트, 발포성, 포트 와인을 생산하고 있다.

2) 그레이트 웨스턴Great Western

빅토리아 중서부, 그램피언Grampian산 남쪽 기슭에 위치하고 있으며, 매우 서늘한 기후로 19세기 중반 스위스에서 온 애니드 블람피드Enid Blampied 형제에 의해 포도원이 처음으로 조성되었다. 거대한 셀러가 있는 셉펠트 그레이트 웨스턴Seppelt Great Western은 스파클링 와인이 유명하다.

3) 야라 밸리Yarra Valley

멜버른 북서쪽 근처에 있는 이 지역은 소규모 포도원들이 군을 이루고 있다. 대부분의 포도원들이 언덕 정상에 위치해 있으며, 서늘한 기후와 포도재배에 알맞은 토양을 갖추고 있다.

4) 굴번 밸리Goulbun Vally

멜버른의 남쪽의 자연경관이 빼어난 지역에 유서 깊은 굴번 밸리가 자리 잡고 있으며, 고전적인 적포도품종인 카베르네 소비뇽과 쉬라즈는 굴번강을 따라 잘 자란다.

5) 노스이스트 빅토리아Northeast Victoria

호주 내에서도 매우 다양하고 매력적인 와인 생산지이며 빅토리아 내에서도 가장 뛰어난 곳이다. 이곳의 기후는 무더운 편으로 포도재배에 이상적이다.

6) 뉴사우스웨일스New South Wales

뉴사우스웨일스는 위도 30~35도 사이의 시드니 가까운 곳에 위치해 있다.

7) 헌터 밸리Hunter Valley

1830년부터 와인을 생산해 온 유서 깊은 곳이며 와인 품질 또한 상급이다. 시드니로부터 160km 떨어진 곳에 위치하고 있으며, 기후는 무더우나 여름과 겨울 강우량이 비슷한 희귀한 곳이다. 헌터 밸리 와인은 뚜렷한 향을 지니고 있어 프랑스의 마콩이나 론 와인을 연상시킨다. 토양은 오래된 사암해저 위에 현무암 점토로 이루어져 있다. 이 특유한 토양은 이곳에서 자라는 포도에 많은 영향을 미친다.

8) 머지Mudgee

머지는 헌터 밸리 상류 가까이에 위치하고 있지만, 기후는 오히려 서늘하다. 비는 주로 봄과 겨울에 내린다. 이곳은 오스트레일리아 알프스의 서쪽 높은 지대의 분지처럼 위치해 있다. 머지는 면적이 좁지만, 양질의 와인이 생산되고 있고 레드 와인이 화이트 와인보다 품질이 더 좋다고 평가되고 있다.

9) 리베리나Riverina

시드니에서 남서쪽으로 400마일 떨어진 곳에 위치한 이곳은 뉴사우스웨일스 와인의 80%를 생산하고 있다. 연간 강우량이 304mm밖에 되지 않아 용수는 머럼비지Murrumbidgee강으로부터 60마일 길이의 운하를 통하여 공급받는다.

이곳은 호주에서 쌀을 가장 많이 생산하는 곳이기도 하다. 레드 와인 포도품종으로 카베르네 소비뇽, 말벡, 쉬라즈, 그르나슈가 주로 재배되고 화이트 와인 포도품종으로는 리슬링, 세미용, 트라미너를 많이 재배한다.

10) 남부 오스트레일리아South Australia

오스트레일리아의 와인 중심지인 애들레이드는 전통과 현대가 조화를 이룬 이상적인 도시이다. 지중해 기후가 그러하듯이 이곳에서도 올리브, 밀감, 아몬드, 아보카도, 배나무, 포도나무가 왕성하게 잘 자란다. 이곳에는 155개소의 양조장들이 몰려 있고, 호주 와인의 60%가 생산되는 곳이다. 저급에서 고급, 포트, 셰리, 브랜디까지 모든 종류의 와인을 생산하고 있다. 특히 마길 포도원에서는 호주에서 가장 품질이 뛰어나다는 그랑주 에르미타주Grange Hermitage가 생산된다. 이 와인은 세계 100대 와인에 당당히 포함되는 호주의 명품이다.

11) 바로사 밸리Barossa Valley

호주에서 가장 주목할 만한 와인 생산지역이다. 이곳의 와인 역사는 1840년대로 거슬러 올라간다. 최상급 호주 와인 일부가 이 계곡에서 생산되며 바로사에서 에덴 벨리, 애들레이드힐, 워터 베일, 그리고 클레어 밸리를 거쳐 마침내 머레이강을 따라 북동쪽으로 뻗어 나간다. 바로사의 가장 큰 유산 중 하나는 독일산 리슬링이다. 바로사에 이주해 온 실레지아Silesia : 유럽 중부의 도시인과 독일 정착민의 후손들은 지금도 여전히 이 계곡에서 훌륭한 리슬링 와인을 생산하고 있다.

12) 클레어 밸리Clare Valley

애들레이드에서 자동차로 2시간 거리에 위치한 클레어 밸리는 토양은 비옥한 점토로 이루어져 있고 강우량은 바로사 지역보다 많다. 클레어에는 유명한 양조장들이 있는데, 와인 셀러와 옛 양조장 시설이 아직 남아 있는 역사적인 교회인 세븐힐Sevenhill, 하디의 리징엄Leasingham이 특히 유명하다.

이 지역에서 가장 유명한 와인은 리슬링이며 레드 와인 품종은 카베르네 소비뇽과 쉬라즈이다. 레드 와인은 프랑스의 론 스타일이다.

13) 맥래런 베일McLaren Vale

맥래런 베일은 얕고 완만하게 경사져 있다. 온화한 해양성 기후가 이 지역을 감싼다. 맥래런 베일은 서든 베일Southern Vales이라고도 부르는데, 맥래런 베일에는 중소 규모의 40여 개 양조장들이 개성 있는 와인들을 만들고 있다. 토양은 지역에 따라 가벼운 모래흙, 찰흙, 석회석, 철광석이 함유되어 있다. 이곳에서 가장 큰 양조장은 BRL 하디BRL Hardy이다.

토마스 하디Thomas Hardy는 호주 와인산업에 위대한 공헌을 한 사람으로, 하디란 이름은 고품질 와인의 대명사로 인식된다.

14) 쿠나와라Coonawarra

남부 오스트레일리아에서도 가장 남쪽 끝 코너에 위치한 이곳은 기후가 비교적 추운 지역으로 고전적인 포도품종 재배에 이상적이다. 사실 이곳은 호주에서 가장 훌륭한 레드 와인 생산지로 인정받고 있다. '쿠나와라'는 '야생 인동덩굴의 고장'이라는 의미이다. 이 지대는 비교적 낮고 평평하며 토양은 촉촉이 젖은 석회석에 붉은 철광석과 점토, 사토가 섞여 있다. 이곳은 호주 지역에서도 포도 숙성이 가장 빠르고 훌륭한 와인이 생산되는 곳이다.

15) 패더웨이Padthaway

패더웨이는 쿠나와라와 마찬가지로 남부 오스트레일리아 남쪽 끝에 위치한,

기후가 서늘한 곳으로 쿠나와라보다 애들레이드에 가깝다. 쿠나와라가 카베르네 소비뇽 같은 레드 와인 포도품종이 유명한 반면, 이곳은 그 반대로 샤르도네 같은 화이트 와인 포도품종이 유명하다. 패더웨이는 호주에서 가장 훌륭한 샤르도네가 생산되는 곳이다.

16) 서부 오스트레일리아Western Australia

서부 호주의 와인산업은 남부보다 몇 년 앞서 시작되었다. 1829년, 토마스 워터스Thomas Waters가 당시 올리브농장 예정지였던 20에이커의 땅을 매입하여 포도원을 조성한 것이 시작이다. 그 후 스완 밸리를 비롯하여 여러 곳에서 포도를 재배하여 오늘날과 같은 와인 생산지를 이루게 되었다.

17) 스완 밸리Swan Valley

스완 계곡은 스완 강둑을 따라 퍼스Perth 시 근처까지 뻗어 있는, 호주에서도 가장 오래된 포도재배 지역이며 서부 호주 와인산업의 중심지이다. 이곳의 토양은 검붉은 점토에 사토가 섞여 있으며, 기후는 덥고 건조하며 때때로 매우 뜨거운 날씨가 계속되기도 한다. 포도가 성숙되는 이른 봄 이후에는 비가 거의 내리지 않는다.

호튼의 화이트 버건디White Burgundy는 호주 화이트 와인 판매시장에서 제2위를 차지하는 유명한 와인이다. 상표에 독특한 파란 줄무늬가 있는 이 와인은 서부 호주 와인의 대명사라고 할 수 있다.

18) 마가렛 리버Margaret River

마가렛강은 서부 호주의 수도인 퍼스에서 남쪽으로 200여 마일 떨어진 최남단에 위치하고 있다. 토양은 석회석에 진한 점토가 섞여 있고 비는 겨울에만 내린다. 스완 계곡은 매우 뜨거운 곳인데 반해, 이곳은 비교적 서늘한 편이다. 카베르네 소비뇽, 리슬링, 세미용, 베르델호, 샤르도네를 주로 재배되고 있다.

19) 태즈메이니아Tasmania

태즈메이니아는 호주의 동남부, 빅토리아 바로 남쪽에 있는 큰 섬이다. 이 지역에서는 매우 적은 양의 와인이 생산된다. 좋은 포도와 양질의 와인이 생산되지만 호주에서 가장 추운 곳이다. 이러한 추운 기후가 품질에는 좋은 영향을 미친다.

20) 퀸즐랜드Queensland

퀸즐랜드는 호주의 북동쪽에 위치해 있으며 조그만 규모의 포도재배지인 스탠소프Stanthorpe와 로마Roma가 있다. 스탠소프는 해발 762~914m의 고원에 위치한 특이한 포도재배 지역이다. 여름철에 내리는 비로 인해 헌터 밸리보다 더 춥다. 토양은 침적된 산성점토 위에 미네랄이 풍부한 화강암 모래로 덮여 있다. 로마는 호주에서 가장 북쪽에 위치한 와인 지역으로 스탠소프에서도 북서쪽으로 250마일 떨어진 오지이다. 기후는 매우 뜨겁고 때론 습하다. 이 지역에서는 약간의 알코올 강화 와인과 이곳 교배품종인 솔베리노Solverino, 그리고 세미용, 뮈스카로 화이트 와인을, 쉬라즈, 그르나슈로 레드 와인을 만든다. 토양은 다공질 점토가 혼합되어 있다.

CHAPTER 11 칠레 와인

1. 칠레 와인의 특징

16세기 중반 스페인 사람들에 의해 최초로 포도원이 만들어진 후 수세기 동안 파이스Pais 포도품종을 이용하여 전통적인 가정용 와인을 만들어 왔으나, 최근 들어 양과 품질 면에서 세계적인 와인국가로 발돋움하고 있다. 이는 칠레 와인의 역사, 정부의 정책 및 와이너리, 자연환경과 밀접한 관계가 있다.

1850년경 지주계급들의 프랑스산 와인의 수입이 이루어지면서 와인산업은 급속한 근대화를 이루게 되었다. '포도나무뿌리진디'로 인해 거의 프랑스 모든 포도원이 황폐화되는 사태가 발생하여 프랑스 와인산업의 황폐화로 이어졌다. 이로 인해 일자리를 잃은 많은 와인 관계자들이 이주해 오게 되었으며, 이는 칠레 와인의 품질을 높이는 계기가 되었다.

칠레가 대표적인 신세계 와인 생산국가로 불리는 데에는 칠레 정부의 와인산업에 대한 적극적인 지원도 큰 몫을 하고 있다. 이와 더불어 1980년대 중반부터 칠레의 와이너리들은 와인 선진국들의 발전된 기술을 다양하게 받아들여 프랑스의 양조기술자들을 초빙해서 선진기법을 도입하고 있을 뿐만 아니라, 보르도나 캘리포니아에 유학했던 젊은 와인 개척자들이 칠레 와인의 품질 향상을 위해 노력하고 있기 때문이다.

또한 칠레는 품질 좋은 와인을 생산하기 위한 최적의 자연조건을 지니고 있다. 중앙 산악지역의 지중해성 기후는, 선선한 해풍과 안데스산맥에서 내려오는 찬 하강기류와 절묘한 조화를 이루고 있다. 길고 건조한 여름은 포도가 익는데 천혜의 조건을 제공한다. 또한 산에서 끊임없이 내려오는 자연수는 관개시설이 필요 없을 정도이며, 사방에 자연의 보호막을 갖추고 있는 지리적 조건으로 인해 포도에 치명적인 '포도나무뿌리진디'와 같은 해충은 칠레에서는 그 흔적도 찾아볼 수 없다.

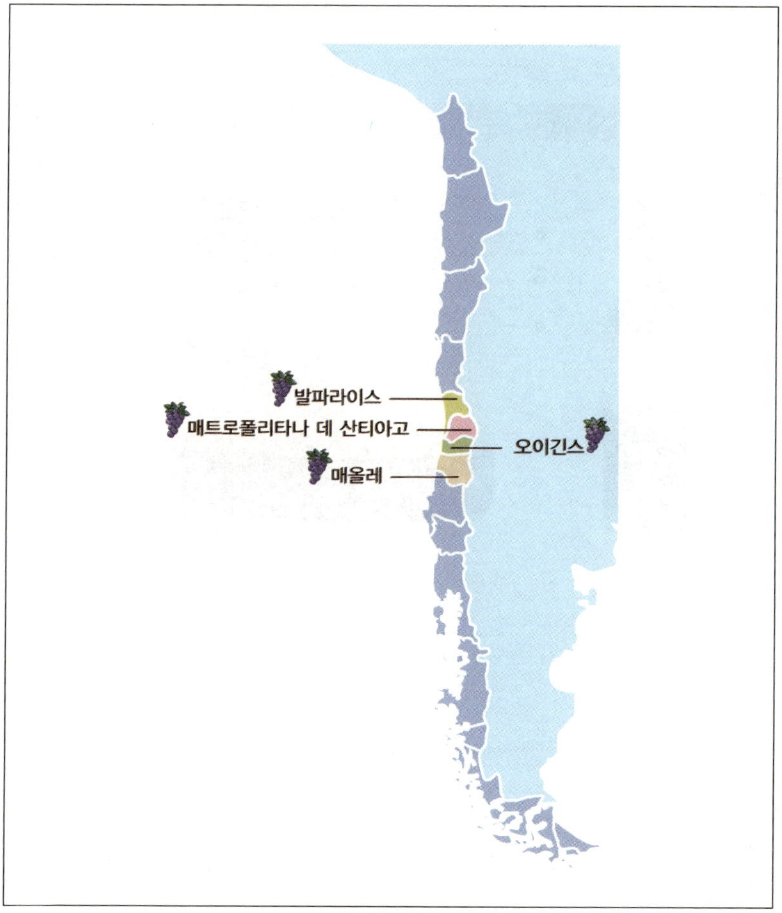

그림 11.1 칠레 와인 주요산지

2. 칠레 와인의 등급과 라벨

일반적으로 칠레 와인은 숙성기간에 따라 분류된다.

- 레세르바 에스페시알Reserva Especial : 최소 2년 이상 숙성된 평범한 와인이다.
- 레세르바Reserva : 최소 4년 이상 숙성된 좋은 와인이다.
- 그란 비노Gran Vino : 최소 6년 이상 숙성된 고급 와인이다.

❶ 브랜드
❷ 생산자
❸ 생산연도(빈티지)
❹ 포도품종
❺ 생산지??
❻ 생산국
❼ 회사
❽ 용량
❾ 알코올 함량

이밖에도 칠레 와인 중 아주 오래된 양조장에서 생산되는 와인은 이름 앞에 '돈Don' 또는 '도나Dona'를 붙이거나, 상류사회 또는 귀족사회의 회원 이름, 비싼 메탈이나 최상급을 나타내는 이름을 표기해 고급 와인임을 나타낸다. 또 이런 와인들은 보통 오크통에서 3~4년 정도 숙성시킨 것들이다.

3. 산지별 와인의 특성

1) 북부지역

스위트한 알코올 강화 와인과 브랜디를 생산하는 지역으로 알코올 함량이 높고 산도가 낮다.

(1) 아타카마Atacama

800ha의 포도원에서 주로 테이블 와인용 포도와 피스코를 생산한다. 코피아노 밸리, 후아스코 밸리 등의 두 지역이 있다.

(2) 코킴보Coquimbo

1만 ha의 포도원에서 피스코를 생산하고 있다. 엘쿠아 밸리, 리마리 밸리, 초아파 밸리 등 세 지역이 있으며, 리마리 밸리가 흥미로운 지역이다. 리마리 밸리는 1990년대까지는 거의 불모지에 가깝던 지역으로 피스코 생산에 쓰이는 포도만 재배했다. 최근 들어, 이 지역에는 카베르네 소비뇽, 메를로, 카르메네르, 샤르도네, 비오니에 등의 포도를 심어 성공적인 결과를 보였고, 이 지역의 와인은 깔끔하고 과일 풍미가 강하며 유연한 와인으로 명성을 얻고 있다.

2) 중부지역

칠레 와인 수출의 대부분을 차지하는 지역으로 주요 재배품종이 프랑스의 보르도 지역에서 재배되는 것과 같다. 칠레 최고급 테이블 와인의 생산지로 아콩카구아와 센트럴 밸리의 두 지역으로 나뉜다.

(1) 아콩카구아Aconcagua

아콩카구아의 와인 산지는 아콩카구아와 같은 이름의 따뜻한 밸리와 카사블랑카 밸리, 산 안토니오 밸리를 포함한다.

① 아콩카구아 밸리Aconcagua Valley

산티아고 북쪽지방으로, 고급 와인을 생산하는 지역 중 가장 더운 지방에 속하지만, 안데스산맥과 태평양에 연결되어 있는 아콩카구아 밸리는 건조하여 레드 와인 생산에 적합하다. 이 지역은 바다에서 불어오는 바람이 낮에는 시원하게, 밤에는 따뜻하게 해주어 포도가 천천히 익으면서 선명한 색깔의 진한 과일맛 나는 와인을 생산한다. 카베르네 소비뇽, 메를로, 카르메네르, 산지오베제 등의 레드 품종이 이 지역 포도밭의 90%를 차지하며 칠레 프리미엄 레드 와인의 원료로 사용된다. 미국 로버트몬다비사와 칠레 에라수리스사의 합작으로 설립된 칠레 최고급 프리미엄 와인인 세냐의 생산지가 있다.

② 카사블랑카 밸리Casablanca Valley

1980년대에 잠재력 있는 와인산지로 개발된 카사블랑카 밸리는 칠레에서 가장 좋은 서늘한 기후 품종의 재배조건을 갖고 있다. 이곳에서 생산되는 와인은 신선한 풍미로 인정받고 있으며, 현재 3,500ha에서 샤르도네와 소비뇽 블랑, 피노 누아가 재배되고 있다.

③ **산 안토니오 밸리**San Antonio Valley

가장 최근에 조성된 신흥 와인산지이다. 길고 시원한 여름 덕분에 포도가 천천히 익어 농축된 과일 풍미를 낸다. 샤르도네, 소비뇽 블랑과 피노 누아의 재배에 적합하며 메를로와 게뷔르츠트라미너, 리슬링도 재배된다.

(2) 센트럴 밸리Central Valley

칠레 와인의 대부분이 생산되는 곳이며, 칠레 와인 수출의 40%를 차지하는 수출 중심지이자 매년 국제와인박람회가 열리는 곳이다. 생산지는 크게 마이포, 라펠, 쿠리코, 마울레 밸리로 나뉜다.

① **마이포 밸리**Maipo Valley

가장 오래된 전통적인 와인 생산지이자 처음으로 질 좋은 와인을 만들기 시작한 곳이다. 고도와 지형에 따라 다양한 품질의 와인이 생산되며, 마이포 밸리의 카베르네 소비뇽은 칠레에서 가장 진한 풍미를 가지고 강렬한 블랙커런트와 유칼립투스 향과 순하고 부드러운 타닌으로 알려져 있다. 콘차 이 토로와 에라수리스 기업의 카베르네를 기본으로 하는 고품질 와인으로 명성을 얻고 있다.

② **라펠 밸리**Rapel Valley

중부지역에서 가장 넓은 포도재배 지역으로 레드 와인과 화이트 와인 모두에 이상적인 조건을 갖춘 곳이다. 카베르네 소비뇽, 메를로, 샤르도네, 소비뇽 블랑, 세미용 등이 잘 재배된다.

③ **쿠리코 밸리**Curico Valley

안개와 심한 일교차 때문에 산도가 높은 포도가 잘 재배되는 지역으로 샤르도네, 소비뇽 블랑 등의 화이트 와인이 유명한 지역으로 고품질의 화이트 와인이 생산된다.

④ 마울레 밸리Maule Valley

센트럴 밸리의 가장 남쪽에 위치하며, 1/3에 해당하는 지역에서 토착 레드 품종인 파이스Pais가 지역 소비용 와인 재료로 재배되고, 나머지 지역에서는 카베르네 소비뇽, 메를로, 카르메네르, 소비뇽 블랑이 재배된다. 화이트보다는 레드 와인이 우수한 지역이다.

3) 남부지역

칠레 남부지역의 와인산지는 다른 지역에 비해 생산면적이 좁고 기후 조건이 열악하여 주로 벌크와인을 생산하고 있다. 이 지역에서 재배되는 주요 품종은 칠레 토착품종인 파이스Pais와 모스카텔 데 알레한드리아Moscatel de Alejandria이며, 1990년대에 들어 서늘한 기후에서 잘 재배되는 리슬링, 게뷔르츠트라미너, 소비뇽 블랑, 샤르도네, 피노 누아 등을 재배하기 시작했다.

레드 와인보다 화이트 와인을 주로 생산하며 여름이 서늘하여 포도가 천천히 익어서 신선하고 상쾌한 아로마성 화이트 와인이 생산된다. 남부지역에는 이타타 밸리Itata Valley, 비오비오 밸리Biobio Valley, 마예코 밸리Malleco Valley의 공식 산지가 세 곳 있다.

(1) 주요 와인회사

① 콘차 이 토로Concha y Toro

칠레에서 가장 크고 오래된 회사로 다양한 와인을 생산하여 칠레 와인의 힘을 보여준다. 프랑스의 바롱 필립 로칠드Baron Philippe de Rothschild와 제휴해서 만든 알마비바Almaviva와 돈 멜쵸Don Melchor는 세계 최고급 와인으로 알려져 있다. 마르케스, 트리오, 테루뇨, 아멜리아, 선라이즈 등 다양한 가격대의 와인을 생산하고 있다.

② **에라주리즈**Errazuriz

1870년대에 설립된 와인 회사이다. 칠레에서 처음으로 포도를 비탈에서 경작하기 시작했고 포도밭의 일부를 유기농법으로 경작하고 있다. 재배되는 최고의 품종은 메를로와 카베르네 소비뇽, 시라이다. 1995년에 미국의 로버트 몬다비와 제휴해서 만든 세냐는 칠레 최고의 프리미엄 와인으로 유명하다. 또한 1996년에 미국과 세계시장을 겨냥하여 대중적인 와인 생산을 목표로 깔리떼라Caliterra사를 설립하여 대성공을 거두었다.

③ **비냐 몬테스**Vina Montes

1987년 아우렐리오 몬테스가 프랑스에서 선진적인 와인기술을 도입하여 와인의 품질 향상을 도모하여 만든 회사로 가장 짧은 기간에 성공한 와인회사이다.

몬테스 알파 시리즈(카베르네 소비뇽, 시라, 메를로) 와인은 대중 와인으로 널리 알려져 있고, 몬테스 알파 MMontes Alpha M은 칠레 최고의 프리미엄 와인으로 세계적인 명성을 갖고 있다. 몬테스 알파 M은 2005년 부산 APEC 정상들을 위한 만찬의 메인 와인으로 선정되어 많이 알려졌다.

CHAPTER 12 아르헨티아 와인

1. 아르헨티나 와인의 특징

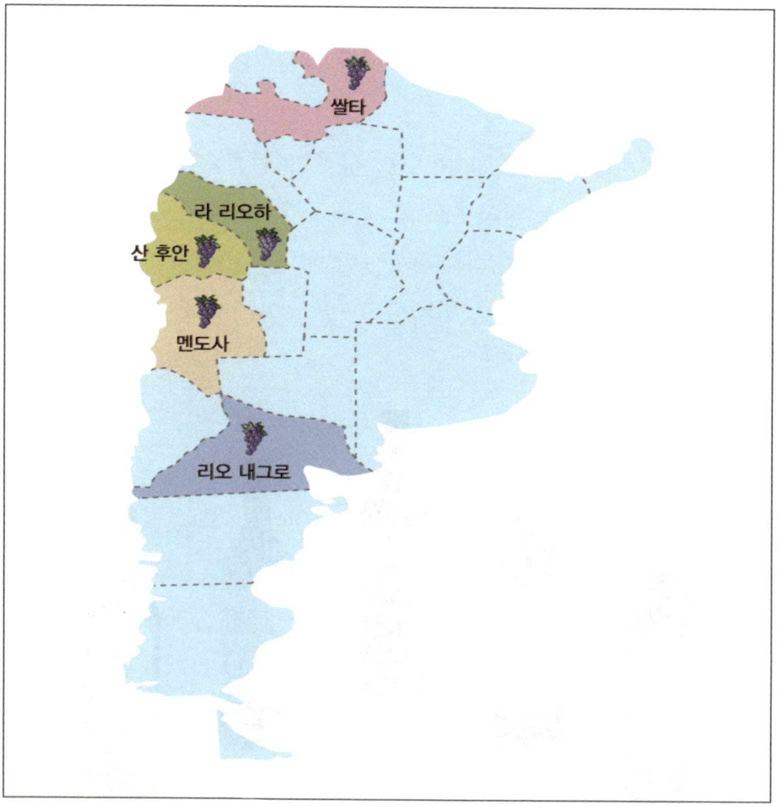

그림 12.1 아르헨티나 와인 주요산지

아르헨티나는 남미에서 가장 큰 규모의 와인 생산국이며, 세계에서 다섯 번째의 생산국이다. 칠레 다음으로 남미 국가로는 많이 알려진 와인 생산국이지만, 와인 역사와 포도 생산량은 칠레보다 앞서고 있다. 그러나 수출량에 있어서는 칠레의 발빠른 수출 전략을 따라가지 못하고 있다.

아르헨티나 포도재배의 역사는 1556년 이곳으로 온 예수회가 쿠요Cuyo지방에서 처음으로 포도 묘목을 심은 데서 시작된다. 아르헨티나 와인은 해발 900m 이상의 고지대에서 높고 깨끗한 안데스산의 눈이 녹아 내려 땅속으로 흐르는 물을 마시면서 자란 포도를 사용하기에 가장 깨끗하고 자연적인 환경에서 제조된다고 할 수 있다.

(1) 포도품종

크리올라, 세레자를 비롯하여 약 20개 정도의 포도품종이 재배된다. 화이트 와인 포도품종으로는 초록빛이 감도는 금빛 와인인 토론테스종이 유명하다. 아르헨티나의 대표적인 레드 와인 품종은 말벡으로 메를로처럼 부드러운 타닌을 지녔으며, 전반적으로 구조의 짜임이 탄탄하고 조화롭다.

2. 산지별 와인의 특성

1) 멘도사Mendoza

아르헨티나 수도인 부에노스아이레스의 서쪽 1,000km에 위치하고 있다. 이 지역은 아르헨티나 와인의 70%를 생산하고 있다. 포도원들은 대부분 해발 600~1,100m 고지대에 위치하며 360,000에이커 이상의 넓은 지역에 포도를 재배하고 있다. 이 지역의 토양은 충적토로 이루어져 있다. 이를 자세히 살펴보면, 점토질과 석회암, 모래로 이루어져 있으며, 표면은 자갈로 덮여 있다. 이 모든 것이 안데스산맥에서 유입된 것이며, 미네랄 성분이 풍부하고, 전형적인 알칼리성 토양으로 유기농법의 출발이 되는 중요한 포인트가 되기도 한다. 이곳의 포도경작은 투나얀Tunayan과 멘도사Mendoza 두 강이 공급하는 물에 의해 이루어지고 있다.

2) 산 후안San Juan

멘도사의 북쪽에 위치하고 있으며, 아르헨티나에서 두 번째로 와인 생산량이 많은 곳이다. 기후는 멘도사보다 무덥다.

CHAPTER 13 남아프리카공화국 와인

1. 남아프리카공화국 와인의 특징

남아프리카공화국의 와인들이 전 세계적으로 많이 알려지지 않았지만, 와인의 역사는 매우 오래되었다. 그래서 남아프리카공화국에서는 오래된 셀러

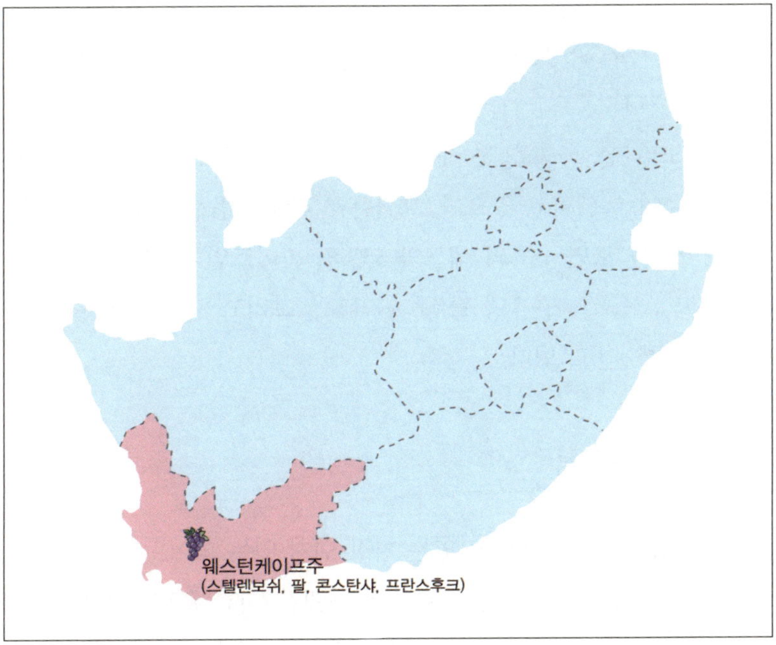

그림 13.1 남아프리카공화국 와인 주요산지

나 와이너리들을 쉽게 발견할 수 있다.

1652년 네덜란드의 동인도회사에서 포도나무를 심어 1659년에 처음 와인이 만들어졌고, 1688년 프랑스 선교도인 위그노Huguenot 피난민이 종교 박해를 피해 케이프타운에 정착하면서 포도원을 확장시키고 와인을 만들면서 와인 산업화가 이루어졌다. 이후 남아프리카공화국 와인이 동인도회사의 유통망을 통해 대부분 유럽으로 수출되면서 디저트 와인으로 명성을 얻게 되었다.

그러나 1885년 필록세라(포도나무뿌리잔디)가 케이프의 유럽산 포도원을 황폐화시키면서 와인산업이 붕괴되었다. 다행히 미국산 포도나무가 필록세라에 저항력을 가졌다는 것을 알게 되어 유럽산 포도나무를 접목해서 와인산업은 다시 재개되었다.

현재 남아프리카공화국은 95%가 케이프 와인으로 케이프 플라워 킹덤Cape Flower Kingdom이란 곳에 위치한다. 이곳은 세계 헤리티지World Heritage = 세계 유산 장소로도 유명하며 9,600여 가지의 식물들이 자라는 곳이기도 하다. 다양한 토질과 마이크로 기후 환경들은 매우 다양한 스타일의 와인을 만들고 또한 와인에 복합성을 준다.

처음엔 피노타지Pinotage로 전 세계인의 관심을 끌었으나 지금은 매우 다양한 포도품종들이 생산되고 있으며, 요즘은 시라Syrah 품종이 좀더 인기를 얻고 있다. 생산비율을 보면 45%의 레드와 55%의 화이트인데, 화이트 품종으로는 소비뇽 블랑Sauvignon Blanc, 슈냉 블랑Chenin Blanc, 그리고 샤르도네Chardonnay 같은 품종들이 인기를 얻고 있다.

1) 주요 포도품종들

전 세계적으로 널리 재배되고 있는 가장 인기 있는 화이트 품종으로 드라이한 화이트를 만드는 품종이다. 샤르도네는 짧은 시간에 남아프리카공화국에서 인기를 얻은 품종이기도 하다. 오크통 발효와 숙성을 거친 꽤 훌륭한 샤르도네를 만들지만, 초반에 웨스트 케이프 지역에서 시도했던 샤르도네는 너무 많은 오크통 숙성으로 강할 수 있으나 최근 들어 매우 우아하고 섬세한 스타일의 샤르도네를 만들고 있다.

(1) 화이트 품종

- 슈냉 블랑Chenin Blanc : 전체 와인 생산량 중 30%를 차지할 정도로 케이프 지역에서 가장 인기 있는 품종이다. 남아프리카공화국에서는 이 와인을 '스틴Steen'이라 부르기도 한다. 스위트한 맛에서 드라이한 와인까지, 그리고 스파클링이나 스틸 화이트를 만들기도 한다. 드라이한 슈냉 블랑은 신선하고 과일 향이 강하며 달콤한 슈냉 블랑의 경우 보트리티스(귀부현상) 과정을 통한 디저트 와인을 만들어 널리 알려져 있다.

- 콜롱바Colombard : 신선하면서도 강한 산미를 주는 드라이 화이트 와인이다. 해산물 요리와 잘 어울리는 이 와인은 열대적인 과일 아로마가 느껴지는 와인이다. 남아프리카공화국에서는 브랜디를 만들 때도 이 품종을 많이 사용한다.
- 라인 리슬링Rhein Riesling : 독일에서 들어온 변종이다. 남아프리카공화국의 토속품종인 케이프 리슬링보다 더 섬세하고 향기가 좋은 와인이다.
- 케이프 리슬링Cape Riesling : 프랑스에서는 테이블 와인용으로 주로 사용된 Crouchen Blanc이란 화이트 와인 품종과 유사하다. 이 와인은 견고한 느낌을 주나 어느 정도 숙성시키면 기분 좋은 꿀향기가 느껴질 수 있다.
- 소비뇽 블랑Sauvignon Blanc : 1980년대에 들여온 이 품종은 남아프리카공화국의 마이크로 기후에 잘 적응하고 있다. 남아프리카공화국의 소비뇽 블랑은 드라이하면서 잔디 향을 많이 느껴질 수 있다.

(2) 레드 품종

- 카베르네 소비뇽Cabernet Sauvignon : 이 품종은 종종 메를로Merlot와 함께 블렌딩되면서 블랙커런트와 가죽 향기를 느낄 수 있다. 작은 오크통 숙성을 시키기도 하고 병 숙성을 통하기도 한다.

- 카베르네 프랑Cabernet Franc : 카베르네 소비뇽과 유사하지만 좀더 가벼운 스타일로 카베르네 소비뇽과 블렌딩하기도 한다.
- 생소Cinsaut : 남아프리카공화국의 웨스트 케이프 지역에서 가장 널리 알려진 품종이다. 이 와인은 가벼운 스타일로 주로 다른 품종과 블렌딩되기도 한다. 생소는 피노타지의 탄생을 가능하게 한 교접품종의 하나이기도 하다.
- 메를로Merlot : 고급 레드 와인을 만드는데 있어서 메를로는 카베르네 소비뇽과 함께 블렌딩된다. 카베르네 소비뇽의 파워를 메를로가 부드럽게 하기 위해 사용된다.

- 피노타지Pinotage : 남아프리카공화국에서 피노 누아Pinot Noir와 생소Cinsaut를 교접하여 만든 남아프리카공화국 유일의 토속품종이다. 1926년에 처음 개발되었으며, 이 와인은 풀바디의 좋은 과실향과 스파이시한 특성을 잘 표현하고 있는 와인이다. 초기엔 짧은 숙성을 요했으나 요즘은 좀더 장기간 숙성했을 때 더욱 향미를 느낄 수 있다고 한다.
- 피노 누아Pinot Noir : 프랑스 부르고뉴의 우아한 와인으로 잘 알려져 있는 이 품종은 남아프리카공화국에서는 잘 익은 체리의 향기와 함께 깔끔하

고 생기 있는 맛을 내고 있다.

- 쉬라즈Shiraz : 프랑스의 론Rhone 지역의 토종으로 잘 알려져 있는 이 품종은 부드럽고 풍부한 스타일을 만들면서 훈연향과 초콜릿의 아로마를 잘 살리는 와인이다. 카베르네 소비뇽보다는 빨리 숙성되는 경향이 있다.
- 진판델Zinfandel : 남아프리카공화국의 케이프 지역에서 소량 생산되고 있다.

2. 산지별 와인의 특성

1) 콘스탄시아Constantia

남아프리카공화국에서 처음 포도가 재배된 빈야드가 있는 곳이 케이프타운Cape Town이며 바로 아래 남쪽에 있는 지역이다. 남아프리카 최고의 소비뇽 블랑이 재배되는 지역이다. 매우 아름다운 지역으로도 유명한데, 포도밭들은 콘스탄시아산의 언덕에 위치하고 있으며 해풍이 불어 서늘하다. 이곳에는 Klein Constantia, Groot Constantia, Buitervenwachting, Constantia Uitsig and Steenberg의 유명한 5개의 와이너리가 있다.

2) 엘진Elgin

포도가 가장 많이 재배되는 스텔렌보쉬Stellenbosch의 동쪽에 위치하고 있는 서늘한 기후의 지역이다. 고도가 높아서 다른 주요 와인 산지보다 좀더 서늘하다. 주요 와이너리로는 폴 클루버Paul Cluver가 있으며 12개의 소규모 포도 재배원들이 자체적으로 와인을 생산하고 있다.

3) 프란스후크Franschoek

프란스후크 계곡은 팔 계곡의 남쪽과 스텔렌보쉬의 동쪽 산으로 막혀 있는 곳에 위치하기 때문에 날씨가 다르다. 이곳은 광범위한 종류의 토양들로 구성되어 있고 비교적 강우량이 많다. 대부분의 프랑스 선교인들이 정착한 곳으로 Franschoek = French Corner라는 뜻 와인양조 조합이름을 프랑스식으로 발음한다. 혁신적인 와인제조법을 익힌 업자들이 많아 이곳 와인은 이제 보통 와인이 아닌 질 좋은 와인을 만들고 있다. 다양한 와인 스타일의 와인을 만드는 곳이다.

4) 팔Paarl

비 온 다음 검은 진주처럼 보이는 바윗덩어리 때문에 진주로 불리는 곳이다. 케이프타운의 북서쪽에 위치한 이곳은 주요 와인 생산자들이 많기 때문에 유명해진 지역이기도 하다. 이곳의 대표적인 생산자들로는 Veenwouden, Nederburg, Fairview, Glen Carlou, Plaisir de Merle가 있다. 전통적으로 화이트 와인을 만드는 곳으로 유명하지만, 지중해성 기후와 테루아는 레드 와인을 만들기에도 적합하여 최근 들어 레드 와인에도 관심을 집중하고 있는 지역이다. 스텔렌보쉬 지역보다 더운 지역으로 최고의 와인들이 많이 생산되고 있다.

5) 로버트슨Robertson

케이프타운에서 동쪽으로 약 120km 정도 떨어진 이 지역은, 더운 기후와 석회질 토양으로 샤르도네와 카베르네 소비뇽이 자라기 적합한 지역이다. 또한 낮 동안은 기온이 매우 덥지만, 밤에는 해양성 기후의 영향으로 온도가 내려가기 때문에 소비뇽 블랑이나 리슬링 같이 소위 찬 기후에서 잘 자라는 품종에도 적합하다. 강우량이 적어 필요한 때엔 인근의 저수조에서 필요한 만큼의

물을 사용한다. 이곳에서 생산되는 유명 생산자로는 De Wetshof, Springfield, Graham Beck가 대표적이다.

6) 스텔렌보쉬Stellenbosch

케이프타운의 동쪽 근교에 위치하고 있다. 이곳은 남아프리카공화국에서 가장 대표적인 와인산지이며 유명 와이너리가 모여 있다. 그래서 '오크통의 도시town of oaks'라고 불리기도 한다. 또한 양조학의 권위를 자랑하는 스텔렌보쉬 대학이 이곳에 있다. 빈야드 주변으로 산들이 둘러싸여 있어서 포도밭을 따라 아름다운 풍경이 이어져 관광객들도 많이 찾는다.

이곳은 길을 따라 매우 다른 분위기의 마을들도 많은데 지형적으로 복잡한 구조를 띠고 있다. 단순화하여 분류하면 화강암이 많은 토양으로 구성된 동쪽 지역에서는 카베르네 소비뇽, 메를로, 쉬라즈 같은 고급 레드 와인들이 많이 생산되며, 모래가 많은 서쪽 지역에서는 샤르도네, 소비뇽 블랑, 슈냉 블랑 같은 화이트 와인들이 유명하다.

7) 스와르트랜드Swartland

케이프타운의 북쪽에 위치하고 있는 큰 지역이다. 이곳에서 대부분 밀이 생산된다. 비가 적은 편이라 관개시설이 있는 경우가 많다. 이곳에는 협동조합이 모여 있다.

스와르트랜드는 '검은 땅Black Land'이라는 뜻으로, 이 지역의 기름진 땅에서 유래된 이름이라고 한다. 기름진 땅과 충분한 물이 있어 포도를 받쳐주는 지주 없이 키우는 부시Bush 스타일로 포도를 재배한다. 피노타지, 카베르네 소비뇽, 슈냉 블랑 등이 재배된다.

8) 워커베이Walker Bay

기후가 서늘한 이곳은 케이프타운의 남쪽 해안인 Whale Coast에 위치한다. 극소수의 생산자들이 있는데, Hamilton Russell과 Bouchard Finlayson은 유럽풍의 샤르도네와 피노 누아, 소비뇽 블랑을 생산하는 유망주이다.

9) 우스터Worcester

케이프타운의 내륙에 위치한 이 와인산지는 더운 지역이다. 여러 와인 생산 협동조합들이 많이 있다. 이 지역은 남아프리카 전체 포도 생산량의 1/4을 차지하지만, 대부분 벌크 와인으로 판매된다. 그러나 최근 샤르도네나 슈냉 블랑같이 고급 포도품종의 재배도 늘고 있다.

제3부 생활과 와인

CHAPTER 14 와인 테이스팅

1. 와인 글라스

1) 글라스 서비스방법

글라스는 크게 물컵과 같이 위, 아래 모양이 같은 실린드리컬 글라스Cylindrical Glass와 중간에 목줄기가 있는 스템드 글라스Stemmed Glass로 나뉜다. 글라스를 취급할 때는 반드시 1/3 하단 쪽을 잡아 림Rim에 닿지 않도록 하며, 손잡이가 달린 글라스의 경우는 스템Stem 부분을 잡도록 한다.

글라스를 운반하는 방법은 손으로 운반하는 방법과 트레이Tray를 이용하는 방법이 있으며, 하이볼Highball 글라스와 같이 원통 모양의 글라스인 경우 반드시 트레이를 사용하도록 한다. 트레이로 운반할 때는 항상 몸 가까이에 붙이며, 왼손은 트레이의 중앙에 오도록 하고, 오른손은 트레이를 받치도록 하여 안정성을 확보한다.

테이블에 글라스를 내려놓을 때는 소리가 나서는 안 되며, 물 글라스 또는 와인 글라스 우측 아래에 놓는다.

테이블보를 사용하지 않은 테이블은 코스터Coaster나 칵테일 네프킨을 먼저 깐 후 글라스를 놓도록 한다. 음료를 코스터 위에 놓으며 동시에 "주문하신 OOO입니다"라고 말씀드리며 제공한다. 음료 서브 역시 모든 절차는 주문 받을 때와 같다.

여성부터 시계 방향으로 모두 따르고, 남성 그리고 주최자 순으로 따르면 된다. 서브 후 테이블을 벗어나기 전에는 "좋은 시간 되십시오Please enjoy your drinks" 라고 말하여 테이블을 떠남을 간접적으로 고객에게 알린다.

2) 유리그릇Glassware 관리

사용한 글라스는 알맞은 랙Rack에 담아서 세척기를 이용하여 깨끗이 세척한다. 닦기 전 금이 가거나 깨진 것은 없는지 먼저 확인을 한 후 용기에 뜨거운 물을 따로 준비하여 세척된 글라스를 하나씩 수증기를 쏘여 닦는다. 뜨거운 물에 레몬 1피스Piece나 에스프레소Espresso 1잔을 넣으면 잡냄새 제거에 도움이 된다.

닦을 때는 왼손으로 네프킨을 펼쳐 글라스를 잡은 후, 오른손 엄지에 네프킨을 걸쳐 글라스 안쪽에 넣고, 나머지 손가락은 글라스의 바깥을 감싸 쥔다. 닦는 순서는 글라스의 바디Bowl 부분을 시작으로 오른손은 시계 반대 방향으로, 왼손은 시계 방향으로 돌려서 닦는다. 자칫 무리한 힘을 가할 경우 글라스가 깨질 위험이 있으므로 부드럽게 닦는 것이 중요하다. 닦고 나서는 이물질이 남아있는지 반드시 확인하며, 이물질이 남아있는 경우 다시 닦거나 세척한다.

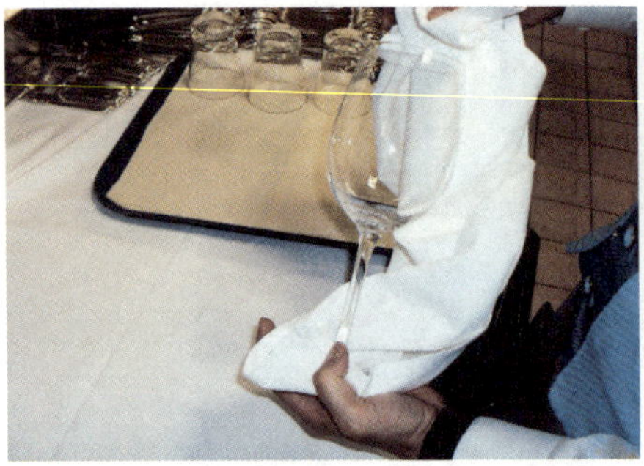
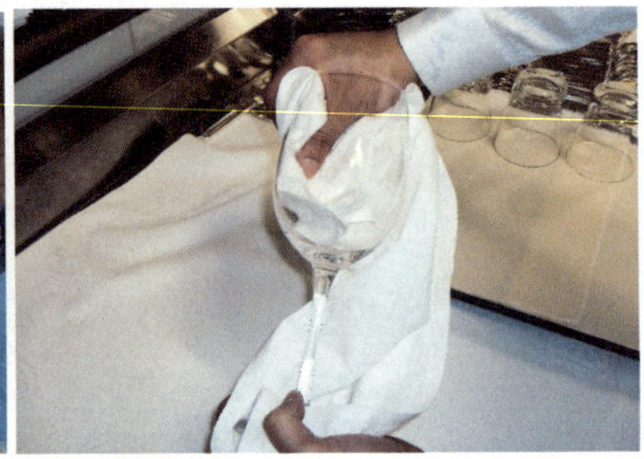

2. 와인 취급법 및 서비스방법

1) 와인의 보관

와인은 보관상의 단순한 규정이나 상태를 준수한다면 쉽게 오랫동안 보관할 수 있다. 지하저장고가 있다면 훨씬 매력적이고 실용적일 것이다. 호텔 등 고급 프랑스 식당에서는 와인 냉장고나 와인 저장실을 이용, 보관하고 있으며, 와인보관 상의 중요한 사항은 다음과 같다.

(1) 온도Temperature

약 13℃(55℉) 정도의 일정한 온도가 이상적이다. 7~18℃(45~65℉) 사이의 일정치 않은 온도 또한 그 변화가 느리고 고정된 것이라면 괜찮다.

(2) 진동Vibration

와인 속의 찌꺼기가 떠오르는 것을 막고 코르크Cork가 풀어지는 것을 방지하기 위해 최소화해야 한다. 특히 레드 와인이나 샴페인 등을 손으로 운반할 때 테이블서비스 시 흔들리지 않게 조심스럽게 다루어야 한다.

(3) 음지Darkness

햇볕에 노출을 연장시키면 병의 온도가 올라갈 것이다. 이것이 저장을 위한 상태로써 대개 어둠이 권장되어지는 이유이다. 그러나 전등의 불빛은 와인에 영향을 주지 않는다.

(4) 습도Humidity

찬바람은 습기 찬 바람이다. 그러므로 저장소의 온도가 낮다면 습도는 적당할 것이다. 일반적으로 습도의 상태가 기분이 좋을 정도이면 와인에도 적당하다. 습도는 건조하지도 습하지도 않게 알맞아야 하며 일년 내내 변치 않아야 한다. 매일 마시는 레드 와인은 적절한 실내온도(22~25℃)로 선반Rack에 보관하고, 화이트 와인은 와인 냉장고에 보관한다. 와인을 보관할 때는 코르크Cork가 와인과 접촉되게 옆으로 눕혀 놓는다. 이렇게 함으로써 코르크가 마르고 수축하는 것을 막을 수 있다. 꼭 맞는 코르크는 와인에 공기가 들어가지 않게 하고 너무 빨리 익지 않게 한다.

2) 와인 서빙온도

(1) 와인 서빙의 적정온도

사람이 체형마다 옷을 달리 입는 것처럼, 와인 역시 마시기 전 갖추어야 할 점이 있다. 와인의 맛과 향을 제대로 즐기기 위해서는 각 와인마다 적절한 온도에서 서브되어야 한다.

일반적으로 레드 와인은 실온에서, 화이트는 약간 차갑게 마시는 것이 좋다고 알려져 있다. 그러나 여기서 말하는 '실온'은 난방시설이 잘 갖춰진 요즘과 달리 과거 유럽 궁정식당의 실내 온도로서 18~20℃ 사이로 약간 서늘한 기온이다. 또 레드 와인도 품종에 따라 온도를 달리하는 것이 좋다.

예를 들어, 보르도와 같이 무거운 와인은 차게 하면 타닌 성분이 강하게 느껴져 떫은맛이 두드러지지만, 보졸레와 같이 가벼운 레드 와인은 10도 정도로 약간 차갑게 마셔야 제대로 된 맛을 볼 수 있다. 와인에 따라 서비스온도를 달리하는 것이 귀찮고 번거로운 일일 수도 있지만, 조금만 신경을 쓴다면 맛있게 와인을 즐길 수 있다.

대표적 와인의 일반적인 적정 온도는 다음과 같다.

- 샹파뉴Champagne, 스파클링 와인Sparkling Wine, 스위트 화이트 와인Sweet White Wine : 6~8도
- 라이트 화이트 와인Light White Wine : 8~10도
- 스트롱 부케 화이트 와인Strong Bouquet White Wine : 10~12도
- 로제 와인Rose Wine : 10~12도
- 영 레드 와인Young Red Wine : 12~14도
- 하이트 퀄리티 올드 레드 와인High Quality Old Red Wine : 14~19도(실내온도)

(2) 와인 서빙 전 온도 맞추기

보관된 와인을 마시기 위해서는 가장 알맞은 온도에 맞춰서 서브되어야 한다. 와인을 마시기 직전 온도를 맞추는 몇 가지 방법에 대해 알아본다.

① 와인을 재빨리 차게 하는 가장 간단한 방법은 얼음과 물이 섞인 통에 와인을 병째로 담그는 것이다. 이 방법은 식사가 진행되는 동안 계속적으로 와인의 온도를 알맞게 유지시키는 역할을 한다.
② 은빛의 금속성 용기나 사기로 된 냉·온병 타입의 용기는 약 2~3시간 동안은 온도를 유지시켜 준다. 더 빠른 쿨링을 원한다면 얼음과 물이 섞인 굵은 소금을 집어넣는 것도 하나의 방법이다.
③ 샹브레의 대상이 되는 와인은 주로 장기 보관용 레드 와인이다. 보르도나 부르고뉴 스타일처럼 짜임새 있는 와인은 차게 해서 마시면 타닌 성분이 강하게 느껴지며 제맛의 향이 우러나오지 않는다.
④ 와인은 대체적으로 온도가 높을수록 단맛이 무겁게 느껴지고 산미가 많이 느껴진다. 이 때문에 무감미나 감미 화이트 와인은 차게 해서 마시는 것이 좋다.

탄산가스는 온도가 올라갈수록 빠르게 날아가 버린다. 샹파뉴 와인 및 기타 발포성 와인은 탄산가스나 계속적으로 섬세하고 기분 좋게 느껴지도록 차갑게 서빙을 해야 한다. 그리고 와인의 실온은 섭씨 18~20℃를 의미하며 이 온도가 가장 적당하다고 할 수 있다.

3) 와인 오픈서비스Wine Open & Service

① 와인을 주문한 손님에게 와인의 상표를 확인시키기 위해 상표가 손님을 향하게 하여 고객의 좌측에서 보여드린다.

② 코르크 스크류Cork Screw에 있는 나이프를 이용하여 병목의 캡슐Capsule 윗부분을 제거한 후, 서비스 천Service Cloth으로 병마개 주위를 잘 닦는다.

③ 코르크 스크류Cork Screw 끝을 코르크의 중앙에 대고 천천히 돌려 넣는다(코르크를 완전히 통과하여 코르크 조각이 술병 안으로 떨어져서는 안 된다).

④ 나사를 천천히 돌려 코르크 마개가 1cm 가량 남은 위치까지 뽑은 후, 서비스 천을 받쳐 손가락으로 코르크를 잡고 천천히 돌려서 마개를 뽑는다.

⑤ 코르크의 냄새를 맡아 이상 유무를 확인하고, 손님에게 확인하도록 코르크를 보여드린다.

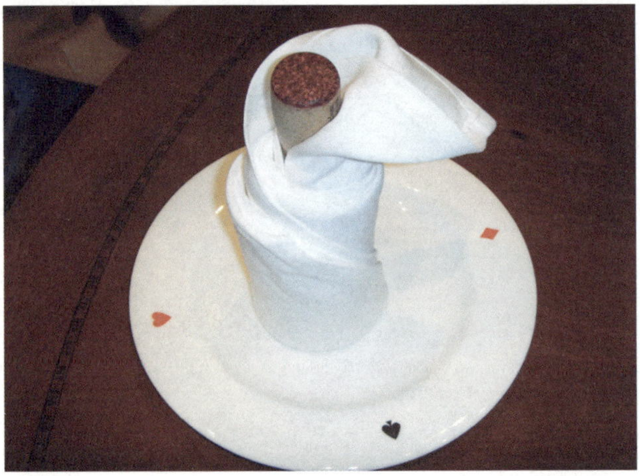

⑥ 서브하기 전에 서비스 천으로 병목 주위를 깨끗이 닦는다.

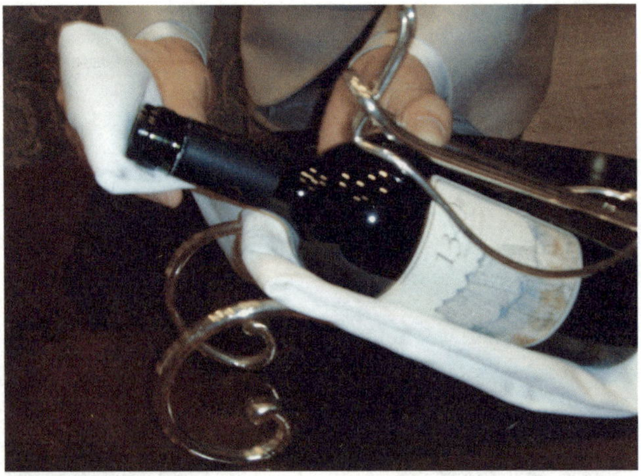

⑦ 주문한 손님에게 시음Tasting을 시켜드린다.

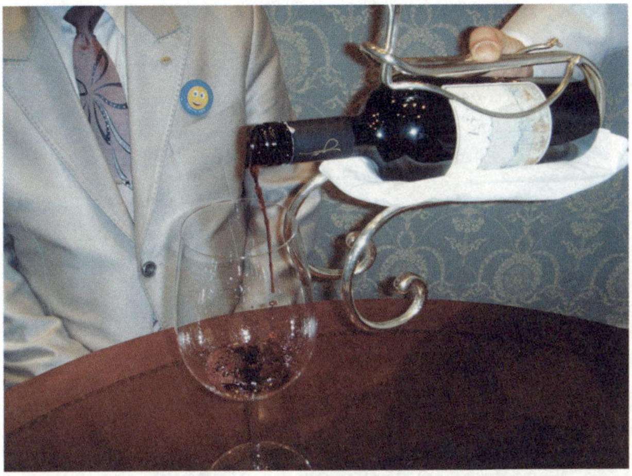

⑧ 와인을 따른 후 병목을 서비스 천으로 닦아 술방울이 테이블에 떨어지지 않도록 한다.

(1) 디캔팅Decanting

① 코르크 스크류Cork Screw에 달린 칼로 캡슐Capsule을 완전히 제거한다.

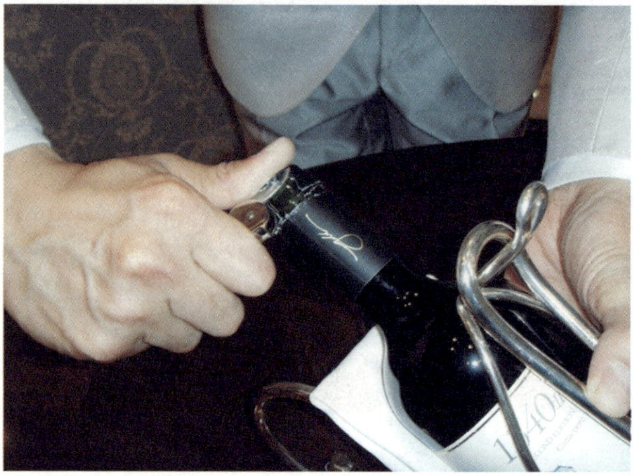

② 코르크를 뽑는다.

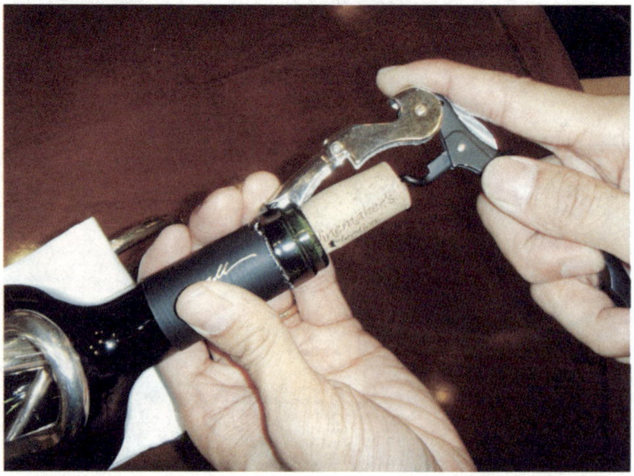

③ 병목 주위를 깨끗이 닦는다.

④ 촛불을 켠 다음, 왼손으로 유리병Carafe을 잡고, 오른손으로 와인병Wine Bottle을 잡은 후 와인병의 어깨쯤에 촛불의 불꽃이 비치도록 하여 와인을 따른다. 이때 찌꺼기가 나타나면 중지한다.

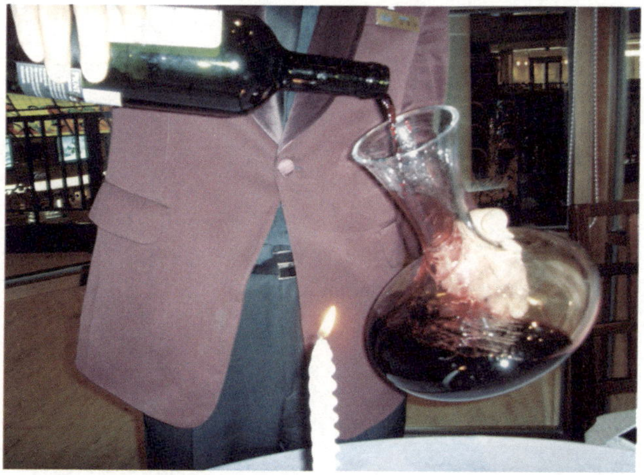

(2) 화이트와인 오픈서비스White Wine Open & Service

① 적절한 온도를 유지하기 위하여 화이트와인은 얼음과 물이 채워진 와인 쿨러Wine Cooler나 냉장고에 넣어두어야 한다.

② 병마개는 손님 앞에 준비된 와인 쿨러 속에서 따야 한다.

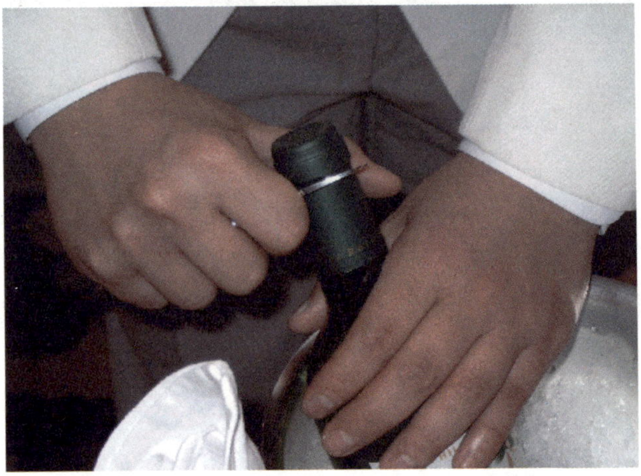

③ 고객에게 제공하는 것과 개방하는 것은 위에서 설명한 레드 와인서비스Red Wine Service와 동일하며, 와인 서브 시 글라스와 와인병과의 높이는 보통 와인의 종류에 따라 2~3cm가 적당하다.

(3) 샴페인 오픈서비스Champagne Open & Service

① 와인 쿨러에 물과 얼음을 넣고 샴페인Champagne을 넣어 차갑게 한 다음 서브한다.

② 샴페인병을 들어 손님의 좌측에서 상표를 확인시킨다. 이때 물기가 떨어지지 않게 서비스 천Service Cloth을 술병 밑바닥에 댄다.

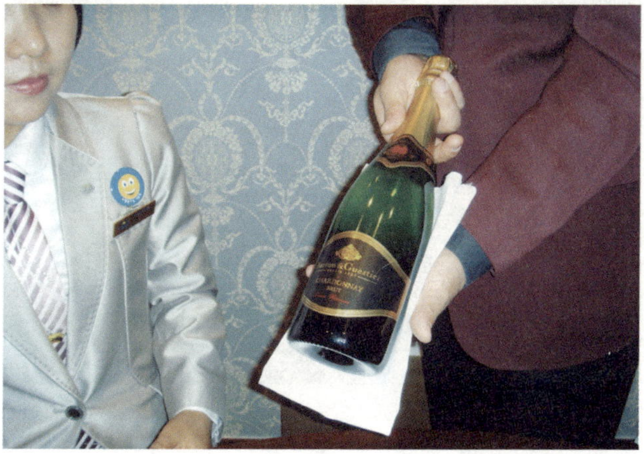

③ 왼손을 엄지로 병마개를 누르면서 오른손으로 은박의 포장지 윗부분을 벗긴다.

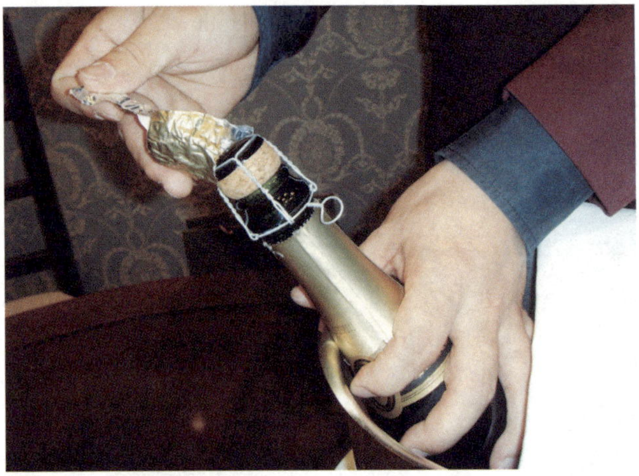

④ 왼손 엄지는 계속 병마개를 누르면서 감겨진 와이어를 푼다.

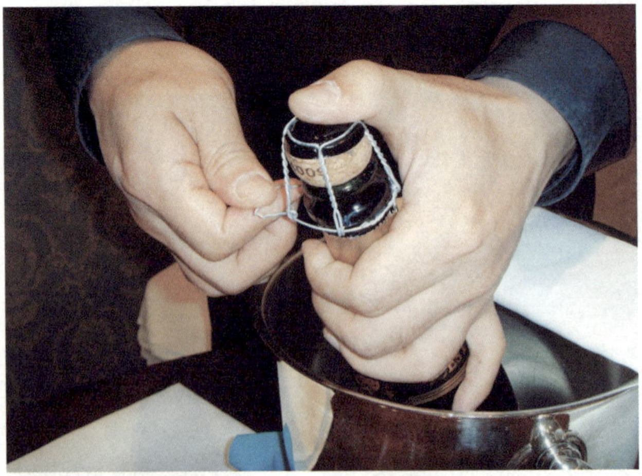

⑤ 왼손으로 병을 꽉 잡고 오른손으로 코르크를 조심스럽게 소리나지 않게 빼낸다.

⑥ 스파클링 와인이나 샴페인은 처음에 한 번 따르고, 거품이 가신 다음 한 번 더 따른다. 6부 정도 따른 후 병목을 15도 정도 살짝 들어 오른쪽으로 자연스럽게 돌려주고 서비스 천으로 닦아 술방울이 테이블에 떨어지지 않도록 한다.

⑦ 글라스와 병의 높이는 약 3~5cm 정도가 적당하다.

⑧ 서브 후 서비스 천으로 병목의 물기를 조심스럽게 닦아 술이 테이블이나 손님에게 떨어지는 것을 방지한다.

3. 와인 테이스팅

와인이 어렵게 느껴지는 가장 큰 원인은 복잡한 테이스팅 용어 때문일 수도 있다. 도저히 와인을 평가한 것이라고는 믿기 어려울 정도의 시적인 언어와 많은 표현들이 존재한다. 역으로 생각하면 그만큼 와인이 섬세하고 복잡한 음료라는 이야기도 된다.

현재 와인에 관한 용어는 이미 200여 개에 달한다. 이 모든 용어를 일반인이 익힌다는 것은 어려울 것이다. 단지 정해진 몇 가지 기본적인 용어를 익히고 이에 맞춰 자신만의 와인 테이스팅 노트를 작성하면 된다. 그리고 와인과 친해질수록 멋진 표현들이 저절로 떠오를 것이다.

와인 테이스팅(Wine Tasting)

시음와인 정보			
종 류:	국 가:	지 역:	소지역:
품질 등급(Category)과 Appellation 명칭:		빈티지:	알코올:
와인명: (Cuvee, Brand, 단위 포도밭 명 포함)			
생산자:		순위등급(Classification):	
포도품종:		수입회사:	
외관(시각적 관찰): Sight / View			
주색상과 그 깊이:		색조 / 뉘앙스(Tint / Nuance):	
Reflection(화이트 와인):		맑기: 탁한 / 조금 / 탁한	
정도: 묽은 / 가벼운 / 보통 / 진한 / 걸쭉한 / 묵직한		불순물의 유무:	
기타 병 & 레이블 외관상의 특징과 평가: 시음온도: 최적 / 보통 / 부적절			

<table>
<tr><th colspan="3">향(후각적 관찰) : Nose / Nez</th></tr>
<tr><td rowspan="3">정지향
(First Nose)</td><td>강도 : 아주 강함 / 보통 약함 / 아주 약함 / 침잠기</td><td>선명도 : 선명함 / 보통 / 흐릿함</td></tr>
<tr><td colspan="2">품질 : 복합미 / 우아 / 섬세 / 기분 좋음 / 향긋 / 보통 / 이상한 향 / 기분 나쁜 향 / Corky</td></tr>
<tr><td colspan="2">종류 : 과일향 / 꽃향기 / 달콤한 향 / 나무향 / 구운향 / 향신료 / 숲향 / 동물향 / 화학적인 향 / 발효향 / 부케</td></tr>
<tr><td rowspan="3">발산향
(Second Nose)</td><td rowspan="3">강도 : 아주 강함 / 강함 / 보통 / 약함 / 아주 약함 / 침잠기
선명도 : 선명함 / 보통 / 흐릿함</td><td>선명도 : 선명함 / 보통 / 흐릿함</td></tr>
<tr><td>품질 : 복합미 / 우아 / 섬세</td></tr>
<tr><td>종류 : 과일향 / 꽃향기향 / 화학적인 향 / 발효향</td></tr>
<tr><th colspan="3">맛(미각적 관찰) : Palate / Palai</th></tr>
<tr><td rowspan="4">특성(품질)</td><td colspan="2">산도 :
1. 거칠게 강함 / 날카로움 2. 강하고 섬세함
3. 산도가 높음 4. 산도가 느껴짐 / 보통(적당함)
5. 산도가 낮음 6. 결핍(밍밍함)
7. 시큼한(산화된 부정적 이미지)</td></tr>
<tr><td colspan="2">당도 :
Bone-dry / Dry / Off-dry/Medium-dry / Sweet / Very-sweet</td></tr>
<tr><td colspan="2">타닌 :
거친 / 떫은 / 텁텁한(강한) / 수렴성 / 벨벳 / 부드러운 / 촉촉한 / 매끈한 / 섬세한 / 약한 / 건조한</td></tr>
<tr><td colspan="2">알코올 :
1. 뜨거움(지나치다) 2. 알코올기가 느껴짐 3. 힘
4. 균형 5. 힘이 없음 6. 부족 / 결핍</td></tr>
<tr><td>균형(Balance)</td><td colspan="2">1. 불균형(이유) 2. 그런대로 3. 괜찮은
4. 좋은 5. 훌륭한 6. 완벽한</td></tr>
<tr><td>구조 / 농축미</td><td colspan="2">엉성한 / 단순한 / 가벼운 / 보통 / 짜인 / 다듬어진 / 조밀한 / 농밀한 / 힘 있는 / 웅장한</td></tr>
<tr><td>밀도 / 무게(Body)</td><td colspan="2">1. Very-light 2. Light 3. Medium-light
4. Medium 5. Medium-full 6. Ful 7. Heavy</td></tr>
<tr><td>느낌의 전이</td><td colspan="2"></td></tr>
<tr><td>풍미(Flavour)</td><td colspan="2"></td></tr>
<tr><td rowspan="2">여운(Finish)</td><td colspan="2">강도(길이) : 짧은(3초 이내) / 보통 / 괜찮은 / 오래가는 / 아주 오래가는(20초 이상)</td></tr>
<tr><td>품질 : 좋음 / 보통 / 나쁨</td><td>내용 :</td></tr>
<tr><td>음 식</td><td colspan="2"></td></tr>
<tr><td rowspan="3">총 평</td><td colspan="2">Terroir(A.O.C.) :
1. 각인된 2. 느껴진</td></tr>
<tr><td>숙성 정도 :
1. 풋풋한
2. 상승기
3. 최적기
4. 하강기
5. 쇠잔한
6. 변질된</td><td>보관 가능</td></tr>
<tr><td colspan="2">인상
절대점수 : 20
상대점수 : 20</td></tr>
</table>

1) 와인 테이스팅 용어

투명도(Limpidity) 산도 / 탁도	채도(Depth of Color) 양조 / 묽기	점성도(Viscosity) 당도 / 알코올 색상(Color) 숙성도
Cloudy : 탁한 Bitty : 조금 탁한 Dull : 흐린 Clear : 맑은 Crystal-clear : 아주 맑은	Watery : 묽은 Pale : 엷은 Medium : 중간 Deep : 진한 Dark : 아주 진한	Slight Sparkle : 약발포성 Watery : 묽음 Normal : 보통 Heavy : 진한 Oily : 유질
선명한(Star Bright) / 짚색(Straw) / 호박색(Amber) / 황갈색(Tawny) / 진홍색(Ruby) / 검붉은색(Garnet) / 흐릿한(Hazy) / 불투명한(Opaque)		

아로마 & 부케 용어

구분	야채향	꽃향	과일향	동물성	광물성	기타
영와인	감초 향신료풀 까막까치밥나무 열매나무향 목질	장미 모란 제비꽃 레몬향 식물 금작화	바나나 아몬드 오디 사과 파인애플	고기 고양이 오줌	먼지	유제품 자극적인 것
숙성와인	피망 건초 까막까치밥나무 열매 코코아 담배 버섯 리넨 계피 후추	장미, 보리수 아카시아 포도나무꽃 자스민 들장미꽃 인동덩굴 접시꽃	건포도 체리 자두 살구 배 개암	불치 가죽 해물 내장	총포 화약	땅 흙 베이 클라이트
묵은와인	커피 생강향 건초 서양삼나무 정향 송로버섯	시든 장미꽃잎 꽃무국화 카모밀라 오렌지꽃	절인 포도 버찌 건무화과 곶감 호두	사냥 짐승고기 땀 사향	휘발유	부식토 볶기 농익은 과일

(1) 맛에 의한 용어

당도(Sweetness)	타닌(Tannin)	산도(Acidit)	밀도(Body)	뒷맛(Length)	균형(Balance)
- Bone Dry 매우 드라이 - Dry 드라이 - Medium Dry 미디엄 드라이 - Medium Sweet 미디엄 스위트 - Very Sweet 매우 스위트	- Astringent 떫은 - Hard 하드 - Dry 드라이 - Soft 소프트	- Flat 산도 없음 - Refreshing 상쾌한 - Marked 신맛이 꽤 나는 - Tart 시큼한	- Very Light & Thin 가볍고 엷은 - Light 가벼운 - Medium 미디엄 - Full Bodied 진한 - Heavy 아주 진한	- Short 짧은 - Acceptable 괜찮은 - Extended 오래가는 - Lingering 아주 오래 남는	- Unbalanced 불균형 - Good 좋은 - Very well Balanced 균형이 잘 잡힌 - Perfect 완전한

능금맛Apple, 강렬한 맛Burning, 까막까치밥나무열매Blackcurrants, 캐러멜맛Caramel, 밋밋함Dumb, 싱싱한Green, 달콤한 맛Mellow, 금속성 맛Metallic, 곰팡내 나는Mouldy, 나무열매의 맛Nutty, 짠맛Salty, 매끄러운 맛Silky, 향신료 맛Spicy, 싱거운 맛Watery, 쓴맛Bitter, 흙맛Earthy, 연약한 맛Flabby 등이 있다.

(2) 총체적인 평가 용어

① 와인향의 해석

o 살구Apricot

살구향은 드물지만 향이 아주 좋다. 프랑스 론Rhone 북쪽의 콩드리외Cindrieu 지방, 그리에Ch. Grillet에서 재배하는 비오니에Viognier 포도에서 많이 발견된다. 또 슈냉Chenin, 클라렛Claireete에서도 나온다.

o 아카시아Acacia

화이트 영 와인에서 많이 발견되는 것으로 신선도가 사라지면 향이 없어진다. 부브레Vouvray, 로세코봉Rochecorbon, 몽루이Montlouis 등 앙주Anjou와 투렌Touraine지방의 고급 화이트에서 발견할 수 있다. 기타 샤블리Chablis, 메이컨Macon과 보르도의 소테른Sauternes에서도 찾을 수 있다.

○ 바나나Banana

잘 익은 바나나 냄새는 레드와 상품 화이트에 있다. 낮은 온도의 밀폐된 대형 탱크에서 발효시킬 때 잘 나온다. 탄산가스 침용방법으로 만든 와인에서 많이 발견되며 샤르도네, 시라, 가메 등의 품종을 전통적인 방법으로 담을 때도 나온다. 메이컨Macon과 보졸레Beaujolais에 많다.

○ 블랙커런트 새싹Blackcurrant Buds

블랙커런트 새싹향은 루아르지방에 많이 퍼져 있는 소비뇽 포도에 많다. 상세르Sancerre, 퀸시Quincy, 뢰이Reuilly, 베네투 살롱Menetou-Salon, 오 푸아투Haut Poitou 및 보르도의 앙트르 되 메르Entre-Deux-Mers의 많은 소비뇽에서도 발견할 수 있다. 이 향은 나무박스와 함께 어울려 고양이 냄새와 혼동되지만 불쾌한 냄새는 아니다. 블랙커런트 잎을 비벼 냄새를 맡아 보면 고양이 냄새와 확실히 구분된다.

○ 계피, 육계Cinnamon

쉽게 구분되는 향으로 알록스 코르통Aloxe-Corton, 즈브레 샹베르탱Gevrey Chambertin, 코르통 샤를마뉴Corton-Charlemagne에서 쉽게 감지할 수 있다. 그 외 룰리Rully, 알사스 와인에서도 찾아볼 수 있다.

○ 체리Cherry

금방 알 수 있는 향으로 영 레드 와인에서는 찾기 힘들다. 예외적으로 보졸레의 모르공Morgon이 있다. 단독으로 나오기는 어렵고 다른 향과 섞여 있다. 그리오트-샹베르탱Griottes-Chambertin, 보르도의 영 와인에서 자주 나타난다.

레몬Lemon

레몬향은 미묘해서 와인에서 무시되기도 한다. 산도가 적당하고 신선도와 잘 조화된 향을 가진 화이트에서 병입된 후에 나타난다. 화이트 와인은 소량의 구연산을 가지고 있는데, 이 향으로 나오지는 않는다. 레몬향은 사과산이 많은 사과향과 비슷하다. 알리고테 와인, 세미용과 소비뇽 포도로 만든 크로즈 에르미타주Crozes-Hermitage의 사보이Savoy 와인에도 나온다.

퀸스Quince

퀸스향은 가을 냄새처럼 강하고 풍부하다. 루아르지방의 균형 잡힌 황금빛 와인에서 볼 수 있다. 부브레Vouvray의 고급 와인, 그리고 노블 롯Noble Rot에서는 아카시아 아몬드 퀸스향과 함께 난다. 지중해와 남부유럽에서 재배되며 잼이나 마멀레이드로 가공한다.

라즈베리Raspberry

영 레드 와인에서 보편적으로 나타난다. 블랙커런트와 제비꽃을 섞은 향으로 느낄 수도 있다. 가장 바람직한 와인향 중의 하나이며, 에세죠Echezeaux의 독특한 향이다. 부르고뉴 와인 특히 뮈지니Musigny 와인의 뒷맛에 난다. 보졸레의 모르공Morgon 와인의 주요 향이며, 쥘리에나스Julienas의 복숭아향에 이어 두 번째로 난다. 코트 로티Cote-Rotie와 몽되즈Mondeuse의 시라로 만든 와인에는 라즈베리와 제비꽃 향이 중심 향이다. 부르게이Bourgueil 와인의 특성으로서 제비꽃 향이 있는 시농Chinon과 구분된다. 미국의 진판델이 이와 비슷하다. 알자스의 피노 누아에서도 찾을 수 있다.

연기Smoked, Smoky

음식 타는 냄새를 말한다. 쉽게 감지할 수 있는 이 향은 몇 가지 와인에서 발견할 수 있는데, 토양의 특성 때문에 샤토 오브리옹Ch. Haut-Brion과 코르시카의 로제에서 자주 발견할 수 있다. 뿌이 휘메Pouilly-Fume에서도 이 향이 나며 이름 자체에 연기냄새라는 뜻을 가지고 있다는 말도 있다.

○ 박하Mint

극히 적은 양으로도 고급 화이트와 레드의 향에 기여하는데, 그 느낌은 레드와 화이트가 다르다. 박하향은 레몬향과 같이 화이트에서 발견된다. 영 와인 때 신선함을 강조하고, 오래된 와인에도 오래도록 남아 있다. 반면, 페퍼민트는 잘 숙성된 레드 와인의 특징이며, 향이 약한 와인에 극소량 첨가해도 강하게 나타난다.

○ 꿀Honey

옛날부터 머스트Must에 꿀을 섞어 발효하여 알코올 농도를 높였다. 최고급 화이트 와인을 적당히 숙성시킬 때 나온다. 소테른Sauternes, 바르삭Barsac, 몽바지약Monbazillac, 베르주라크Bergerac, 카르 드 숌Quarts-de-Chaume 와인에 일반적으로 나타난다. 또 몽라셰Montrachet, 뫼르소Meursault, 코르통 샤를마뉴Corton-Charlemagne의 화이트로서 꽉 찬 느낌을 주는 것에도 있다.

○ 블랙베리Blackberry

레드커런트와 꿀 향이 같이 있으면 상승작용을 한다. 블랙베리는 색이나 당도가 블랙커런트와 비슷하지만, 수렴성이나 아로마의 강도는 레드커런트와 비슷하다.

○ 사향Musk

아주 적은 농도일 경우 바람직한 향이 나서 향수에 강화제로 사용된다. 다른 용어로 노린내Animal, 사슴Venison 냄새, 야생동물Game 냄새라고도 한다. 가끔 펵시Foxy라고 하여 뉴욕주의 와인을 묘사할 때 사용하기도 한다. 이 냄새에 대한 코트 드 본Cote de Beaune과 코트 드 뉘Cote de Nuit의 차이가 이들 부케의 다른 점이다.

○ 머스캣Muscat

머스캣 와인의 주요 향이다. 가끔 장미향으로 비유되기도 한다. 머스캣 포도의 향은 강하기 때문에 조금만 섞어도 향이 진하다. 화이트 머스캣Frontignan, 핑크 머스캣Muscadelle, 이탈리아 품종 알레아티코Aleatico(레드 스위트 와인용) 등 포도에 있다.

○ 헤즐럿Hazelnut

버터나 구운 아몬드에서도 난다. 부조와 같이 부르고뉴의 샤르도네로 만든 화이트에서 많이 난다. 예를 들면, 라두아 세리니Ladoix-Serrigny, 륄리Rully에서 뛰어난 향을 나타내며, 뫼르소Meursault에서도 이 헤즐럿향이 기여하고 있다. 그 외 메이컨Macon, 뚜렌Touraine의 몽루이Montlouis, 쥐라Jura, 샤또 샤롱Ch. Chalon, 사부아Savoie 지방의 크레피Crepy, Roussette de Frangy 와인, 크로즈 에르미따주Crozes-Hermitage의 쌩뻬레Saint-Peray 와인에도 있다. 헤즐을 우리말로 개암나무Hazel라고 하는데, 자작나무과의 낙엽활엽관목으로 이 열매를 개암, 영어로는 헤즐넛Hazelnut이라고 한다.

○ 호두Walnut

호두향은 아세트알데히드를 말하며 호두잎에서도 난다. 샤토 깔롱Chateau Calon에서 가장 잘 난다. 특수한 환경에서 자란 사바냥Savagnin으로 만든 쥐라지방의 뱅 존Vins Jaune의 뛰어난 향이다. 이 회토 토양으로 된 지방에서 햇볕을 잘 받고 찬바람을 막아주면서 자란 포도로 잘 만들어야 한다. 이 와인은 통에서 6년 이상 숙성시키는데, 이스트막이 공기를 차단시켜 그 밑에서 풍부한 이향이 생긴다. 한 번 끌라블랭Clavelin이란 병에 담으면 이 향은 백 년 이상 지속

된다. 그 외 이 호두향을 가진 와인으로 라인가우 요하네스버그, 마데이라, 셰리 등을 들 수 있다. 또 포트 중에서도 토니를 10~40년 숙성시킨 것에서도 난다. 1~20년, 40년 숙성시킨 포트와 1982년, 1985년 빈티지 포트에서도 발견된다.

○ 피망Green Pepper

피라진2-methoxy-3-isobutyl-pyrazine이 주성분으로 와인에 극히 미량만이 있지만, 강한 향을 낸다. 카베르네Cabernet 포도로 만든 와인에서 난다. 그러므로 보르도와 루아르의 레드에서 난다.

○ 사과Apple

사과향은 카푸로산 에틸, 카푸로산, 에틸 말라테를 말하는데, 사과향은 화이트 와인의 기조를 이루는 향으로, 그 향의 종류가 여러 가지이다. 'Golden Yellow' 사과의 향은 영 화이트 와인에서 쉽게 인지할 수 있으며, 발효 중에도 알 수 있다. 뮈스카데Muscadet, 사보이Savoy의 화이트 부르고뉴의 샤르도네 등에서 나타난다. 영 와인으로 마시는 화이트 와인의 대표적인 향이다. 또 다른 사과향은 숙성된 것을 표시하는데 피노 뫼니에 포도로 만든 샴페인, 샤블리, 뫼르소, 보르도 와인에서 볼 수 있다. 과숙된 사과냄새는 좋지 않은 것으로 산화된 색이 짙은 화이트에서 볼 수 있다.

사과향은 샤르도네로 만든 화이트, 특히 론 지방의 북쪽, 크로제 에르미따주Crozes Hermitage, 꽁드리유Condrieu의 화이트에 많다. 샴페인 역시 사과향을 주는데, 아주 신선한 향 혹은 좀더 부드럽고 달콤한 골든 델리셔스향을 나타내기도 한다. 이 골든 델리셔스향은 슈냉 블랑처럼 가이약Gaillac지방 와인과 루아르의 피노Pineau de Loire에 많다. 좀 덜 알려진 것으로는 트레살리에Tressalier 포도로 만든 부르도네Bourdonnais의 Saint-Pourcain-Sur-Sioule의 라이트 와인에서 발견된다.

○ 보리수Linden

앙주Anjou 와인에서 나는 대표적인 향으로, 햇볕을 듬뿍 받은 포도의 향으로 보리수꽃을 연상시킨다. 그 중에서도 Quarts-de-Chaume 와인과 Savennieres-Coulee-de-Serrant의 와인은 보리수꽃과 붉은 클로버, 꿀, 살구향이 특징이다. 알자스의 좋은 리슬링에도 아카시아와 오렌지꽃 향이 섞여 있다. 사보이 산맥의 와인에도 자께르Jacquere 포도의 옅은 색 화이트의 부케에서 신선한 린덴향이 난다. 소테른Sauternes의 황금색 와인에서도 꿀, 아카시아향과 함께 느낄 수 있다. 헝가리의 포도 Harslevlu는 '보리수잎'이란 뜻으로, 부드럽고 달콤한 향과 보리수꽃 향을 느낄 수 있다. 린덴향은 우아한 향이 조화된 것이라고 할 수 있다.

보리수(菩提樹)

부처님이 도를 깨우친 곳은 아열대지방으로 절에 있는 보리수와는 다르다. 부처님이 도를 깨달았다는 인도의 보리수나무는 아열대지방에서 자라는 뽕나무 무리의 무화과 종류에 속하는 나무로 높이 30m, 지름 2m 정도 되는 큰 상록수이다. 이 나무를 불교에서는 범어로 마음을 깨쳐준다는 뜻의 'Bodhidruama'라고 하며, 중국에서 불교가 들어오면서 한자로 번역할 때 그대로 음역하여 보리수가 되었다.

우리나라에서는 인도의 보리수가 자랄 수 없어서 이 나무의 대용으로 선택한 것이 절에서 말하는 보리수, 즉 피나무 무리의 나무 중에서 염주를 만들기 적당한 열매가 달리고 'Tilia miqueliana'라는 학명을 가진 나무이다. 슈베르트 가곡에 나오는 린덴바움(Lindenbaum)은 이 피나무류 식물이다.

또 위나라 남쪽지방에서 자생하는 열매를 먹는 보리장나무, 보리밥나무 등을 '보리수(甫里樹)'라 하였다. 그래서 절에 있는 피나무 무리를 '보리자나무'라고도 부른다.

○ 송로버섯Truffle

이 버섯은 참나무와 공생하는 버섯으로 이탈리아의 피에몬테지방에 있는 백색 송로버섯과 흑색 페리고르Perigord 송로버섯으로 나눌 수 있다. 이 흑색 송로버섯은 여러 지방에서 자라는데, 생물학적 이름이 같을 뿐이고 페리고르의 것이 향이 강하다. 부르고뉴 와인이 블랙커런트향이 지배적이라면, 보르도 와인은 송로버섯향이 지배적이라고 할 수 있다. 이 향은 하층토에 철분을 함유한 토양에서 나온다. 메도크, 생테밀리옹의 와인은 특히 포므롤이 강하며, 가장 강하게 나타나는 것은 카오르, 로트 골짜기 지방에서 나오는 와인이다. 또 아주 잘 익은 뽀마르Pommard, 뮈지니Musigny, 클로 드 부조Clos de Vougeot에서도 발견된다. 사보이지방의 몽되즈Mondeuse 포도로 만든 아르부아Arbois 와인에서 이 송로버섯향과 라즈베리향이 난다. 보클뤼즈Vaucluse의 와인 중에서 뒷맛으로 이 향이 나는 것이 있다.

○ 감초Licorice

유럽의 남동부, 서아시아 원산으로 글리시리진Glycyrrhizine이라는 당을 가지고 있다. 쥬브레 샹베르땡 크뤼Gevrey Chambertin Cru 와인이 다른 코트 드 뉘Cote de Nuit와 구별되는 것은 이 향 때문이다. 끌로 드 부조Clos de Vougeot 와인은 이 향과 함께 송로버섯, 바이올렛 그리고 야생 박하향이 난다. 또 보르도와 보졸레 와인에도 나타난다. 쁘띠시라Petite Syrah 포도로 만든 캘리포니아 와인에서도 발견할 수 있다. 이탈리아 토스카나의 잘 숙성된 Bruneli di Montalcino의 뒷맛에서도 난다.

○ 바닐라Vanilla

덩굴성 식물로 다육질 과실을 발효시킨 것이다. 멕시코가 원산지지로 주성분은 페놀 알데히드Phenol Aldehyde로서 무색의 결정이다. 오크통에서 숙성시킨 레드, 화이트에서 발견된다. 오크향이 대표적이다. 이 향은 코냑에서도 난다. 이렇게 여러 와인에 이 향이 있지만 초보자는 이 향을 감지하기 힘들다. 부르고뉴의 꼬르똥Corton에서 가장 발견하기 쉽다.

○ 바이올렛Violet, 제비꽃

대개의 와인에서 기본적인 향으로 존재하며 숙성이 진행될수록 원숙한 향이 난다. 보르도의 고급 레드 와인에 바이올렛을 비롯한 아이리스, 딸기, 송로버섯 향이 있다. 또 이 향은 샤블리Chablis, Buzeron의 화이트, 뤼리Rully, 마코네Maconnais 특히 생 베랑에 많다. 론지방 와인 중에는 그리에Ch. Grillet, 코트 로티Cote-Rotie, 생 뻬레Saint-Peray, 그리고 코르나스Cornas와 에르미타주Hermitage의 레드에 있다.

사보이지방에서는 생 장 드 라 퐁네Saint-Jean-de-la-Porte, Roussette-de Seyssel, Digny, 아주Anjou의 Pagny-sur-Moselle, 샹피니Champigny, 몽바지약Monbazillac, 쥐라송Jurancon에서 발견된다. 루아르의 부르괴이Bourgueil는 라즈베리향이 나고 시농은 바이올렛향이 나므로 구분할 수 있다. 로마네 콩티Romanee-Conti의 뛰어난 향이다. 이탈리아 피에몬테지방의 와인, 네비올로 포도로 만든 알바Alba, CarbaCarlo dell'Otrepo Pavese, 키안티 글라시코Chianti Classico, Chinti Montalbano, Vino Nibile di Montepulciano, 특히 가티나라 역시 오래될수록 바이올렛향이 강해진다.

○ 코르크Cork

코르크 냄새는 '코르크향'과 '코르크 냄새'로 나눌 수 있는데, 코르크 냄새는 나쁜 코르크를 사용할 경우 그 곰팡이 때문에 나온다. 코르크향은 와인에서 자연적으로 발생되는 긍정적인 향이다. 나쁜 코르크 냄새는 부케로서 느껴지지만 입에서 더 강하게 느껴진다. 화학적인 성분은 2-4-6Trichloranisol, 혹은 Tetrahydronaphtalene-tetramethyl 포도품종에서 나오는 1차적인 향이다.

○ 발효 후 나오는 3차적인 향

무거운 향으로 알데히드류가 생긴다. 과일향을 잃고 새로운 부케가 형성되면서 좀더 미묘해지고 복잡한 향이 생긴다. 샤토 살롱의 경우 아세트알데히드가 풍부한 호두향이 생긴다.

(3) 향을 느끼는 방법

무엇인지 모르는 채 향을 맡는 것이 와인을 알아가는 방법에는 도움이 될 것이다. 경우에 따라 금방 알 수 있는 것과 명확하지 않은 것이 있으므로, 시간이 필요하지만 정기적으로 시음하면서 꾸준히 연습하면 금방 익힐 수 있다. 조용한 곳에서 집중하여 연습하면서 코르크가 바뀌지 않도록 주의하고 열이나 직사광선을 피해야 시음할 때 향을 느낄 수 있다.

① 프루티Fruity

- 바나나향 : 가메로 만든 보졸레 와인
- 라즈베리 : 부르고뉴 코트 드 뉘의 피노 누아

② 후로랄Floral

- 린덴 : 앙주Anjou의 화이트 와인
- 허브 및 야채류 : 피망 냄새는 카버네이Cabernet 포도로 만든 것

③ 발효과정에서 나오는 2차적인 향

가벼운 과일향은 갓 만든 와인에서 발견된다. 좀더 무거운 향으로는 헤즐럿, 버터향 등이다.

④ 총체적인 평가용어

- 조악함(coarse)
- 괜찮음(acceptable)
- 뛰어남(outstanding)
- 정교하고 세련됨(finesse)
- 조화로운(harmonious)
- 섬세한(delicate)
- 열등함(poor)
- 좋음(fine)
- 유연한(supple)
- 우아한(elegance)
- 풍요로운(rich)

2) 와인 테이스팅 3단계

(1) 시각적 관찰(1단계)

시각적 관찰은 테이스팅의 첫 번째 단계로서 향을 맡거나 맛을 보는 감각에 비해 구체적이다. 향과 맛은 몇 초 사이에 변하거나 불확실하기 때문이다.

① 와인의 농도, 밀도 체크

색소 성분(레드 와인은 안토시안, 화이트 와인은 플라본)의 함량에 따라 달라지며 색깔의 짙고 어두운 정도는 와인의 품질을 나타내는 기준이 될 수 없다. 그러나 와인의 구조를 암시해 주는 역할을 한다.

② 와인의 색조, 빛깔 체크

와인의 나이 및 변화 정도를 파악할 수 있다. 레드 와인은 생생한 자줏빛,

루비, 바이올렛, 벽돌색, 갈색, 오렌지색을 띠며, 화이트 와인은 옅은 노란색, 연한 초록색, 호박색, 황금색 등을 띤다.

③ 생동감 체크

맑고 투명함, 윤기가 나는지 등을 관찰하며 와인의 생생함의 정도La Vie du Vin를 체크한다.

(2) 후각적 관찰(2단계)

와인의 향은 컬러와 맛에 비해 매우 민감하며 포도품종, 테루아, 양조기법, 빈티지, 보관조건과 장소에 따라 달라질 수 있다. 와인의 향을 표현하는 단어로는 아로마Aromas와 부케Bouquets가 있는데, 후각적 관찰을 통해서는 이 아로마와 부케, 여운의 깊이 등을 체크한다.

- 1차향 : 포도 고유의 향
- 2차향 : 발효과정 중에 생기는 향(탄내, 버터향 등)
- 3차향 : 향신료, 나무향, 동물향, 시가Cigar향, 화학물질 등

흔히 젊은 와인은 아로마가 풍부하다고 하고 올드 와인은 부케가 풍부하다는 표현을 한다. 또한 화이트 와인의 경우, 아로마에 대한 표현을 많이 사용하며, 레드 와인의 경우에는 부케에 관련된 표현을 쓴다. 하지만 보졸레 와인과 같이 라이트Light하며 영Young한 와인의 경우 부케보다는 아로마로 표현하는 것이 맞다.

(3) 미각적 관찰(3단계)

미각은 혀에 위치한 미관구에서 온다. 와인을 한 모금 입 안에 넣고 혀의 모든 부분에 접촉되도록 혼합하고 뒤섞어야 한다. 와인뿐만 아니라 모든 음식물을 섭취하는 순간 침샘이 왕성하게 분비되는데, 분비된 침과 와인이 혼합되면서 맛으로 표현된다. 따라서 이 맛은 지극히 주관적인 것이다.

① 와인의 기본적인 4가지 맛

- 단맛 : 첫 번째로 감지되는 맛으로 순간적이다.
- 신맛 : 신맛은 주로 수소이온의 자극에 의한다. 강산은 약산보다 신맛이 더 강하고, 무기산에 비해 유기산의 신맛이 훨씬 더 강하게 나타난다.
- 쓴맛 : 서서히 발전되며 점차적으로 상승된다. 와인을 뱉은 후에도 상당시간 입안에 남는다.
- 짠맛 : 리터당 2~4g 정도의 짠맛이 있다.

4. 와인과 치즈

1) 치즈의 정의

치즈Cheese란, 일반적으로 우유, 양유, 염소젖 등을 주재로 하며 젖 속의 주요 단백질인 카세인Casein과 지방을 함께 응고시키기 위해 젖산균Starter 및 응유효소Rennet를 작용시켜 얻은 응유Curd를 유장Whey과 분리시킨 후 즉시 미성숙 치즈로 만들거나 또는 응유를 가온, 가압, 가염 등의 공정을 거친 다음, 유용한

박테리아, 세균, 곰팡이 등을 이용하여 일정한 온도와 습도를 갖춘 장소에서 일정기간 동안 숙성시켜 만든 식품이다.

치즈라는 단어에 대한 유래는 훼이Whey; 유청, 우유가 응고되고 걸러 낸 뒤 남은 액체를 배출시킬 때 오늘날에는 일반적으로 헝겊을 사용하고 있으나, 옛날에는 바구니를 사용했다고 한다. 그래서 치즈를 나타내는 단어는 바구니에서 유래하고 있으며 각국의 단어는 다양하게 표현하고 있다.

바구니를 라틴어로는 '카세우스Caseus'라고 하는데, 이 말은 독일어의 '케제Käse', 네덜란드어의 '카스Kass', 스페인어의 '께소Queso', 영어의 '치즈Cheese'가 되었다. 그리고 그리스어로는 바구니를 '포르모스Formos'라고 하며, 이 말이 프랑스어의 '프로마즈Fromage', 이탈리아어의 '포르마지오Formagg-io'가 되었다.

2) 치즈의 유래

최초로 치즈를 제조한 사람은 누구이며 어느 곳에서 만들어졌는지에 대한 확실한 기록은 남아 있지 않다. 아마 치즈의 제조는 선사시대에 이루어졌을 것으로 짐작되고 있다.

지금까지 문헌이나 유적에 의해 추적되거나 전해 내려오는 구전에 의하면, 고대 아라비아의 대상 카나나Kanana라는 사람이 어느 날 긴 여행 준비를 위해 양의 위 주머니를 건조해서 만든 수통에다 산양 젖을 채우고 여행을 새벽에 출발하여, 뜨거운 햇빛 아래 점심을 먹을 시간도 없이 계속하여 밤늦게 숙소에 도착하였다. 배고픔과 갈증을 해소하기 위해 그가 가지고 간 수통의 산양 젖을 마시려고 했더니, 양젖은 한 방울도 나오지 않고 물과 같은 액체인 훼이Whey만 나왔다. 그래서 수통을 확인해 보니 산양 젖은 흰 두부Curd처럼 응결되어 있었다. 처음에는 먹을 수 있는지 의심하다가 배고픔과 갈증 그리고 호기심에서 응고된 것을 먹어 보았다. 뜻밖에 맛이 있었고 새콤하며 감칠맛이 입맛을 당겼다.

그가 여행길에서 돌아와 이러한 흥미로운 사실을 친구에게 전하자, 그 친구가 그것에 대한 원인을 연구한 결과, 송아지나 양의 위로 만든 수통은 젖을 변화시킨다는 사실만을 알아냈다. 그래서 이후 먼 길을 떠나는 사람들은 여행 준비물로 양유 또는 염소유를 양의 위를 건조시켜서 만든 물주머니에 채워 가지고 다녔다.

그 후에 우유, 양유, 염소유 등을 응고시킬 수 있는 유산균과 더 단단히 응고될 수 있는 응유효소(송아지 제4위 내막의 위액에서 추출한 레넷)를 발견하여 치즈의 개발은 보다 순조롭게 진행되었다. 이것이 현재의 다양한 치즈로 발전한 것이다.

문헌이나 유적에 의하면, BC 4,000년경 이집트는 그들의 식민지에 치즈를 세금으로 부과했던 사실이 유적조사에서 밝혀졌으며, BC 3,200년경 이집트 초기 왕조의 호라하Horaha왕의 무덤에서 치즈 용기를 발굴했고, BC 3,000년경 스위스의 코르테와 문화와 크레더성의 미노와 문화시대에 치즈 제조용의 목제 기구가 출토되었다.

치즈는 아시아에서 유럽으로 전해진 것으로 알려지고 있으며, 로마시대에는 사치품의 하나가 되어 많은 정복지에서 다양한 치즈가 수입되었다고 한다. 특히 고급 치즈를 스위스로부터 연회용으로 수입하였고, 스위스의 알파인Alpine 지역에서 다량으로 제조되었다고 전해지며, 또한 당시 독일인도 치즈 제조법을 알고 사용했다고 한다. AD 100~300년경 로마인이 영국으로 치즈 제조법을 전했는데, 고대 잉글랜드나 스코틀랜드에서는 다량의 카세인Casein을 함유한 버터를 작은 통에 채워 땅속에 수년간 묻어두고 선홍색이 될 때까지 숙성시켰으며, 이것은 버터라기보다는 치즈에 가까운 것이었다.

로마제국이 멸망한 후 유럽 각국에서는 치즈 제조를 주요 산업으로 취급하였고, 특히 중세기에는 교회의 수도자들에 의해 치즈 제조법이 잘 보존되고 전승되었을 뿐만 아니라 보다 더 개발하여 치즈 제조의 비결이 수도원의 재산이 되기도 하였다. 또한 유럽 각지의 많은 농민들은 수도자로부터 치즈 제조법을 전수받았다고 전해진다.

이후 1851년 미국 뉴욕지방에서 윌리암스Jesse Williams, 영국인에 의해 최초로 소규모의 체다 치즈Cheddar Cheese 공장이 지어져 공업적 규모로 치즈 생산이 시작되었고, 그 후 20년 뒤에 치즈의 공장 생산법이 스코틀랜드에 도입되었다.

우리나라에서는 해방 후 식생활의 양식화와 더불어 치즈의 소비량이 증가하였으나 전부 수입에 의존했다. 1960년대 후반에 전북 임실에서 벨기에 신부 디디에 세르스테반스Didier t'Serstevens, 지정환에 의해 최초로 제조되었다고 하며, 그 이후에 서울우유 협동조합에 의해 소량이나마 상품화되기 시작한 것이 효시이다.

3) 치즈의 종류

(1) 브리 치즈Brie Cheese

프랑스 파리 동쪽 모Meaux시 근방의 라 브리La Brie 지방에서 유래된 브리 치즈는 그 역사가 8세기까지 거슬러 올라간다. 전설에 따르면 프랑스 국왕이었던 샤를르마뉴 왕이 Reuil-en-Brie수도원에서 이 치즈의 맛을 보고는 액스 라 샤펠Aix-en-Chapelle에 있는 왕궁에 정규 치즈 공급자로 정했다고 한다. 브리 치즈는 여러 나라에서 생산되고 있는 파리 남부 센에마른Seine-et-Marne에서 생산되는 치즈에 대해서만 '브리Brie'라는 이름을 붙일 수 있도록 법으로 정하고 있다. 형태는 평평한 원반상으로 직경 32.5~40cm, 두께 3cm, 중량 3kg의 대형에서부터 500g의 소형이 있다.

13~15℃에서 1주간 1차로 숙성시켜 치즈 표면에 흰곰팡이를 생육한다. 다음 10℃ 전후의 숙성실에서 3~4주간 2차 숙성을 한다. 농가에서 자가생산된 브

리의 표면에는 밀짚 형태의 자국들이 나 있는데, 이 자국들은 숙성시 브리를 둘러싸고 있는 밀짚자국들이다. 여러 가지 브리 중에서 브리 드 멀랭Brie de Melun은 짜고 강한 향을 풍기고, 브리 드 몽트로우Brie de Montereau는 달콤하고 소박한 풍미가 특징이며, 브리 드 모Brie de Meaux는 모든 브리 중 가장 부드럽고 최상의 것으로 알려져 있다.

(2) 체더 치즈Cheddar Cheese

원산지는 영국 서머셋 지방에 있는 브리스톨 근처의 체더마을이라고 한다. 연대는 확실치 않으나 1655년에 런던에서 발행된 'Husbandary Legacy'에는 "영국에서 가장 좋은 치즈"라고 표현되어 있다.

현재 세계의 영어 사용국에서 가장 많이 만들어지는 치즈로, 미국에서는 그냥 치즈라고 말할 때에는 체더 치즈를 가리킨다. 미국에서는 미국산 치즈, 캐나다에는 캐나다산 치즈, 호주에서는 호주산 치즈라고 하며, 영국에서는 체더 치즈라고 부른다. 체더 치즈는 대표적인 경질치즈로 제조공정 중에 체더링Cheddaring이라는 공정이 있는 것이 특징이다.

체더링 공정은 치즈 제조공정 중에서 응유를 커팅한 뒤에 치즈 배틀Cheese Vat의 양쪽으로 응유를 논밭의 도랑과 같이 쌓아 올려 유청Whey이 잘 빠져나가게 하는 조작을 말한다. 공장에서는 체더링 공정이 치즈의 품질에 결정적 영향을 미치므로 공정관리의 철저를 기하고 있다.

이러한 체더 치즈는 원래 살균시키지 않은 원유를 사용하여 원통형으로 만들었으나, 오늘날에는 살균한 우유를 가지고 블록형으로 만들고 있다. 색깔은 엷은 상아색, 크림색, 천연의 식물성 색소인 안나토Annatto로 염색한 붉은 색 등을 띠고 있으며, 좋은 체더 치즈는 최소한 9개월의 숙성기간이 필요하나 종종 이보다 훨씬 덜 성숙된 상태로 판매되고 있기도 하다.

(3) 카망베르 치즈Camembert Cheese

카망베르 치즈는 1791년 Jeanne Harel 여사에 의하여 프랑스 노르망디지방의 비무티에Vimoutiers 근교 카멘버트 마을에서 처음으로 만들어져, 이 마을을 방문한 나폴레옹에 의해 명명되었다고 한다. 그리하여 1928년에는 그녀를 기념하기 위하여 동상을 건립하였다. 그러나 1700년에 발행된 프랑스 사전에 실려 있는 바와 같이, 이 치즈는 훨씬 이전부터 만들어지고 있었던 것으로 보인다.

이 치즈는 전지유 또는 약간의 크림을 첨가한 우유로 만든다. 크기는 직경 13cm, 두께 3cm, 중량 300g의 원판형이 표준이다. 온도 10~13℃, 습도 85~90%에서 3주 이상 숙성시키는데, 이 기간 동안 치즈의 색깔은 희나 박테리아가 자람에 따라 적색을 띠게 된다. 먹을 때에는 외피를 벗겨 먹는 것이 보통인데, 이것은 자극적인 냄새가 너무 강하고, 과숙한 경우에는 암모니아 냄새도 나기 때문이다.

(4) 에담 치즈Edam Cheese

네덜란드의 북부지역에 있는 에담마을이 이 치즈의 유래지이다. 맛은 하우다 치즈Gouda Cheese와 비슷하고, 제조법은 체더 치즈Cheddar Cheese와 유사하다. 그리고 원료유를 살균한 탈지우유를 사용한다는 점에서 하우다Gouda와 다르고, 제조 중에 커드Curd를 발효시키지 않는다는 점에서 체더Cheddar와 다르다.

이 치즈는 1.5~2kg의 구형(球型)으로서 적색 색소용액에 담겨져 착색되며,

수출용은 적색 혹은 황색 파라핀(등유)으로 도장 처리되어 있다. 이러한 특유의 모양으로 인해 'Dutch Red Ball'이란 별명으로 불리기도 하는 에담치즈는, 대개 2~5개월 숙성시킨 후에 맛이 온화해지며 약간 신맛의 풍미를 자아낸다.

(5) 파르메산 치즈Parmesan Cheese

이탈리아가 원산지인 치즈로 레지오 에밀리아지방의 파르마시에서 유래되었으며, 원래 이름은 파르미지아노 레지아노Parmigiano Reggiano이다. 번들거리는 갈색 원통형에 약 40kg에 달하는 이 치즈는 탈지우유를 원료로 하여 박테리아로 숙성시키는데, 그 숙성 기간에 따라 명칭이 달라진다. 즉 2년 동안 숙성시킨 파르메산 치즈는 베키오Vecchio, 3년 숙성 치즈는 스트라베키오Stravecchio, 그리고 4년 숙성시킨 치즈는 스트라베키온느Stravecchione라 일컫는다. 제조 직후 부드러울 때 식탁용으로도 사용한다.

이 치즈는 주로 일정 기간 숙성 후 갈아서 수프, 파스타, 밥, 셀러드 등에 조미용으로 뿌려 사용한다. 또한 파르메산 치즈에 관한 관계법은 엄하여, 반드시 파르메산 치즈는 매년 4월 15일에서 11월 11일 사이에 제조되도록 정하고 있다.

(6) 에멘탈 치즈Emmental Cheese

스위스의 대표적인 치즈로, 에멘탈러 치즈Emmentaler Cheese라고도 부른다. 이름은 스위스의 베른주에 있는 에멘탈Emme의 골짜기에서 유래된 것이다. 스위스 생산 치즈의 주종으로 15세기부터 만들어지고 있다고 하나, BC 58년경부터 만들어졌다고도 주장되고 있다.

스위스 외에도 많은 나라에서 생산되고 있으며, 미국에서는 체다 치즈Cheddar Cheese 다음으로 생산량이 많고 슈바이처Schweizer라고도 부른다. 덴마크에서는 삼소 치즈Samsoe Cheese라고 부르며, 이탈리아에서는 포르마죠Fromaggio, 돌체Dolce, 폰티나Fontina라고 부른다. 프랑스, 독일 및 구소련에서도 대량으로 생산되고 있다. 조직은 탄력성이 풍부하고 달콤한 풍미를 내는데, 치즈 내부에 가스구멍Eyes라고 부른다이 있는 것이 특징이다. 스위스에서는 사일리지Silage; 신선하게 저장된 목초를 먹인 젖소의 우유를 사용하지 말 것을 법규로 정하고 있는데, 이것은 그런 우유는 치즈 내부의 가스구멍이 크게 나타나는 블로우홀blow-holes을 형성하기 때문이다.

이러한 에멘탈 치즈는 제조과정 중 발생되는 균열이나 가스구멍의 유무, 크기에 따라 각기 달리 불리기도 한다. 제조과정 중 가스 생성량이 많아지면 가스 압력으로 치즈에 균열이 생기는데, 이런 치즈를 글라시 치즈Glassy Cheese라고 부른다. 그러나 가스구멍 생성이 너무 작으면 블라인드 치즈Blind Cheese라고 하여 역시 결함 있는 에멘탈 치즈로 취급한다. 또한 가스구멍의 직경이 크면 프레슬러 치즈Pressler Cheese, 가스구멍의 직경이 너무 작으면 니슬러 치즈Nissler Cheese라고 부른다.

에멘탈 치즈는 소젖을 사용하여 약 60~100kg 정도의 수레바퀴 모양으로 만들어지기 때문에 흔히 휠Wheel이라고도 불린다. 용도는 식사 시에 테이블 치즈로 쓰이며, 그 외에 샐러드, 카나페, 수프, 야채 등을 비롯하여 음식 조리시에 재료로 사용하기도 한다.

(7) 모차렐라 치즈Mozzarella Cheese

모차렐라 치즈는 연질의 플라스틱 커드Plastic-curd 치즈이다. 이탈리아가 원산지로 원래는 물소 젖으로 만들었으나, 현재는 소젖을 사용하여 뉴욕과 캘리포니아에서 많이 생산하고 있다. 모차렐라는 제조 시 커드를 물속에서 열을 가

하여 탄력 있는 상태를 만들어 길게 늘어뜨린 뒤 다시 공 모양으로 말아서 잘라내어 일정한 형태를 만든다.

이렇게 형성된 치즈는 40℃로 가온한 뒤에 유청Whey을 빼고 찬물로 씻은 다음 자루에 담아 3~6일간 숙성시킨다. 모차렐라는 수프나 피자의 토핑용으로 주로 쓰이며, 그 외 샐러드용으로도 쓰인다. 이 치즈의 색깔은 순백색으로 온화한 풍미를 낸다. 유사한 제품으로는 스카모짜 치즈Scarmorza Cheese가 있다.

(8) 로크퍼트 치즈Roquefort Cheese

이름은 프랑스 남부 님Nimes 서쪽 70마일의 로크퍼트 마을에서 유래된 것이다. 이 치즈는 1,000년 이상의 역사를 가지고 역대 제왕들, 특히 샤를마뉴, 카룰루스 4세와 여러 교황들의 기호품이었다.

1666년에 프랑스는 법률로 'Roquefort'라는 이름을 로크퍼트지방에서 양유Ewe's milk로 만든 치즈에 한하여 사용하도록 정하였다고 한다. 로크퍼트지방에서는 채유를 위해 면양인 로카인Locaine을 특별히 사육하고 있다고 한다.

이 치즈는 강한 자극성 냄새와 치즈 내부에 맥상으로 생육한 푸른곰팡이의 대리석 무늬가 특징으로 되어 있다. 프랑스에서는 다른 지방에서 만들어진 로크퍼트 타입 치즈Roquefort Type Cheese를 블루치즈라고 부르며, 다른 나라에서도 푸른곰팡이 치즈를 제각기 다른 이름으로 부르고 있다. 즉 미국에서는 우유로 만든 푸른곰팡이 치즈를 블루치즈라고 부르며, 영국에서는 스틸톤 치즈라고 부르고, 이탈리아에서는 고르곤 졸라라고 부르고 있다.

프랑스에서는 면양의 아침 젖과 저녁 젖을 섞어서 원료로 하며, 응유가 형성되었을 때 응유에 블루치즈Blue Cheese는 보통 1%의 소금을 가하나, 로크퍼트Roquefort는 이때에는 소금을 가하지 않고 성형을 한 뒤 숙성 직전에 가염한다. 가염한 뒤에 치즈 표면에 작은 구멍을 내는데, 이것은 공기의 유통과 CO_2 가스의 배기를 좋게 하는 동시에 치즈 내부에서 곰팡이의 생육을 촉진시키기 위한 것이다.

와인과 관련된 명언과 일화

- 이탈리아 속담 : 신은 단지 물을 만들었을 뿐이다. 그러나 인간은 와인을 만들었다.
- 빅토르 위고 : 와인, 그것은 햇빛이 물속에 사로잡혀 있는 것이다.
- 바이런 : 와인은 쓸쓸한 사람에게는 위로를, 노인에게는 젊음을, 젊은이에게는 영감을, 그리고 근심에 짓눌린 사람에게는 해방감을 안겨준다.
- 괴테는 하루 2리터의 와인을 마셨다. 그는 그 양이 인생을 즐겁게 살만한 양이라고 했다.
- 20세기 중국을 대표하는 문인이자 비평가인 林語堂(린위탕 · 임어당) 선생은 이런 말을 했다. "와인과 茶(차)의 차이점을 이렇게 표현할 수 있다. 차는 은자(隱者)와 같고, 와인은 기사(騎士)와 같다. 와인은 친구를 위하여 있는 것이고, 차는 조용한 유덕자(有德者)를 위하여 있는 것이다."
- 샴페인지방에서 생산되는 90%의 와인은 빈티지를 표시하지 않는다. 빈티지가 표기되는 샴페인은 전체 생산량 중 10% 정도로 매우 특별하다. 나폴레옹이 좋아한 와인은 부르고뉴의 샹베르텡과 샴페인이었다. 그는 "전쟁에 이겼을 때 샴페인이 필요하며, 전쟁에 졌을 때도 샴페인은 필요하다"고 했다. 또 "와인(술)은 신(神)의 음료이고, 우유는 어린아이의 음료이며, 차는 여자의 음료이고, 물은 짐승의 음료이다"라는 말도 유명하다.
- 루이 15세의 애첩이었던 퐁파두르 부인은 "여자가 마셔도 추하지 않은 술은 샴페인뿐이다"라는 말을 남겼다.
- 헤밍웨이는 "와인은 세상에서 가장 발달한 문명의 산물 중 하나이다. 세상에서 가장 완벽한 자연물 중 하나이며, 다른 어떤 순수한 감각보다 더 큰 기쁨과 감상을 제공해 준다"고 한 와인 애호가였다. 그는 와인을 무척 좋아해 손녀에게 와인 이름을 붙여 주었다. 젊은 나이에 할아버지처럼 자살로 생을 마감한 영화배우 '마고 헤밍웨이'의 이름은 프랑스 보르도의 특1등급 와인인 '샤토 마고'에서 따온 것이다.
- 영어로는 '버건디'라 불리는 부르고뉴는 게르만족의 일파인 부르군트족이 세운 왕국에서 유래한 이름이다. 파리에서 지리적으로 가까워 프랑스 왕실에 와인을 공급했고, 루이 14세, 나폴레옹, 샤를 드골 대통령은 부르고뉴 와인 애호가였다.

중형의 원주형으로 만들어진 로크포트 치즈는 껍질이 얇고 투명하며, 석회암의 동굴 안에서 2~10개월 동안 숙성시킨다. 맛은 강하고 자극성이 있으며 속은 크림 모양인데, 프랑스에서는 유사한 치즈로 도베르뉴 블루d'Auvergne Bleu, 세몬셀Septmoncel, 겍스Gex 그리고 에프와스 치즈Epoisses Cheese 등이 있다.

5. 와인과 건강

파스퇴르의 "포도주는 모든 술 가운데서 건강에 가장 유익한 술이다"라는 말처럼 와인은 여러 효능을 갖고 있다.

1) 와인의 성분

와인은 포도의 즙으로 만들어진 250여 가지의 성분으로 구성된 매우 복잡한 알코올성 음료이다. 대부분은 아주 적은 양으로 구성되어져 있으며, 이들 요소의 비율은 테루아르, 즉 토양과 포도의 종류, 강우량, 햇볕의 양과 빈티지, 와인제조법 등에 의해 차이가 날 수 있다.

와인의 성분을 분석하면 수분 85%, 알코올 9~15% 정도이고, 나머지는 당분, 비타민, 유기산, 각종 미네랄, 폴리페놀 등으로 나누어진다.

① 물 : 전체의 약 80~85%를 차지한다. 포도에 함유되어 있던 천연성분의 물이다.

② 산Acides : 포도로부터 유래하는 주석산, 사과산, 구연산Citrique 등이 있으며, 발효 중에 얻어진 것으로 젖산, 호박산, 초산 및 기타 여러 가지가 있다.

③ 당분 : 발효시 전부 혹은 부분적으로 발효되며, 와인의 종류에 따라 함유량이 다르다. 스위트 와인은 리터당 18~50g, 드라이 와인에도 리터당

10g 미만 정도의 당분을 포함하고 있다.

④ 질소화합물 : 아미노산, 암모니아, 요소 등 체내에서 합성치 못하는 필수 아미노산이 들어 있다. 기타 복잡한 질소성분의 유기질이 있으나, 와인의 제조과정에서 일부는 제거된다.

⑤ 알코올 : 당분이 효모에 의해 분해되어 생긴다. 에틸알코올과 알데히드계(아세트알데히드, 아세탈)를 10~17% 가량 함유하고 있다. 알코올은 아로마와 부케를 전달하는 매개체 역할을 한다.

⑥ 페놀성분 : 와인의 색을 나타내는 성분들로서 레드 와인에는 안토시아닌 Anthocyanin, 화이트에는 플라보노이드Flavonoid가 들어 있다. 타닌이라고 하는 폴리페놀 성분은 떫은맛을 내는데, 레드 와인에 많다. 이 성분은 포도의 껍질과 씨앗에서 주로 나오며 와인을 숙성시키는 오크통에서도 나올 수 있다. 레드 와인에 많은 타닌은 방부제 역할을 하여 장기 숙성도 가능하게 한다. 와인은 PH가 3.0~3.5의 약산성으로 위액의 1.5~2.5에 가장 가까운 음료이다.

⑦ 광물성분 : 모든 식물에 들어있는 성분으로, 매우 다양하나 특히 칼륨, 나트륨, 칼슘, 마그네슘이 있다. 이런 물질이 산뜻한 맛을 낸다.

⑧ 비타민 : 고품질의 비타민 C, B_1, B_2, B_{12}가 미량 함유되어 있다.

⑨ 아황산염 : 포도의 신선도 유지, 와인의 살균과 보관에 유용하다.

2) 와인과 질병예방

(1) 심장병 예방

1991년 미국 〈뉴스쇼〉에서 육류, 버터 등 포화지방 섭취가 많은 프랑스인이 심장병 발병률이 다른 나라에 비해 더 낮다고 보고되었다. 또 1992년 미국 「저널지」에서도 심혈관계 사망이 프랑스인이 가장 낮다고 발표되었다. 그 이유는 와인을 생활 속에서 많이 음용하기 때문이라고 했다. 이것은 와인을 매일 적당량으로 남자 20g, 여자 10~20g 정도를 마시면 항산화 항응고제 성분이 나쁜 지방성분의 피해를 줄여준다는 것이다. 이것을 프랜치 패러독스라고 한다.

특히 레드 와인에 있는 HDL이 나쁜 콜레스테롤을 없애는 역할을 하고, 혈청콜레스테롤을 낮춰주는 레스베라트롤Resveratrol이라는 복합 항균물질이 있어 심장병 예방에 좋다. 또한 타닌, 페놀성분 등은 고혈압, 동맥경화와 심장병에 도움을 준다.

(2) 암 예방

레드 와인의 퀘르세틴Quercetin으로 알려진 강한 항암성분이 있다. 발효성분이 인체에 들어가면서 활성화되기 때문이다. 또한 발암 예방성분인 갈산성분도 있다. 항암성분은 포도씨와 껍질에 주로 함유되어 있어 레드 와인이 특히 좋고 장기 숙성된 것일수록 알코올에 의해 증가한다. 뉴욕대학 앤더슨 박사는 "적당량의 레드 와인을 마시면 결장, 직장, 종양의 발생률을 낮춘다"고 했다.

(3) 노화방지

와인 속의 미네랄 붕소는 칼슘의 흡수를 돕고, 에스트로겐은 호르몬 유지에도 도움이 된다. 비타민과 미네랄이 풍부하여 스트레스 억제, 소화를 돕고 항박테리아 작용을 하며 노화를 방지한다. 와인의 타닌은 헤르페스와 같은 바이러스를 예방한다. 활성화산소를 억제하는 폴리페놀 덕분에 강한 항산화 효과를 내고 혈소판의 엉김을 막아 혈액응고를 예방한다.

(4) 성인병 예방효과

기원전에는 와인이 술이 아니라 약으로 사용되었다. 우선 치료제와 안정제, 수면제로서 와인을 사용했던 것이다. 와인은 칼슘과 칼륨 등은 체내에서 알칼리성을 띠어 산성체질을 알칼리성으로 바꿔주어 성인병을 예방을 돕는다.

(5) 소화불량과 변비예방 효과

레드 와인은 폴리페놀 성분 때문에 감기 바이러스 등에 효과를 보이며, 케르세틴으로 알려진 강한 항암성분을 가지고 있어 암 예방에 좋다. 젖산균과 글리세린은 소화불량과 변비에 좋으며 포도당과 과당은 장의 소화흡수 촉진에 좋다.

(6) 피로회복 효과

와인은 피로회복과 강장의 역할을 해준다. 비타민 A, B_1, B_6가 풍부한 레드 와인으로 비누를 만들어 꾸준히 사용하면 피부 노화를 예방할 수 있다. 레드 와인은 피부의 긴장을 풀어주고 모공과 표피의 모세혈관을 활발하게 하여 피부 세정력을 높여준다. 기미나 주름 예방에 효과가 있는 천연 AHA 성분이 함유돼 있어 피부 미백에도 도움을 준다.

(7) 당뇨병성 안질환 예방효과

화이트 와인은 초 저칼로리 와인으로 당뇨병 환자들에게 좋다. 당뇨병 환자들에게는 알코올 섭취가 금기사항이지만, 전용와인을 통해 환자의 정신위생과 투병생활에 많은 도움을 준다.

레드 와인, 포도, 블루베리 및 기타 다른 식물 속에 든 레스베라트롤이라는 성분이 눈 속 혈관이 자라는 것을 억제해 당뇨병성 망막병증과 노인성 황반변성 등의 실명을 유발하는 안질환을 예방할 수 있는 것으로 나타났다.

부 록

APPENDIX 와인 용어

가

귀부병*Noble Rot*

포도가 무르익을 때 포도껍질에 생성되는 보트리티스 시네레아Botrytis Cinerea라는 곰팡이로, 양질의 디저트 와인 혹은 스위트 와인 생산에 도움을 주기도 한다.

그랑 크뤼*Grand Cru*

'특급 포도원'이라는 뜻으로, 보르도지방의 메도크 지구에는 5단계, 생테밀리옹 지구에는 2단계로 나누어 등급을 매기는데, 그 중 최고등급을 가리킨다. 부르고뉴지방에서는 최고의 특급 포도원을 일컫는다.

나

나파 밸리*Napa Valley*

미국에서 가장 유명한 포도재배 지역이다. 생산량은 캘리포니아 전체의 5% 정도밖에 되지 않으나, 대규모 와인 회사들이 이곳에서 미국 최고의 와인을 생산하고 있다. 주요 와인 생산자로 Robert Mondavi, Opus One, Beringer, Clos du Val, Stag's Leap Wine Cellars, Joseph Phelps, Pine Ridge, Hietz Wine Cellars 등이 있다.

네고시앙*Negociant*

네고시앙이란, 각기 다른 포도원에서 와인을 사들여 병입, 유통을 담당하는 와인 중개상을 의미한다. 와인을 사들여 유통시키는 것만이 아니라 자신들의 이름을 걸고 그에 걸맞은 와인만을 선택한다. 포도밭의 상태, 품질 등을 꼼꼼히 체크하고 와인의 질을 유지한다. 따라서 명문 네고시앙의 와인을 고르면 실패할 확률이 적다. 부르고뉴지방은 특히 전통과 평판이 좋은 네고시앙들이 있어 이들의 와인을 고르는 것이 품질을 믿을 수 있고 안전하다.

다

도멘*Domaine*

부르고뉴지방에서 포도를 재배하고 와인을 양조하는 양조장, 보르도지방에서는 샤토라고 한다.

돌체*Dolce*

스위트(이탈리아)

디캔팅*Decanting*

병에 있는 와인을 마시기 전에 침전물을 없애기 위해 다른 깨끗한 용기Decanter에 와인을 옮겨 따르는 것을 말한다.

라

로소*Rosso*

레드(이탈리아)

로제*Rose*

핑크색 와인

론*Rhone*

프랑스 남동부의 론 강 유역에 형성된 와인산지이다.

루아르*Loire*

프랑스 대표적인 와인산지로 프랑스 중부를 가로질러 대서양에 이르는 약 1,000km의 강줄기를 따라 형성된 와인산지로 페이 낭테, 앙주 소뮈르, 투렌, 상트르 지역이 있다.

루즈*Rouge*

레드(프랑스어)

리슬링*Riesling*

세계적인 화이트 와인 포도품종으로, 주로 독일에서 매우 훌륭한 화이트 와인을 생산한다.

리오하*Rioja*

스페인의 가장 잘 알려진 고급 와인 생산지역이다.

리제르바*Riserva*

이탈리아 키안티 지역에서 최소 3년 이상 숙성시킨 와인이다.

마

마세라시옹*Maceration*

프랑스어로 발효 전후와 도중에 포도껍질과 포도즙을 일정기간 함께 담가 색깔과 향기, 맛을 추출해 내는 과정을 말한다.

매그넘*Magnum*

750ml짜리 일반 와인병보다 두 배 큰 와인병(1,500ml)이다.

메도크*Medoc*

세계 최고 수준의 레드 와인을 생산하는 프랑스 보르도 내의 와인산지이다.

메를로*Merlot*

보르도에서 두 번째로 많이 재배되는 품종으로, 특히 생테밀리옹과 포므롤지방에서 많이 재배된다. 최근에 미국에서 인기품종으로 많이 재배되고 있다. 메를로 와인은 대체로 부드러우며 타닌이 덜한 것이 특징이다.

멘도시노*Mendosino*

미국을 대표하는 진판델의 본고장이며, 주요 와이너리로 켄달잭슨Kendall-Jackson이 있다.

뮈스카*Muscat*

청포도품종으로 일반적으로 매우 향기롭다.

바

바디*Body*

입 안에 머금었을 때 느껴지는 무게감을 의미한다. 맛의 진한 정도와 농도, 혹은 질감의 정도를 표현하는 와인 용어이다. 바디가 있는 와인은 알코올이나 당분이 더 많은 편이다.

발포성 와인*Sparkling Wine*

스틸 와인Still Wine의 상대적 개념이며, Carbon Dioxide 가스가 들어 있는 와인으로 샴페인이 대표적이다.

밸런스*Balance*

와인을 평가할 때 사용되는 용어로 산도 · 당분 · 타닌 · 알코올도수와 향이 좋은 조화를 이루는 맛을 느낄 때 '좋은 밸런스가 있다'고 한다.

뱅 드 타블 *Vin de Table*

프랑스 와인 관련법 규정의 최하위 규정이다.

뱅 *Vin*

프랑스어로 '와인'이라는 뜻이다.

베렌아우스레제 *Beerenauslese*

독일어로 '선택된 열매'라는 뜻으로, 좋은 포도알을 골라 만든 와인에 표기한다.

베리 *Berry*

포도알 낱개이다.

보졸레 누보 *Beaujolais Nouveau*

그해에 재배한 포도로 만들어서 바로 파는 햇포도주이다. 프랑스에서 매년 9월에 수확한 포도를 11월까지 저장 · 숙성시켜서 11월 셋째주 목요일부터 출시하는데, 오래 저장해서 만든 보통의 포도주처럼 깊은 맛은 없지만, 향이 좋고 쓴맛이 적어서 처음 마시는 사람에게도 좋다. 보통 포도주보다 차게 마시며, 오래될수록 맛이 떨어진다. 가격은 저렴한 편이나 판매량이 한정되어 출시 2~3주만에 바닥난다.

부쇼네 *Bouchonne*

보통 코르크 마개가 부식되거나 곰팡이가 슬어 와인에 해를 입히는 것을 '부쇼네'라고 한다. 즉 코르크 마개의 오염으로 인해 와인에 곰팡이 냄새 같은 것이 나는 것이다. 영어로는 '코르크Corky'라고 한다.

부케 *Bouquet*

주로 와인 생산과정이나 숙성과정에서 생기는 향으로 스모키향, 오키향, 초콜릿향, 바닐라향 등을 말한다.

브랜디 *Brandy*

와인을 증류하여 만든 술로 코냑과 아르마냑에서 생산된 브랜디의 품질이 가장 우수하다.

브뤼 *Brut*

가장 드라이(가장 달지 않은)한 스파클링 와인이다.

블라인드 테이스팅 *Blind Tasting*

와인의 라벨을 가리고 시음하는 것이다. 와인의 색깔, 향, 맛 등을 통하여 와인의 품종, 이름, 생산연도 등을 알아맞히는 것이다.

블랑 드 누아*Blanc de Noir*

피노 누아Pinot Noir와 같은 레드 와인용 품종으로 만든 스파클링 와인이다. 특히 샹파뉴의 스파클링 와인이다.

블랑 드 블랑*Blanc de Blanc*

샤르도네Chardonnay와 같이 화이트 와인용 품종으로 만든 스파클링 와인을 일반적으로 말하며, 일반 와인일 경우에는 단순히 화이트 품종으로 만든 화이트 와인을 말한다.

블랑*Blanc*

화이트(프랑스어)

블러시 와인*Blush Wine*

로제 와인을 미국에서 부르는 말로, 경우에 따라 레드 와인과 화이트 와인을 섞어서 만들기도 한다. 블랑 드 피노 누아Blanc De Pinot Noir, 쇼비뇽 블랑Cabernet Blanc, 화이트 진판델White Zinfandel, 피노 그리Pinot Gris 또는 뱅 그리Vin Gris라고 불리기도 한다.

블렌딩*Blending*

각기 다른 포도품종, 포도밭, 테루아에서 난 포도를 배합하여 와인을 생산하는 방식을 블렌딩이라 한다. 그러면 단일품종 와인임에도 불구하고 왜 굳이 블렌딩이라는 복잡한 과정을 거치는 것일까? 그 답은 간단하다. 와인을 블렌딩하면 각 품종의 품질이 향상되기 때문이다. 블렌딩 기술이 완벽하기만 하다면 테루아 고유의 특징이 살아나고 블렌딩 한 포도품종들의 성격이 더욱더 아름답게 표현된다. 이처럼 '1+1=3'을 만들어 내는 기술이 블렌딩 기술이다. 보르도 와인은 블렌딩 와인이며 블렌딩 기술은 보르도 와인의 진수라 할 수 있다.

비앙코*Bianco*

이탈리아어로 '화이트'란 뜻이다.

빈티지*Vintage*

와인을 제조하기 위하여 포도를 생산한 연도이다. 기후 조건이 매년 다르기 때문에 빈티지에 따라 포도의 질도 달라진다.

사

산도

와인이나 음식에서 느끼는 시큼한 맛의 정도이다. 균형이 잘 잡힌 와인의 산도는 0.6%에서 0.75%까지이다.

샤르도네*Chardonnay*

전 세계 와인산지에서 심고 있는 화이트 와인 품종으로 부르고뉴지방이 원산지이다. 석회질 토양과 점토질 토양에서 잘 자라며, 특히 샹파뉴와 같은 백악질 토양에서 잘 자란다. 훌륭한 샤르도네 와인은 꽃향, 미네랄향, 꿀향 등이 복합적으로 어우러지며 오크에서 숙성된 와인은 아카시아와 버터향이 지배적이다.

샤블리*Chablis*

프랑스 부르고뉴Bourgogne 내 와인 산지로 화이트 와인을 주로 생산한다.

샤토*Chateau*

사전적 의미는 '성곽'이나 '대저택'을 뜻한다. 와인과 관련해서는 포도원이나 자체 내에 '포도농장을 가진 와인공장'이란 뜻이다. 영어로는 '에스테이트Estate'라고 표기된다. 법률에 의하면, 샤토는 일정 면적 이상의 포도원이 있는 곳으로, 와인을 제조하고 저장할 수 있는 시설을 갖춘 곳이라야 한다. 보르도에는 약 3,000개의 샤토가 있다. 부르고뉴 지방의 도멘과 유사하다.

샴페인*Champagne*

프랑스 샹파뉴 지역에서 생산되는 대표적인 스파클링 와인이다. 협정에 의해 다른 나라에서 생산되는 발포성 와인을 샴페인이라 부를 수 없다.

세컨드 와인*Second Wine*

큰 샤토의 경우, 최고 성숙기에 접어든 오래된 수령의 포도나무에서 나온 와인을 이용해 첫 블렌딩을 실시한다. 이때 생산된 와인을 '퍼스트 와인'이라 부른다. 두 번째 블렌딩은 좀더 어린 포도나무에서 딴 포도로 블렌딩하는데, 이렇게 해서 만들어진 와인을 '세컨드 와인'이라 한다. 세컨드 와인은 과일향이 더 많고 부드러우며, 가격이 덜 부담스러우며 장기 보존보다는 바로 마시기에 좋다.

셀러*Cellar*

프랑스어로 '카브Cave'라고도 하며, 발효가 끝난 와인을 배양·숙성시키기 위해 보통 지하에 만든 장소를 말한다. 지하 저장소가 없는 우리나라에서 '와인 셀러'라고 하면 와인을 보관하는 냉장고를 일컫는다.

소노마*Sonoma*

미국 캘리포니아 지역에서 나파 밸리 다음으로 유명한 와인 생산지역으로, 나파와 비교할 때 규모가 적고 소박하며 서민들의 마을이라고 할 수 있다. 나파의 기후와 비슷해 포도재배에 적합하다. 주요 와인 생산자로 캔우드Kenwood, 조던Jordan, 세바스챠니 와이더니Sebastiani Winery, 글렌 앨런Glen Allen 등이 있다.

소믈리에*Sommelier*

소믈리에는 중세 유럽의 솜Somme이라는 직책에서 유래했다고 한다. 당시엔 영주가 식사하기 전에 포도주를 비롯한 음식의 안전성을 알려주는 것이 주요 임무였다. 그러다가 19세기 들어 포도주의 대량 소비가 시작되면서 포도주의 감식과 주문, 서빙을 책임지는 오늘날의 전문직종이 되었다.

소테른*Sauternes*

프랑스의 서부 보르도 동남쪽에 위치한 지역으로, 고급 스위트 와인을 생산한다.

숙성*Aging*

와인을 발효한 뒤 오크통이나 병에 보관하며 와인을 익히는 과정이다.

슈패트레제*Spätlese*

독일어로 '늦은 수확'이라는 뜻으로, 양질의 와인을 만들기 위해 일부러 포도 수확을 늦춰 제조한 화이트 와인이다.

스틸 와인*Still Wine*

발포성이 아닌 일반 와인이다.

스파클링 와인*Sparkling Wine*

가스가 들어 있는 발포성 와인이다. 샹파뉴Champagne, 스푸만테Spumante, 크레망Crémant, 프리찬테Frizzante 등이 유명하다. 발효가 끝난 와인에 당분과 효모를 첨가하여 병 속에서 인위적으로 발효되도록 유도한다.

스푸만테*Spumante*

이탈리아어로 '발포성 와인'을 뜻한다.

아

아로마*Aroma*

포도의 원산지에 따라 맡을 수 있는 와인의 첫 냄새 혹은 향기이다. 반대로, 부케는 와인의 제조과정이나 숙성방식에 따른 와인의 향을 의미한다.

아우스레제*Auslese*

독일 와인 법규에 따라 잘 익은 포도송이만을 골라서 만든 고급 화이트 와인이다.

아이스 와인*Icewine*

초겨울 포도가 언 상태에서 수확하여 만든 와인이다.

아페리티프 와인*Aperitif Wine*

식전에 마시는 와인이다. 보통 '드라이 화이트 와인'을 말한다.

아펠라시옹*Appellation*

아펠라시옹 도리진 콩트롤레Appellation d'Origine Controlee의 약어로, 원산지 통제명칭 와인 A.O.C.의 원어이며, 프랑스 와인 품질관리 규정 중 최상위에 있는 원산지 통제명칭이다.

어택*Attack*

와인을 처음 입에 댔을 때의 첫 인상이다. 명확함이 결여되어 있으면 인상이 약한 와인이 된다.

오크*Oak*

와인을 숙성하거나 보관할 때 사용하는 배럴을 만드는 나무의 일종이다. 오크통에서 숙성된 와인일 경우, 좋은 타닌과 바닐라향을 느낄 수 있다.

와이너리*Winery*

와인이 만들어지는 포도원 또는 양조장이다. 불어로 '샤토' 또는 '도멘Domaine'이라고 한다.

와인메이커*Wine Maker*

와인 양조장에서 와인 제조를 책임지고 있는 사람이다.

유기농 와인*Organic Wine*

유기농 와인은 보통 3년 이상 농약이나 화학비료를 전혀 사용하지 않고 재배한 포도로 만든다. 유기농 와인을 만들기 위해서는 썩은 포도껍질이나 두엄, 퇴비 등 자연거름으로 토양을 일구고 화학비료나 제초제, 살충제 등 화학성분의 물질을 일체 사용하지 않는다. 또한 와인 제조과정에서 자연효모를 사용하며, 발효 시에도 온도를 조절하지 않고 자연상태 그대로 발효시킨다. 유럽에서는 1992년부터 화학비료나 살충제, 제초제를 쓰지 않고 유기농법을 사용해 재배한 포도로 만든 와인을 '유기농 와인'이라 부른다. 그러나 미국 캘리포니아에서는 와인 병입 시 보존제(음식이나 샴푸, 세제 등을 산화시키지 않게 하는 데 사용되는 화학물질)를 첨가하지 않은 와인을 말한다.

자

저그와인*Jug Wine*

1,500ml 사이즈 혹은 이보다 더 큰 와인 용기에 담아서 적당한 가격으로 파는 와인들

에 대한 속칭이다.

제로보암*Jeroboam*

평균 사이즈보다 큰 사이즈의 와인병이다. 정해진 사이즈는 없고 생산자에 따라 750ml 보다 4~6배 정도 큰 사이즈의 병이다.

젝트*Sekt*

독일어로 발포성Sparkling 와인을 총칭하는 말이다.

진판델*Zinfandel*

캘리포니아에서 널리 재배되는 포도품종이다.

카

카베르네 소비뇽*Cabernet Sauvignon*

레드 와인을 만드는 것으로 전 세계적으로 가장 유명한 포도품종이다. 보르도의 메도크지방에서 가장 많이 재배되나 캘리포니아, 칠레, 호주 등 다른 여러 국가에서도 재배된다. 카베르네 소비뇽은 타닌이 강하고 풀바디의 와인이며 블랙커런트, 즉 카시스향이 강하다.

카비네트*Kabinett*

독일 와인 품질 등급 QmP에서 가장 낮은 등급이다.

카토바*Catawba*

미국 동부지역에서 주로 생산되는 혼성 포도품종이다. 주로 발포성 와인, 로제 와인 혹은 과일 성향이 강한 화이트 와인을 만들 때 사용되는 품종이다.

캐릭터*Character*

맛의 스타일을 이야기하는 와인 테이스팅 용어이다.

코냑*Cognac*

프랑스 코냑지방에서 와인을 증류하여 생산되는 브랜디의 일종이다.

코르크*Cork*

와인 병마개로 사용되는 탄력이 뛰어난 재료로서 너도밤나무과의 코르크나무로 만들었다.

코키지 차지*Corkage Charge*

자기가 보관하고 있는 와인을 전문 레스토랑에 들고 가 마실 경우, 서빙 받는 조건으로 와인가격의 일부 혹은 병당 일정 금액을 내는 돈이다.

쿠르티에와인 중개상

와인 중개상은 와인 생산자와 네고시앙 사이에서 거래를 담당하는 중요한 역할을 한다. 이들은 와인에 대한 해박한 지식으로, 와인 생산자와 네고시앙 간의 커뮤니케이션을 돕는다. 조정자이자 협상자인 와인 중개상의 역할은, 수요와 공급을 맞추고 상호간의 존중을 바탕으로 한 상거래를 성사시키는 것이다. 또한 쿠르티에는 네고시앙이 선택한 와인이 맞는지 확인하고 생산자에서 네고시앙 손에 도달할 때까지의 모든 과정을 책임진다.

보르도에만 총 130명의 쿠르티에가 있다. 바로 이들이 보르도 와인 마켓인 플레이스 드 보르도Place de Bordeaux에서의 공식 와인 시세를 결정한다. 와인 전문가로서, 앙 프리뫼르(햇와인)로 판매된 와인의 가격 결정을 돕는 고문 역할을 한다.

크뤼*Cru*

와인 재배에 쓰이는 프랑스 용어이다. 옛날에는 '특정지역의 산물'이라는 의미로 쓰였으나, 현대에 와서는 크뤼 클라세Cru Classe; 선별등급와 같은 와인의 품질 등급을 말한다. '크뤼'라는 개념은 17세기에 처음 생겼으나, 1885년 '파리만국박람회'를 맞이하여 나폴레옹3세가 와인을 출품하는 각 지방별로 와인에 대한 등급 기준을 마련하라는 지침을 내려 보르도 상공회의소C.C.I.가 이를 위임받아 제정된 이래 아직도 사용되고 있다.

클라시코*Classico*

포도재배 지역 중 가장 훌륭한 지역(이탈리아)이다.

키안티*Chianti*

이탈리아 토스카나 지역에서 생산되는 이탈리아의 대표적 레드 와인 생산지역이다.

타

타닌*Tanin*

자연적인 폴리페놀 물질로 쓴맛 혹은 수렴성이 있어서 입 안에서 떫은맛을 느끼는 물질이다.

타스트뱅*Tastevin*

프랑스어로 와인을 시음하기 위해 은으로 만든 컵의 일종이다.

테루아*Terroir*

프랑스어로 와인을 재배하기 위한 제반 자연조건을 총칭하는 말이다. 토양, 포도품종, 기후 등이 테루아를 구성한 주요 요인이다.

테이블 와인*Table Wine*
원래는 14% 미만의 알코올도수를 함유한 모든 와인들을 총칭하는 것으로, 식사 도중에 즐길 수 있는 와인을 일컫는다. 현대에 와서는 싸고 가볍게 즐길 수 있는 하우스 와인의 의미로도 쓰인다.

테이스팅*Tasting*
와인의 품질을 판단하기 위하여 맛을 보는 것이다. 색, 향, 맛은 와인 테이스팅의 기본적인 3요소이다. 이외에 덧붙일 수 있는 요소는 뒷맛과 균형이다. 테이스팅 하는 사람은 와인 속에 함축되어 있는 이 다섯 가지 특징을 찾아 낼 수 있어야 한다.

투명성*Clearity*
와인을 눈으로 평가할 때 쓰는 용어로 침전물이나 숙성 여부에 따른 밝기의 정도이다.

트로켄베렌아우스레제*Trockenbeerenauslese*
독일에서 생산되는 최고급 스위트 와인이다. 독일어로 '건포도의 선택'이라는 뜻으로, 거의 건포도가 될 정도로 농축된 포도를 수확해 만든 와인이다.

파

퍼스트 와인*First Wine*
포도원의 테루아를 잘 표현하면서 최고 성숙기에 접어든 오래된 수령의 포도나무에서 나온 와인을 이용해 첫 블렌딩을 하는데, 이때 생산된 와인을 포도원의 꽃 '퍼스트 와인'이라 부른다. 퍼스트 와인은 복합적이고, 아로마가 매우 풍부하며, 풍요롭고 타닌 구조가 좋아 시간이 지날수록 더욱더 훌륭한 와인으로 놀라운 발전을 하게 된다. 장기보관 가능한 와인이 되는 것이다. 이에 반하여, 세컨드 와인은 어린 포도나무에서 딴 포도로 블렌딩하는데, 과일향이 더 많고 부드러우며, 가격이 덜 부담스럽고 장기보존보다는 바로 마시기에 좋다.

포트*Port*
포르투갈의 포르토Porto 지역에서 생산되는 대표적인 주정 강화 와인을 말한다.

폴리페놀*Polyphenol*
와인에서 생기는 화학적인 성분으로 떫은맛과 쓴맛, 입 안이 마르는 듯한 느낌을 준다. 폴리페놀은 타닌과 포도껍질의 색소에서 주로 발견되며, 심장질환을 막아주는 것으로 알려진 성분이다.

프렌치 패러독스*French Paradox*

1991년, 프랑스 사람들의 동물성지방 섭취율이 높은데도 심장병 발병률은 낮다고 미국 CBS방송이 보도하면서 비롯된 말로, 전 세계적으로 와인소비를 촉발시켰다. 프랑스인들이 흡연을 많이 하고 동물성지방을 과다 섭취함에도 불구하고 심장질환에 의한 사망률이 낮은 이유는, 프랑스인들의 와인 섭취량이 높기 때문이라는 것이다. 동물성지방을 다량 섭취하여도 와인을 마시면 허혈성 심장질환의 위험성이 낮아진다.

피노*Pinot*

포도품종의 한 계열로 가장 유명한 것은 피노 누아가 있다.

피아스코*Fiasco*

지방의 특산물인 짚을 이용하여 포장한 와인병이다.

필록세라*Phylloxera*

포도나무 뿌리에 살고 있는 미세한 진딧물로 뿌리의 진액을 빨아먹고 산다. 19세기 후반 유럽의 포도나무를 황폐화시킨 적이 있다.

하

하이브리드*Hybrid*

포도재배학에서 두 개의 다른 포도품종을 접목하여 새로운 품종으로 만드는 것이다.

헥토리터*Hectoliter*

유럽 포도주 양조장에서 와인을 측량하는 표준단위이다. 1헥토리터는 100리터이며 기호는 hL이다.

A

Acetic Acid

모든 와인은 아세트산을 가지고 있으나 양은 극히 적어서 0.03%에서 0.06% 정도이다. 냄새나 맛으로 알아볼 수가 없다 0.07%가 넘으면 신맛이 난다.

Acid

와인에는 4개의 주요 산이 있다. 이는 타르타르산, 말산, 락산, 시트르산 등이다.

Acidic

전체적으로 산이 많을 때 사용하는 표현이다.

Acidity

균형이 잘 이루어진 와인에서 산도는 0.6%에서 0.75%까지이다. 보르도 지역과 버건디 지역, 호주, 미국 등지에서는 법으로 규정하고 있는 곳도 있다.

Acrid

약간 쓴맛이 있거나 곰팡이 냄새가 날 때 사용하는 표현이다. 황이 많을 때 생기는 현상이다.

Aeration

와인을 공기와 함께 접촉시키는 것이다. 공기는 와인을 부드럽게 한다.

Aftertaste

와인을 맛본 뒤 입에 남아 있는 맛이나 향을 말한다.

Aggressive

타닌이나 산이 많을 때 사용하는 좋지 않은 맛이다.

Alcohol by Volume

테이블 와인에서 14%를 넘지 않는 범위에서 라벨에 있는 양보다 1.5% 정도 가감이 가능하다.

Alcohol

발효하는 동안 당분에 이스트를 첨가하거나 자체적으로 작용하여 생기는 화학성분이다(에틸알코올).

American Oak

카베르네, 메를로, 진판델을 숙성시킬 때 많이 사용된다. 프랑스산 오크통이 500달러 정도인데 비해, 약 250달러 정도이다.

American Viticultural Area(AVA)

Bureau of Alcohol, Tobacco and Firearms에서 정한 포도재배 지역이다. 예를 들면 나파 밸리, 소노마 밸리 등이다.

Appearance

와인의 맑음 정도이다. 색을 의미하는 것은 아니다.

Appellation d'Origine Controlee(A.O.C.)

1930년대에 시작된 프랑스의 명칭Appellations시스템이다. 품종, 포도의 익은 정도, 알코올의 양, 포도의 생산 등을 규정하고 있다.

Appellation

포도가 자란 지역을 나타내는 말이다. 규정은 나라마다 다르다.

Aroma

발효된 포도로부터 나는 냄새이다.

Astringent

타닌과 높은 산도로 인한 거친 느낌이다.

Austere

깊이와 서로 성분이 불균형을 이루고 산도가 높을 때의 표현이다. 보통 Young한 와인이나 Body가 부족할 때 사용한다.

Awkward

맛과 향이 불균형을 이룰 때 사용하는 표현이다.

B

Backbone

Full-bodied이고 Structure가 잘되어 있고 산도가 적당할 때 사용하는 표현이다.

Backward

같은 해에 수확하여 같이 만든 와인 중에 숙성 정도가 느린 와인이다.

Balance

어느 한 가지 성분이 우세하지 않고 여러 성분이 균형을 잘 이룬 상태이다.

Bin Numbe

Cask Number 참고한다.

Blanc de Blancs

샤르도네만 사용하여 만든 샴페인이다.

Blanc de Noirs

피노 누아나 피노 뫼니에를 혼합하여 만든 샴페인이다.

Blunt

좋은 향이 적고, 다른 향이 강하며 알코올 양이 많을 때 사용하는 표현이다.

Body

와인의 무게나 향이 많은 정도의 느낌이다. 보통 글리세린과 알코올, 당분의 조화를 나타낸다. Full-bodied, Medium-bodied, Medium-weight, Light-bodied로 표현한다.

Botrytis Cinerea

'Noble Rot'이라고도 불린다. 기후 조건으로 인해 포도가 줄어들어 향, 당분, 산 등이 농축된 상태이다. 프랑스의 소테른, 독일의 토케이 와인 등이 있다.

Bouquet
병입 후 또는 숙성 후에 생기는 냄새이다.
Brawny
강한 맛과 타닌을 많이 함유한 와인을 나타내는 표현이다. 반대되는 표현은 Elegant이다.
Bright
신선하고 잘 익은 포도로 만든 향이 풍부한 Young 와인이다.
Brilliant
아주 맑은 와인을 가리키지만 여과된 와인을 뜻하기도 한다.
Brix
포도, 포도액, 와인의 당분 정도를 나타내는 척도이다. 이는 수확기 포도의 익은 정도를 나타낸다. 대부분의 테이블 와인은 21~25Brix를 가진다.
Browning
완전히 숙성하여 상했을지도 모르는 상태의 와인 색깔이다.
Brut
드라이한 샴페인이나 스파클링 와인이다.
Buttery
버터나 그을린 오크통 향을 가지고 있을 때 사용하는 표현이다.

C

Carbonic Maceration
이산화탄소가 있고 으깨어지지 않은 포도의 발효이다.
Cask Number
특별한 뜻이 없는 특별한 와인에 사용되는 용어이다.
Cedary
오크통에서 숙성된 카베르네 소비뇽 등 참죽나무의 냄새를 나타내는 표현이다.
Chaptalization
발효 전후 또는 발효 중에 설탕을 첨가하는 것이다.
Charmat
스파클링 와인의 대량생산이다.
Clean
향이 아주 신선할 때 사용하는 표현이다.

Cloudiness
와인의 맑은 정도가 부족한 상태이다. 이스트에 의해 상했을 가능성이 있다.
Cloying
산, 알코올, 향 등의 균형이 이루어지지 않고 당분이 아주 많은 와인이다.
Coarse
타닌이나 오크향이 너무 많을 때 사용하는 표현이다.
Cold Stabilization
와인의 온도를 차게 하여 녹지 않는 고형물질 등을 가라앉게 하는 것이다.
Complexity
향, 맛 등 여러 요소가 완벽하게 잘 조화를 이루는 아주 좋은 와인을 말한다.

___ D

Decanting
와인을 마시기 전에 침전물을 걸러내는 것이다.
Delicate
피노 누아나 리슬링에서 볼 수 있는 Light에서 Medium-weight까지의 와인 중 좋은 와인이다.
Demi-sec
샴페인 용어, 중간 정도 단 것을 의미한다.
Dense
여러 향이 응축됨을 보여 주는 Young한 와인을 표현할 때의 표현이다.
Depth
아주 좋은 와인에 여러 향들이 골고루 내포되어 있을 때의 표현이다.
Dirty
좋지 않은 저장통이나 코르크를 사용하여 냄새가 좋지 않은 와인을 표현할 때 사용한다.
Dry
당분을 느끼지 못하는 정도의 와인이다. 보통 당분은 0.5~0.7%일 때 느끼게 된다.
Dumb
Young한 와인이 아로마와 향을 발전시켜 가는 것이다.

E

Earthy

좋은 의미와 나쁜 의미 둘 다 사용된다. 와인이 맛있고 깨끗할 때와 탁할 때 사용된다.

Elegant

향과 여러 요소가 균형 있고 좋은 와인이다.

Enology

와인학Oenology이라 한다.

Estate-bottled

자신의 포도원에서 생산하여 병입한 와인이다.

Extract

과일의 향과 맛이 있다는 뜻이다. 좋은 와인을 말할 때 사용한다.

Extra-dry

특별한 의미는 없으나 이런 글씨가 있는 와인은 주로 Sweet하다.

F

Fading

색과 과일향이 부족할 때 사용하는 표현이다.

Fat

Full-bodied이고 알코올이 많고 신맛이 적을 때 사용하는 표현이다.

Fermentation

이스트가 당분을 알코올과 이산화탄소로 분해하는 것이다.

Field Blend

한 포도원에 여러 품종의 와인을 경작하여 수확할 때 한꺼번에 수확하여 하나의 와인을 만들 때이다.

Filtering

발효 후 여러 침전물을 걸러내는 것이다.

Fining

벤토나이트나 젤라틴을 이용하여 와인을 투명하게 하는 것이다.

Finish

와인을 마시고 남은 끝맛이다.

Flabby

부드럽고 신맛이 덜한 와인이다.

Flat

신맛이 덜한 와인이다. Flabby의 다음 단계이다. 샴페인에서 거품을 잃은 상태를 말한다.

Fleshy

타닌이 아주 적고 부드러운 와인이다.

Flinty

소비뇽 블랑처럼 아주 드라이한 화이트 와인이다.

Floral

꽃의 향이다. 화이트 와인에서 사용하는 표현이다.

French Oak

전통적인 저장통이다. 바닐라, 참죽나무, 버터스카치향을 준다. 하나에 500달러 정도이다.

Fresh

깨끗하고 과일향을 가지며 싱싱한 와인이다.

___ G

Graceful

여러 요소가 잘 균형되어 있고, 마셔서 좋은 와인이다.

Green

덜 익은 포도로 만든 와인이나 그 맛을 말한다.

Grip

와인의 맛이 좋고 타닌이 적당한 와인이다.

___ H

Hard

산도가 많고 타닌이 많은 와인이다. Young한 레드 와인에서 많이 사용되는 표현이다.

Harsh

타닌과 알코올이 많은 와인이다.

Hazy

투명하지 않은 와인이다.

Heady
알코올의 도수가 높은 와인이다.
Hearty
레드 와인에서 알코올이 많고 Full-bodied한 와인이다.
Herbaceous
와인에서 허브의 향과 맛이 있을 때 사용하는 표현이다.
Hollow
향이 부족한 와인이다.

I

Imperial
4~6리터 큰 병의 와인이다.

L

Leafy
약간의 허브향과 식물의 향을 가지고 있다는 뜻이다.
Lean
과일향이 약간 부족하다는 표현이다.
Lees
발효 중간 또는 발효가 끝나고 배럴이나 탱크에 남아 있는 침전물이다.
Legs
와인을 흔들고 난 후, 잔의 표면에서 흘러내리는 것이다.
Length
와인을 마신 후 맛이나 향이 입 안에 남아 있는 시간이다.
Limousin
프랑스의 Limoges 지역에서 생산된 오크통이다.
Lively
신선하고 과일향이 많으며 밝은 빛을 가진 와인이다.
Lush
당분이 많고 부드러운 맛을 가진 와인이다.

M

Maceration

발효 중에 포도의 껍질에서 타닌과 아로마를 빠르게 추출하는 것이다.

Magnum

1.5리터의 병에 담긴 와인이다.

Malic

Young한 와인에서 볼 수 있는 녹색 사과향이다.

Malolactic Fermentation

와인에서 일어나는 두 번째 발효이다. 말산을 락산과 이산화탄소로 바꾸는 발효이다.

Mature

숙성이 다 되어 마셔도 되는 와인이다.

Meaty

여러 성분이 균형을 잘 이루고 있는 레드 와인에서 사용하는 표현이다.

Methode Champenoise

병 속에서 2차 발효를 하여 만드는 샴페인이다. 좋은 샴페인은 대부분 이 방법을 이용한다.

Methuselah

6리터용 크기의 와인병이다.

Murky

레드 와인에서 색이 너무 진하여 맑지 못한 상태를 말한다.

Must

포도를 으깨어 만든 발효되지 않은 포도주스를 말한다.

N

Nebuchadnezzar

15리터용 크기의 와인이다.

Negociant(Negociant-Eleveur)

포도나 와인을 사들여 자신의 이름으로 와인을 생산하는 상인이다. 버건디 지역에서 많이 볼 수 있다.

Noble Rot

Botrytis Cinerea 참고한다.

Nonvintage

여러 해의 와인을 블렌딩하여 만든 와인이다.

Nose

후각으로 느낄 수 있는 와인의 특성이다.

Nouveau

가볍고 과일향이 많으며 Young한 와인이다. 보졸레 지역에서 많이 사용한다.

Nutty

산화된 와인을 표현할 때 사용한다.

O

Oaky

숙성된 후 오크통이나 배럴의 향과 맛이 배어 있을 때 사용하는 표현이다.

Off-dry

당분을 거의 감지할 수 없는 약간 Sweet한 상태이다.

Oxidized

공기에 오래 노출되었거나 색이 변하여 오래된 사과향 등의 향을 가진 와인이다.

P

Perfumed

Sweet하고 꽃의 향이 많은 화이트 와인이다.

Phylloxera

포도나무의 뿌리를 공격하는 병이다(19세기 유럽에서 퍼짐).

Potent

강하고 힘이 있는 와인이다.

Press Wine(or Pressing)

화이트 와인은 포도를 으깬 후에, 레드 와인은 발효 후에 압착하여 만드는 와인이다.

Private Reserve

와이너리에서 가장 좋은 와인에 붙이지만 법적으로 규정이 없다.

Produced and Bottled

병입된 와인의 75% 이상을 한 와이너리에서 으깨고 발효시켜 병입한 와인이다.

Pruny
너무 익었거나 마른 포도송이로 만든 와인이다.
Pungent
신맛이 강하고 좋은 향을 가진 와인이다.

___R

Racking
찌꺼기 제거와 공기접촉을 위해서 와인을 다른 저장통으로 옮기는 것이다.
Raw
타닌, 알코올, 신맛이 강한 Young한 와인이다.
Reduced
공기와 접촉하지 않은 와인이다.
Residual Sugar
발효되지 않고 남아 있는 당분이다.
Rich
좋은 향이 많고, 달콤하며 여러 성분이 잘 조화되어 있는 와인이다.
Robust
Full-bodied이고, 강하고 좋은 향을 가진 와인이다.
Round
부드럽고 타닌이 많으며 여러 성분이 잘 조화된 와인이다.
Rustic
전통적인 방법으로 만들어지거나 그런 맛을 내는 와인이다.

___S

Salmanazar
9리터용 와인병이다.
Smoky
오크통에서 숙성시켰을 때 얻을 수 있는 향이다.
Soft
신맛과 타닌이 약한 와인이다.

Spicy

계피, 클로버, 민트향, 후추향 등을 가진 와인이다.

Stale

신선하고 Young한 와인의 특성을 잃은 와인이다.

Stalky

포도의 줄기나 잎 등의 맛과 향을 가진 와인이다.

Structure

산, 타닌, 글리세린, 알코올 등 여러 성분의 상호작용 또는 입에서 느끼는 성분들의 느낌이다.

Subtle

신맛과 알코올 등이 골고루 있는 와인이다.

Supple

타닌, Body, 오크통의 특성이 잘 어우러진 레드 와인이다.

T

Tanky

탱크에서 너무 오래 숙성되어 좋지 않은 맛을 가진 와인이다.

Tart

신맛이 강한 와인이다.

Terroir

포도가 자라고 있는 환경의 총칭이다.

Thin

Body나 맛의 깊이가 엷은 와인이다.

Tinny

금속성의 맛을 가진 와인이다.

Toasty

오크통에서 숙성된 와인의 향이다.

V

Vegetal

식물이나 채소의 향과 맛을 가진 와인이다.

Velvety

향이 아주 풍부하고 부드러우며 화려한 맛을 가진 와인이다.

Viniculture

'와인향'을 말한다.

Vinous

포도품종의 특성을 가지고 있지 않은 보통의 와인이다.

Vinted

다른 포도원에서 대량으로 사들여 병입한 와인이다.

Vintner

'생산자'를 말한다.

Vitis Vinifera

전통적인 유럽 포도의 종류이다.

Volatile(Volatile Acidity)

'산도가 너무 강함'을 말한다.

REFERENCES

김준철(1997). 와인, 알고 마시면 두 배로 즐겁다, 세종서적.

______(2001). 와인, 백산출판사.

박완표(2007). 와인 아는 만큼 즐겁다, 대왕사.

손진호(2003). 와인, 대원사.

안대희 외(2010). 와인의 이해, 백산출판사.

원융희(1999). 와인이야기, 학문사.

원홍석 외(2012). 와인과 소믈리에, 백산출판사.

이원복(2008). 와인의 세계(세계의 와인 I), 김영사(주).

______(2008). 와인의 세계(세계의 와인 II), 김영사(주).

채수구·김준철(2001). 와인과 건강, 유림문화사.

최병호 외(2010). 최신 와인소믈리에의 이해, 백산출판사.

케빈즈랠리(2014). 와인 바이블(2014년 에디션), 한스미디어.

Wine & Sommelier PROFILE

안대희

세종대학교 대학원 경영학 박사(관광경영)
미국 호텔총지배인 자격증 취득(AHLA)
와인소믈리에 자격증 취득(OGMI)/(AHLA)
음료관리사 자격증 취득(AHLA)
조주기능사 실기 및 필기시험 출제위원
현) 대원대학교 호텔경영과 교수

박병렬

경기대학교 대학원 관광경영학 석사
한양대학교 대학원 관광학 박사
스위스 Lausanne대학 Hospitality Academy Facilitator 교수
한국요리기능경기대회 심사위원장
호텔롯데 조리장
현) 한림성심대학교 관광외식경영과 교수

최해수

세종대학교 대학원 호텔관광경영학 박사
쉐라톤워커힐호텔환승호텔총지배인, 식음료부장, 외식사업부장
㈜아워홈사업본부장
미국호텔총지배인 자격증, 와인소믈리에 자격증, 식음료, 컨벤션 외 다수 취득
현) (사)한국 국제소믈리에협회 부회장
부산과학기술대학교 호텔관광경영학과 교수

정용해

경희대학교 경영대학원 관광경영학 석사
경희대학교 관광대학원 호텔관광학 박사
현) 인덕대학교 관광레저경영학과 교수

[논문]
고객접점서비스가 서비스질, 고객만족, 충성도에 미치는 영향에 관한 연구
호텔식음료의 서비스질과 고객만족 및 충성도의 인과관계
와인구매동기 세분화에 따른 와인선택속성 및 구매 후 만족의 차이

이정주

경희대학교 경영대학원 관광무역경영학과 경영학 석사
산업인력관리공단 조주기능사 실기시험 감독위원
세종대, 건국대, 한국관광대학, 경복대, 신라호텔교육원 강사 역임
현) ㈜휴먼에스 부사장
메이필드호텔스쿨 강사
서정대학교 호텔조리과 교수

김영구

강릉대학교 대학원 관광학 박사과정
서울 프라자호텔 및 JW메리어트호텔 근무
소믈리에 자격증 취득
와인관리사 자격증 취득
현) 강원랜드호텔 MGR